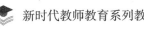 新时代教师教育系列教材

江苏高校一流本科专业建设成果

南京师范大学泰州学院重点教学改革项目（编号 2020JG12001）

小学数学思维素养养成教程

顾　问

刘久成

主　编

乔　虹

副主编

窦　平　倪　艳　何昌岳

编委会

（按照姓氏笔画排列）

乔　虹　刘来山　何昌岳　赵李华

顾　欣　倪　艳　凌世君　窦　平

南京师范大学出版社

图书在版编目(CIP)数据

小学数学思维素养养成教程 / 乔虹主编. -- 南京 ：
南京师范大学出版社，2022.8
新时代教师教育系列教材
ISBN 978 - 7 - 5651 - 5409 - 6

Ⅰ. ①小… Ⅱ. ①乔… Ⅲ. ①小学数学课－教学参考
资料 Ⅳ. ①G624.503

中国版本图书馆 CIP 数据核字(2022)第 137634 号

丛 书 名	新时代教师教育系列教材
书 名	小学数学思维素养养成教程
主 编	乔 虹
丛书策划	张 春 于丽丽
责任编辑	于丽丽
出版发行	南京师范大学出版社
地 址	江苏省南京市玄武区后宰门西村 9 号(邮编:210016)
电 话	(025)83598919(总编办) 83598412(营销部) 83373872(邮购部)
网 址	http://press.njnu.edu.cn
电子信箱	nspzbb@njnu.edu.cn
照 排	南京凯建文化发展有限公司
印 刷	兴化印刷有限责任公司
开 本	787 毫米×1092 毫米 1/16
印 张	19.5
字 数	350 千
版 次	2022 年 8 月第 1 版 2022 年 8 月第 1 次印刷
书 号	ISBN 978 - 7 - 5651 - 5409 - 6
定 价	59.80 元
出 版 人	张志刚

序　言

　　"教育应该培养怎样的人"和"如何培养这样的人",始终是教育着力探究的两个核心原点问题。《中国学生发展核心素养》与《义务教育数学课程标准(2022年版)》的发布,均标志着我国教育有了与时俱进、不断深入且符合我国国情的本土化解读与目标追求。《小学数学思维素养养成教程》正是呼应我国教育的新理念,专注于小学教育专业师范生的数学思维素养养成教育,围绕"应该培养怎样的人"和"如何培养这样的人",进行精心的教学内容设计与教学实践方法的探索建构。

　　我国教育部2022年4月正式印发了义务教育课程方案和数学等16个课程标准。《义务教育数学课程标准(2022年版)》指出,义务教育数学课程应"以习近平新时代中国特色社会主义思想为指导,全面贯彻党的教育方针,遵循教育发展规律,落实立德树人根本任务,发展素质教育"。该标准致力于实现义务教育阶段的培养目标,使得每个学生都能获得良好的数学教育,不同的学生在数学上得到不同的发展,逐步形成适应终身发展需要的三大数学核心素养:会用数学的眼光观察现实世界(数学眼光素养),会用数学的思维思考现实世界(数学思维素养),会用数学的语言表达现实世界(数学语言素养)。这些都给当前小学数学教育带来了新挑战。

　　《小学数学思维素养养成教程》的策划与编写正是面临挑战而努力创新的尝试。本书从师范生数学思维素养养成的发展论、认识论新视角,将《义务教育数学课程标准(2022年版)》的蓝图目标融会贯通地熔铸于教学内容与教学方法之中,环环相扣、层层递进地深入探讨小学教育专业师范生数学思维素养教育的内涵与外延、构成与特点以及实施路径与评价。

　　学生核心素养的培养效果直接取决于教师,故而培养高质量的小学教育专业师范生是促进小学生数学核心素养形成的关键环节之一。要培育学生的数学核心素养,教师核心素养的提升是关键。而教师的数学核心素养在职前教育——师范

1

教育的过程中基本养成至关重要,并将有益于其职后教育中的不断提升。小学教育专业师范生是小学数学师资力量的重要来源,其良好的数学思维素养对小学生数学思维素养的培养与发展具有重要的价值。从这个角度来看,师范生数学思维素养的养成教育不仅有利于师范生自身数学思维素养的训练与提升,也有助于师范生具备今后职业中促进小学生数学思维素养养成的能力。《小学数学思维素养养成教程》将助力小学教育专业的师范生从学生视角转向教师视角,从关注自身素养提升到关注未来职业发展潜力打造,了解并把握小学生数学思维素养养成的关键内容与教学策略。

具体而言,《小学数学思维素养养成教程》紧扣师范专业认证目标和师范生核心素养养成的要求和原则,教材内容突出小学数学思维特性,教学目标凸显师范生"为生"和"为师"的辩证双重性,对小学教育专业师范生的数学思维素养养成教育展开理论阐述和实践探析,努力开辟数学思维素养养成教育"知行合一"的可行且有效的路径。

这部教材视野开阔,立意新颖,结构严谨,教学内容翔实,案例资源丰富,并付诸清晰的思维导图表征,具有较强的科学性和可操作性。该教材可作为小学教育专业师范生"数学思维方法""数学思维素养教育""数学专题研究"等课程的教材和教学参考用书,也可以为小学数学教师职后专业发展提供参考与支持。

张舒予

2022 年 5 月

前　言

当前中小学数学课程体系均将学生的全面发展放在首要位置,以培养学生发展核心素养为根本目的,而数学思维素养正是学生发展核心素养的重要环节。这是因为从数学学习本身的角度来看,数学学习的心理过程不仅是知识学习、技能训练、经验获得的认知过程,是情感、态度、价值观共同发展的过程,也是体现学生个性化学习、实现学生人格健全发展的过程。从学生的心理发展过程来看,当小学生认识并理解数学知识与思维发展的必然联系时,将真正促成小学生感受数学学习的乐趣与成就,悦纳数学精确性与完美性的追求过程,建立、保持并逐渐提升对数学的学习兴趣,同时在数学的学习中不断磨炼意志,从而形成数学学习的良性循环。

小学生数学思维素养的养成离不开教师,只有教师具有高水平的数学思维素养,形成高层次、多角度的数学思维观,掌握数学思维素养的教学路径与方法,才能在今后的数学教育教学过程中实现对学生数学思维的培育和研究。因此,小学教师的数学思维素养是小学生数学思维素养养成教育的前提,是义务教育数学课程基础性、普及性和发展性的着力点,也是提高基础教育质量、落实基础教育改革理念的基础。

小学教育专业师范生和小学数学教师作为教师的职前和职后状态,较需要一本能够帮助他们理解并掌握数学思维素养的内涵、外延、特点及其培养路径的针对性强、实用性佳的教材。本书依据"一践行、三学会"师范生核心素养的培养要求,基于新文科建设的要求和原则,尊重数学学科的规律,突出小学数学知识的基础性、生活性和趣味性,结合数学思维方法训练金课建设的心得,采用"发现真问题,提出真想法,解决真问题"的小学数学思维素养养成模式,以数学思维产生、发展过程中衍生的数学文化为纽带,促进小学教育专业师范生与小学数学教师科学、发展地看待小学数学教育教学过程,进而促进小学生数学思维养成过程中的认知、情感和行为融合的实现。本书具有以下特点。

第一，跳出数学思维训练类课程作为学科课程的传统视角，从《义务教育数学课程标准（2022年版）》和学生身心发展规律出发，基于数学教育学、数学心理学，从数学史、数学文化、课程标准、新文科等多重角度对数学思维素养进行分析，更契合小学教育专业师范生的培养特点与培养目标。

第二，从小学生数学核心素养养成出发，结合数学学科、小学教育专业与小学数学教育的发展变化趋势与学术前沿动态，强调小学数学思维素养养成的"师生"综合视角，凸显内容的前沿性和可操作性。

第三，从"是什么""为什么""怎么办"思路出发，对于小学数学思维素养养成教材的结构体例进行了调整。本教材包括理论与实践两个板块，理论板块包括数学思维素养与小学数学思维素养的内涵和外延，小学数学中常用逻辑思维和非逻辑思维素养，小学数学解题的常用方法等。实践板块则从小学数学的四个内容板块"数与代数""图形与几何""统计与概率""综合与实践"出发，结合具体课例介绍了小学核心数学思维素养的养成策略、素材选取策略和评价策略。同时，每章均设置了"课堂互动""思考与练习""拓展与探究"等环节，帮助学生实现自主学习、合作学习，将理论应用于实践，用理论指导实践。我们还建立了本教材的配套微信公众号"数学思维方法训练课程平台"，以在线共享教学和学习资源。

本书是集体智慧的体现，承担各章写作的人员如下：第一章（第三节）、第二章、第三章、第九章（第一节）、第十章，乔虹；第九章（第二节和第三节）、第十一章，窦平；第六章、第八章，倪艳；第四章和第五章，刘来山、何昌岳和顾欣共同编写；第一章（第一节和第二节），赵李华；第七章，凌世君和乔虹共同编写。全书最后由乔虹统稿、定稿。

本书的结构与大纲是在扬州大学教育科学学院刘久成教授的指导下完成的，在此表示诚挚谢意！在编写的过程中，我们一直得到南京师范大学泰州学院教师教育学院院长张舒予教授、南京师范大学教育科学学院李星云教授、南京师范大学教育技术系张义兵教授的关心与指导，在此表示衷心感谢！对于南京师范大学泰州学院教师教育学院党总支书记龚春艳、副院长黄俊的悉心帮助表示真诚的感谢！泰州市大浦中心小学魏斌校长、泰州市海光中心小学窦平校长、泰州市大浦中心小学倪艳副校长、泰州智堡实验学校王俊秀副校长、泰州市城东中心小学王莉主任、泰州市城东中心小学周杰主任等都曾为本教材的案例收集给予大力支持，在此一并表示诚挚的谢意！

　　本书参考了大量的国内外文献,引用了诸多研究成果和数据资料,在此向文献作者由衷地致谢!在引文出处方面,我们力求全面详尽地标注,但仍可能存在疏漏,我们恳请读者给予反馈,以便修订时查漏补缺。

　　由于小学数学思维素养养成研究尚处于探索建立中国特色的,独立、成熟的小学数学思维素养养成教育体系阶段,同时限于编者的水平,本书难免存在一些问题,敬请各位同仁在使用中多提宝贵意见,也恳请广大读者批评指正。

编　者

2022 年 6 月

目　录

第一章

数学思维素养概述

本章内容概述

在日常生活中,如果脱离了思维,人们将寸步难行;同样地,在数学学习中,如果脱离了数学思维素养,也将寸步难行。为了更好地理解数学思维素养,本章从思维、数学思维、数学思维素养、小学数学教育等多角度出发,层层递进,对小学数学教育中与数学思维素养相关的"是什么""为什么"等问题进行宏观阐述。

本章内容结构图

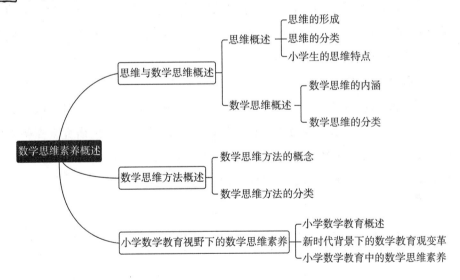

本章学习目标

- ◆ 了解思维与数学思维的概念、构成。
- ◆ 熟悉数学思维素养的概念、层次与分类。
- ◆ 能从整体上把握小学数学教育的发展历程,能较好地理解小学数学教育视野下的数学思维素养及其培养。

第一节
思维与数学思维概述

在日常生活中,我们每时每刻都在进行着思维活动。我们用思维学习知识,解决问题;辨别真伪,识别美丑;探索新知,创造未来。鉴于思维如此重要,心理学家等专家学者对其进行了长期不懈的研究。目前,思维主要属于心理学与思维科学的研究范畴。

一、思维概述

思维(thinking)是借助语言、表象或动作实现的对客观事物概括的和间接的认识,是认识的高级形式。它能揭示事物的本质特征和内部联系,并主要表现在概念形成、问题解决和决策等活动中。[①]

(一)思维的形成

概念、判断和推理从本质上说是属于逻辑学范畴的思维形式。但心理学的研究不同于逻辑学的研究,它通过对概念、判断和推理等思维形式的研究来探明人们思维发展的过程和特点,而且这些形式都是通过分析、综合、概括的一般思维过程来实现的,这些思维过程通常是从具体到抽象的。

1. 概念

概念(concept)是具有共同属性的一类事物的总称。小学生掌握概念的特点是和他们的概括能力相适应的,在发展的起始阶段,由于缺乏生活经验以及智力发展水平的限制,他们往往不能从事物本质的属性上认识事物、掌握事物的概念。丁祖荫从语词实验、数学能力实验两方面证实了这一特点。[②] 其研究采用解释词语的方式,并且根据小学生掌握词语概念的特点将之分为不能理解、原词造句、具体实例、直观特征、重要属性、实际功能、种属关系以及正确定义八种形式。低年级的

---

① 彭聃龄.普通心理学[M].北京:北京师范大学出版社,2019.

② 丁祖荫.儿童概念掌握的实验研究[C]//中国心理学会第二届年会——发展心理 教育心理论文选,1978:45-61.

小学生"不能理解"的概念较多,较常运用"具体实例""直观特征"形式来掌握概念。高年级的小学生"不能理解"的概念减少,逐渐能根据非直观的"重要属性""实际功能""种属关系"来掌握概念,而且"正确定义"形式所占的比例较大。

2. 判断

小学生判断能力的发展经历了从简单到复杂、从反映事物的单一联系到反映事物的多方面联系、从反映外部联系到反映内部联系的过程。一年级小学生的判断大多是实然判断,即反映事物单一联系的判断,这种判断是以事物的外部特征为依据的,如"玫瑰花是红色的""笔是用来写字的"等。二年级小学生可以看到一些初步的盖然判断,这是反映对象属性间可以有某种联系的判断,在这种判断中对象和属性的联系只是一种可能的推测,是不准确的。小学生掌握盖然判断是与他们能够认识事物变化的多种原因相联系的。在他们的言语中可以听到"也许""可能"等不确定的词语,说明他们对事物能提出各种假设。到了小学中年级,可以看到小学生能够比较独立地论证一些复杂的盖然判断,这表明他们已经具有初步的逻辑能力。

3. 推理

推理(reasoning)是指根据一般原理推出新结论,或者从具体事物或现象中归纳出一般规律的思维活动。推理可以分为直接推理和间接推理。低年级小学生掌握的是比较简单的直接推理,它是从一个前提中可以引出某个结论的推理。间接推理是由几个前提推出一个结论的推理,最简单的形式是传递推理。间接推理的重要形式有演绎推理和归纳推理。例如,针对"铁受热会膨胀吗"这个问题,人们根据"一切金属受热会膨胀"的原理,推理出"铁是金属,铁受热会膨胀"的结论,这种回答问题的过程就是演绎推理。再如,"金受热后体积膨胀""银受热后体积膨胀""铜受热后体积膨胀""铁受热后体积膨胀",由于金、银、铜、铁都是金属,所以得出"所有金属受热后体积都会膨胀"的结论,这就是归纳推理。在教学过程中,小学生逐步从不自觉过渡到自觉地掌握演绎推理和归纳推理。

演绎推理和归纳推理在整个推理思维中是互相联系、密不可分的。小学生要学会从许多个别事实中归纳出一般规律和结论,同时,也要学会用掌握的规律和结论去解释其他类似的现象。只有当小学生的演绎推理和归纳推理有机地统一时,他们才算真正掌握了抽象逻辑思维的能力。这种能力很大程度上是在正确的教育影响下,经过一定阶段的练习才形成的。

（二）思维的分类

根据不同的分类角度，思维有不同的表现形态。

1. 根据思维的形态不同，可以将思维分为动作思维、形象思维和抽象思维

动作思维是指以实际的动作为支撑的思维，也称为操作思维或实践思维。例如，自行车不能骑了，问题在哪里？人们必须通过检查自行车的相应部件，才能确定是车胎没气了，还是轴承坏了。找出故障进行修理，才能排除故障。3 岁以前的幼儿只能在动作中思考，他们的思维基本上属于直观动作思维。幼儿将玩具拆开，又重新组合起来，动作停止，他们的思维也就停止了。成人有时也要通过动作进行思维，但这种直观动作思维要比幼儿的直观动作思维水平高。

形象思维是指用表象进行分析、综合、抽象、概括的过程。例如，去某个地方参观，我们事先会在头脑中想出可能经过的道路，通过分析与比较，最后选择一条短而方便的路，这样的思维就是形象思维。3～6 岁幼儿的思维多属于形象思维。成人的思维中也有形象思维的发生，特别是艺术家、作家、导演等更多地运用形象思维，数学家有时也借助形象思维来表述某些抽象的概念。当然，成人的形象思维与儿童的形象思维有本质的差异。

抽象思维是运用概念、判断和推理等形式来反映事物本质的思维。抽象思维的形式又有形式逻辑和辩证逻辑之分，两者既有区别又有联系。形式逻辑的概念具有抽象性和确定性，辩证逻辑的概念具有具体性和灵活性。数学作为一种形式逻辑思维的表述过程和构造形式，它在发生发展的过程中也具有辩证逻辑的形式。如微积分中极限概念的产生、发展和最后定义，就明显地表现出辩证逻辑思维的形式。

2. 根据思维过程的指向不同，可以将思维分为集中思维和发散思维

集中思维又称求同思维、辐合思维或纵向思维。集中思维是指把问题的各种信息集中到一起求出一个共同的、单一的、确定的答案。如果某个问题只有一个正确的答案，思维的过程就是要找出这个正确答案。也就是从给予的信息中产生合乎逻辑的结论，它是一种有方向、有范围、有条理的思维方式。例如，乙＞丙，乙＜丁，其结果必然是丙＜丁。

发散思维又称求异思维、分散思维或横向思维。发散思维是指思考问题时，从一个目标出发，沿着各种不同途径去思考，寻找各种可能的正确答案。例如，如何保护城市的生态环境？回答这样的问题时，人们可以从不同的方向思考，想出诸如增加植被、减少环境污染、教育市民爱护环境等措施。这种思维方式在解决问题时，可以产生多种答案、结论或假说。科学家的发明创造、艺术家的艺术作品、理论

家的新观点和新创见,多得益于发散思维。

3. 根据思维的智力品质不同,可以将思维分为常规性思维和创造性思维

常规性思维是指人们运用已获得的知识经验,按现成的方案和程序直接解决问题的思维过程,如学生运用已学会的公式解决同一类型的问题。这种思维的创造性水平相对较低,不需要对原有的知识进行明显的改组,也没有创造出新的思维成果,因而称之为常规性思维或再造性思维。这种思维缺乏主动性,有时甚至会产生错误的认识。

创造性思维是指有主动性和创新性的思维,它没有固定的模式和方法,也不遵循已有的思路。创造性思维利用已有的信息独立思考,根据问题和情况创造性地探索答案,是重新组织已有的知识经验,提出新的方案或程序,并创造出新的成果的思维活动。例如,新的大型工具软件的开发、新的科学理论的提出,都需要创造性思维。创造性思维是人类思维的高级形式。在西方的一些高等院校中开设有专门的创造性思维课程,由此推动创造发明在各行各业中的发展。

(三) 小学生的思维特点

小学生入学后接受了系统的教育,他们的思维能力迅速发展,并有了和幼儿期不同的质的变化。小学生思维的特点主要表现在如下方面。

1. 小学生思维发展的基本特点

小学生思维发展的基本特点是从以具体形象思维为主要形式过渡到以抽象逻辑思维为主要形式,但这种逻辑思维在很大程度上仍然是与感性经验相联系的,仍然具有很大成分的具体形象性。[①]

小学时期是具体形象思维、抽象逻辑思维交错发展的时期,以发展抽象逻辑思维为主。在这个过程中存在着一个转折时期,就是小学生数学思维发展的"关键年龄"。林崇德通过研究发现,在一般教育条件下,四年级学生(10—11 岁)的数的概括能力的发展,有显著的变化。[②] 这就是小学生在掌握数的概念中,从以具体形象概括为主要形式过渡到以抽象逻辑概括为主要形式的一个转折点。

2. 小学生思维过程的发展特点

(1) 概括能力的发展。

一般来说,儿童的知识经验还不够丰富、深刻,他们对事物进行概括时,只能利

---

① 陈威.小学生认知与学习[M].北京:高等教育出版社,2013.
② 林崇德.小学儿童数概念与运算能力发展的研究[J].心理学报,1981(3):289-294.

用某些已经理解了的事物特征,而不能充分利用包括在某一概念中的所有特征。林崇德关于儿童数概念和运算能力发展的研究,证明了这一观点。[①] 在整个小学阶段,小学生的概括水平发展大体经历了三个阶段。第一个阶段是直观形象水平发展阶段,对应小学低年级(6—8岁)。此时学生所能概括的常常是事物直观的、形象的、外部的特征或属性。第二个阶段是形象抽象水平发展阶段,对应小学中年级(8—10岁)。此时学生的概括水平处于从形象水平向抽象水平的过渡状态。在他们的概括中,直观的、外部的特征或属性的成分逐渐减少,抽象的、本质的特征或属性的成分逐渐增多。第三个阶段是初步本质抽象水平发展阶段,对应小学高年级(10—12岁)。此时学生已能对事物的本质特征或属性以及事物的内部联系进行抽象概括。但是,这种抽象概括也只是初步接近科学概括。由于知识与经验的局限,让小学生对那些距离他们的生活领域太远的抽象科学规律进行概括是非常困难的。

(2) 比较能力的发展。

我国的心理学工作者通过研究发现,小学生比较能力的发展是随年龄和年级的增长而不断提高的:从正确区分具体事物的异同逐步发展到区分抽象事物的异同,从区分个别部分的异同逐步发展到区分许多部分的异同,从在直接感知条件下进行比较逐步发展到运用语言在头脑中引起表象的条件下进行比较。小学生比较能力的发展,在不同的条件下具有不同的特点。在某些条件下,他们既能在相似事物中找出相同点,又能找出其细微差别;而在另一些条件下,则不然。[②] 所以,不能笼统地认为小学生,尤其是低年级的小学生容易找出事物的相异点。在教学中,应根据不同的教学内容确定不同的重点,采用不同的方法进行比较。

(3) 分类能力的发展。

有研究表明,6岁以后能进行一级独立分类(如鸽子、麻雀、乌鸦为鸟;虎、狮、象为兽)的小学生人数超过一半;二年级时可以完成对自己熟悉的具体事物的字词概念的分类;至9岁,分类正确率达90.60%,可以说,基本上已经掌握一级概念。能对二级概念进行独立分类的小学生,要到8岁以后才超过半数,9岁时正确率也只能达到58.30%。能正确说明分类的根据,则要晚得多。将二级概念真正按类

① 林崇德.学龄前儿童数概念与运算能力发展[J].北京师范大学学报(社会科学版),1980(2):67-77.
② 魏铱,黄秀英,宋静瑶,等.小学生比较能力发展特点的研究[J].心理学报,1964(3):274-280.

概念分类,要到中、高年级以后才能完成。①

二、 数学思维概述

(一) 数学思维的内涵

一般来说,数学思维就是数学活动中的思维。更确切地说,数学思维是人脑在和数学对象交互作用的过程中,运用特殊的数学符号语言,以抽象和概括为特点,按照数学自身的形式或规律对客观事物做出的间接概括。

数学思维是由数学对象,并且主要是由数学问题推动发展的。可以认为,数学问题是推动数学发展的动力和方向,当然,解决问题也正是数学思维要达到的目的。从本质上说,数学思维的过程就是不断提出问题和解决问题的过程,数学思维的能力也就是提出和解决数学问题的能力。数学问题对数学思维的启动、导向、展开都起着决定性的作用。

我们还可以把数学思维简单地分为具体实践问题的数学化思维和具体数学问题的解题思维。前者是应用数学中数学家们要进行的数学思维,后者则是数学教育尤其是初等数学教育中常见的数学思维。小学数学主要是让学生初步认识与了解数学最简单的概念、运算及某些初等数学的方法。

(二) 数学思维的分类

数学思维是一种特殊的思维形式,它既具有思维科学的一般特征,又具有数学本身的独有特征。数学思维是在逻辑思维与非逻辑思维的相互交错中发展的,特别是创造性思维,它在推动数学思维发展中起到了逻辑思维所不可替代的重要作用。数学的理论及其构造体系表现在思维形式中,逻辑思维是其核心部分,不同的思维形式往往与逻辑思维过程相伴而生,互相影响。

1. 数学思维中的逻辑思维

数学思维中的逻辑思维主要包括形式逻辑、数理逻辑和辩证逻辑。当人们对客观对象做出判断的时候,必须保持思维前后过程的一贯性,绝不能互相矛盾。正是在人们思维的发展过程中,形式逻辑和辩证逻辑的规律逐渐形成了。近代数学符号、数学方法等形式化方法的应用,使现代逻辑中的形式逻辑又发展形成了一种应用很广的数理逻辑形式。

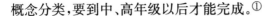

① 刘静和,王宪钿,范存仁,等.四至九岁儿童类概念的发展的实验——I:分类与分类命名的实验研究[J].
心理学报,1963(4):287-295.

2. 数学思维中的非逻辑思维

数学思维中的非逻辑思维主要包含形象思维、直觉思维、灵感思维、数学中的想象。数学的命题和理论往往都表现出明确、严格的逻辑结构与固定的逻辑模式，我们的学习和教学也往往追求这种数学逻辑思维的形式。但是，人们所看到的数学命题或数学理论只是它们形成后的最终表现形式或称之为"特定的数学表现形式"。数学在其发生、发展的过程中，存在大量的非逻辑思维，这些不受特定模式限制的非逻辑思维方式，极大地推动了数学的发展。

例如，心理学认为，想象与思维是一种交叉关系，思维过程中有想象，想象过程中有思维。它们是智力活动中相辅相成的两个因素。想象常常把科学家、发明家、文学家的有限理解引向更高的理想之处。因此，想象成为科学史、数学史中颇受关注的一种品质。事实上，我们的数学学习并不都是完全的抽象思维，它包含大量的形象思维，当然实际上也包含了大量的想象。尤其在儿童或少年时期的数学学习上，运用和发挥想象将对提高学生学习数学的兴趣、促进其对数学的领悟发挥重大作用。

数学中的再造想象是理解和掌握数学知识必不可少的条件。这是因为数学的抽象概念是由教师用词语、符号、图形、教具传授给学生的，在最初的教学中，只有在学生的头脑中形成与抽象数学概念相对应的具体化、形象化的形象，才能使学生理解和掌握。可以说，没有再造想象，人们就很难理解点、线、面、集合这些原始概念，像极限、映射等数学概念，就更难理解了。

数学中的创造想象是指不依照现有的描述而独立地创造出新形象。只有让创造想象进入数学思维，才可能产生完整的创造性思维。数学新理论能得以发展，想象在其中功不可没。爱因斯坦就认为想象力比知识更重要，因为知识是有限的，而想象力却是无限的。非欧几何的诞生，就是想象力发挥作用的一个典型例子。对于"过直线外一点做条平行线与已知直线平行"这一问题，当时谁都知道而实际也只能做一条直线与已知直线平行，但数学家却想象过直线外一点可以做无数条直线与已知直线平行，并由此推演出一套理论。超越现实，在想象中实现理论的构成，这正是数学创造想象的伟大力量所在。

3. 数学思维中的创造性思维

创造性思维是思维的一种特殊类型，它代表人类最高级的思维方式，它是智力因素（如注意力、观察力、记忆力、思维力、想象力等）中最具活力的一种思维能力，它体现了思维的流畅性、变通性和独创性。

　　数学思维中的创造性思维要求把已知的数学知识、数学方法、数学理论进行独特的发展，从而体现出数学的创造力。在这里，数学创造力的培养至少包括了三方面的内容：知识量（数学的知识、方法和理论构造）、思维能力、非智力因素。数学教育强调创造性思维，要把传统的教授知识的方式与非智力因素（如意志、毅力等）的培养提升到一个新的水平，即把数学的学习与数学的创造力结合起来。

　　初等数学的教学，显然与数学家的创造性思维教学有很大的差异，但是如果把数学教学看作一套死板的解题方法，让学生考前死记硬背去应付考试，那就完全丧失了小学数学教学的设计本意。首先，小学数学本身就不是一个严格的数学科学系统，它借助了许多直观、形象的表现形式。其次，即使是典型的证明过程，也有一个证明之前进行猜测、判断的心理活动过程。所以，引导数学猜测，猜出证明的主导思想，形成自己的数学体验，是小学数学教学中必须重视的问题。在小学数学的教学中，教师应当为发明创造做好思想准备，至少应当做一些发明的心理尝试。在数学教育中应当强调数学中的猜测法、推测法，鼓励学生去猜测，并尊重猜测的合理性和可错性。

第二节
数学思维方法概述

作为一门历史悠久的基础学科，数学给人类文明带来了深远的影响。人们一直都想获得一种方法，使数学的学习与运用变得简捷、方便。按照现代科学哲学的传统，当前对数学的方法研究主要有"证明的方法"和"发现（发明与创造）的方法"。显然，数学自身的证明方法是与严密的、形式化的逻辑演绎方法联系在一起的，或者说数学证明的方法是与公理化的方法紧密地联系在一起的。

一、数学思维方法的概念

数学思维方法是继数学方法论之后提出的概念，应当说它主要是讨论与研究数学方法论背后的数学思维方式，即主要探索与讨论形成某种数学方法背后所蕴藏着的思维过程、思维特征、思维规律，以及由此形成的某些思维方法。严格来说，数学思维方法是基于数学的符号、概念、语言，按照数学特定的规律、法则，运用数学思维在数学领域中形成的一种方法。[①]

二、数学思维方法的分类

按照数学思维方法在运用的领域、表现的形式上的不同，可以将数学思维方法作如下几种形式的分类。

1. 按照数学思维方法适用的范围不同，可以分为宏观思维方法和微观思维方法

宏观数学思维方法，也称基本或重大的数学思维方法，是指对整个数学领域都产生重大影响的数学思维方法，如公理化思维方法、变量分析的思维方法等。这些思维方法曾极大地推动了整个数学的发展。当然，这些思维方法又与哲学思想及科学思想的一般方法相联系。

---

① 王宪昌.数学思维方法[M].北京：人民教育出版社，2010.

微观数学思维方法,是指对某个数学分支发挥作用或由某些数学家群体使用的数学思维方法,如代数学和几何学的一些思维方法等。微观数学思维方法还包括解决或发现数学问题的一些具体的思维方法。

2. 按照数学思维的逻辑形式不同,可以分为逻辑思维方法和非逻辑思维方法

数学思维的逻辑思维方法,主要是指按照形式逻辑的方式展开数学思维的方法。数学的定理证明及理论构造都是严格按照形式逻辑的思维方式展开和构成的,可以说数学的结果都是以形式逻辑的方式来表现的。

数学思维的非逻辑思维方法,是指在数学思维中运用的猜想、直觉、灵感、形象等思维方式。这些思维方式经常地、大量地出现在解决数学问题的过程中。在现代的数学教育理论中,人们越来越认识到非逻辑思维在数学学习和数学教育中的地位。

3. 按照数学思维解决问题的方式不同,可以分为程式化思维方法和发现性思维方法

数学的程式化思维方法,是指按照数学习惯的、原有的方式来解决问题。在数学学习和解决问题中,这种方式表现为规范的逻辑演绎方式。

数学的发现性思维方法,也称创新性思维方法。这种思维方式不遵循程式化的逻辑演绎的数学思维模式,表现出带有个人特性、主观色彩、独立特性的特征。现代数学教育理论十分注重这种与传统的数学思维相区别的发现性思维方式。

4. 按照数学教育阶段或数学分支的不同,可以分为不同的带有专业特征的思维方法

如按数学分支的不同,可以分为几何思维方法、代数思维方法、微积分思维方法、概率统计思维方法等。尽管现代数学的发展使某些数学分支之间的界线有些模糊,但对于初等数学或一般高等数学阶段的学习而言,不同数学分支的数学思维方法都有其自身的明显特征。

小学数学教育的实施必须契合儿童的形象思维、直观动作思维、联想类比思维,并且契合小学数学的教学目标。对于小学数学教师而言,对数学思维方法的理解与运用,应当与学生的心理、生理阶段相适应,应当与数学教学的内容相适应。脱离了学生或教学内容的具体情况,任何方法也起不到良好的作用。

另外,除了以上对数学思维方法的分类以外,在学习某个数学分支的数学思维时,我们还可以把数学思维细分成不同的思维方法。这主要包括:建立数学概念的思维方法,解决数学问题的思维方法,论证表述数学命题的思维方法,构建数学理论体系的思维方法。在数学的发展历史中,法国笛卡儿创立解析几何的过程就为我们学习、研究数学思维方法提供了很好的例证。

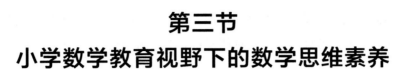

第三节
小学数学教育视野下的数学思维素养

一、小学数学教育概述

（一）我国小学数学教育的历史沿革

我国的数学学校教育起源于西周，当时的学校教育体系将国学分为小学与大学。小学主攻"六艺"，即"礼、乐、射、御、书、数"。其中，"数"居六艺之末，包括卜卦、朔望、六甲方位之类的知识。大学则"春秋教以礼乐，冬夏教以诗书"，并不讲授数学等自然科学知识。

两汉时期，中华民族集体的智慧结晶、中国传统数学集大成者——《九章算术》问世。《九章算术》为中国古代数学教育做出了不可磨灭的贡献，中国古代的不少数学家都是通过它培养起来的，比如刘徽、祖氏父子等。

隋唐时期是中国封建社会发展的鼎盛阶段，当时社会稳定、农业生产发展迅速，对数学教育的重视程度日益提高，是中国算学教育发展的鼎盛时期之一。隋炀帝时期始置进士科，隋王朝中央开设了数学专科学校，这在世界数学教育史上是一大创举。唐代时，算学教育进一步扩大。此时，出现了数学教育巅峰之作《算经十书》，包括《周髀算经》《九章算术》《海岛算经》《孙子算经》等。《算经十书》记载了汉唐的最高数学研究成就，是后人数学教学与研究的重要资源。

宋元时期，中国传统数学发展到顶峰，数学教育也随之兴盛。当时中央办的学校分为三等：贵胄学校、国子监管辖的学校和中央各局管辖的学校，分别对应宗学、国子学、太学、武学，开设医学、书学、画学、算学等。北宋和南宋时期都非常重视算学。宋朝印刷术的发明和应用，以及元代疆域的极大拓展，从客观上促进了中外交流，数学教育相关的书籍得以广泛传播，此时出现了数十位数学名家和超过一百本数学专著。其中，最具代表性的人物主要有贾宪、沈括、秦九韶、李冶、杨辉、郭守敬、朱世杰等。就数学教育而言，最负盛名的数学教育家当属杨辉和朱世杰。杨辉的《习算纲目》是世界上最早的数学教学大纲和教学法指导书；朱世杰的《算学启蒙》直接促进了朝鲜与日本数学教育的发展，他也因此被誉为"中世纪世界最伟大的数学家"。

从明代起，封建统治阶级为了维护其统治地位，将数学、天文等自然科学贬为"奇技淫巧"，致使中国古代的理论数学研究由宋元时期的巅峰突然走向衰落，此时数学教育也随之一蹶不振。但随着明代手工业经济及航海贸易的发展，商业数学异军突起，一枝独秀。此时，被誉为"中国第五大发明"的珠算逐渐普及，珠算和笔算成为初等数学教学的主要内容。珠算大师程大位所著的《算法统筹》传入日本，这是日本"和算"的开端。

明末清初，西方数学通过传教、经商等途径陆续传入中国，沉寂多年的数学教育吸收了西方的新鲜血液，又恢复了一些活力。在这一时期，我国翻译了西方经典几何教材《几何原本》，并编写了介绍西方初等数学知识的百科全书——《数理精蕴》，这成为我国学习西方初等数学的重要开端。

鸦片战争以后，中国进入半封建半殖民地社会。不少开明人士认识到，我国数学教育远远落后于世界，呼吁学习西方数学教育。伴随着"西学东渐"，数学教育出现了先学日本、后学欧美的倾向。1862 年，清政府创办了第一个新学堂——京师同文馆，1866 年，设立了天文馆和算学馆，把数学作为重要的课程之一，著名数学家李善兰为第一任教习。此时使用的数学教材主要有《同文馆算学课艺》《算经十书》《几何原本》和《数理精蕴》等。

1904 年 1 月，清政府颁布了《奏定学堂章程》，规定初等小学堂和高等小学堂都开设算术课程，并确定了算学授课时数、目标与内容。这个时期的小学算术教材除了引进自编教材，如《最新算学教科书》（我国第一部自编的小学正式算术课本），还翻译引进了一些教材，如《日本算术教科书》。1912 年到 1948 年间，先后 8 次颁布和修订了《小学课程算术标准》，指出："增进儿童日常生活中关于数量的常识和观念；培养儿童日常生活中的计算能力；养成计算敏捷和准确的习惯。"在这期间，教学组织形式经历了由学习日本转向学习美国的过程，设计教学法、道尔顿制、分组教学法以及杜威的实用主义教育思想不断传入我国。

新中国成立以后，我国的小学数学共进行了 8 次课程改革，每一次课程改革都在教学目标、课程内容、教学方法、课程评价、课程管理和教材编写等方面进行了重大调整。课程改革的具体内容将在第三章中详细阐述，这里不再赘述。

（二）西方经典数学教育观

1. 弗赖登塔尔的数学教育观

弗赖登塔尔（Hans Freudenthal，1905—1990）是世界著名数学家和数学教育家。弗赖登塔尔早年从事数学研究，在 1960 年以后，研究重心转向数学教育。"国际数学教育大会"（International Congress on Mathematical Education，简称 ICME）就是在弗赖登塔尔的倡议下召开的。弗赖登塔尔倡导数学教育研究不能只停留在经验交流的层面上，而应当像研究数学一样，以科学论文的形式交流研究心得。

弗赖登塔尔认为，数学教育有五个主要特征：第一，情境问题是教学的平台；第二，数学化是数学教育的目标；第三，学生通过自己努力得到的结论和创造是教育内容的一部分；第四，互动是主要的学习方式；第五，学科交织是数学教育内容的呈现方式。[①] 上述特征可以用"现实""数学化""再创造"概括。

弗赖登塔尔的数学教育观以"数学教学必须通过数学化来进行"为核心观点之一。弗赖登塔尔强调，学习"数学化"是学生对数学的"再发现"，是学习者从一个具体的情境问题开始，直到得出抽象数学概念的教育全过程。所以，"数学化"并不等同于否定数学学科的科学性和严谨性。基于上述理解，数学化有两种基本形式：一是实际问题转化为数学问题的数学化（符号化处理）；二是从符号到概念的数学化，即对已经符号化了的问题作数学抽象化处理。一言以蔽之，在数学化中，学习者经历了从"情境化""生活化"的数学体验到严格的数学系统的过程。

2. 波利亚的数学教育观

乔治·波利亚（George Polya，1887—1985）出生于匈牙利布达佩斯，是美国著名数学家和数学教育家，代表作有《怎样解题》（1944）、《数学的发现》（1954）、《数学与猜想》（1961）等。其中，《怎样解题》曾被译成 17 种文字，在全世界具有很大的影响力。

波利亚认为，数学教育的根本目的在于"教会学生思考"。为了达到上述目标，教师教学要遵循三个原则，即主动学习原则、最佳动机原则和循序渐进原则。第一，波利亚是这样解释主动学习原则的："学东西的最好方式是发现它……今后一旦需要，你便可以再次利用它。"也就是说，应尽量让学生发挥学习主体性。第二，最佳动机原则是指为了使学习富有成效，学生应该对学习充满兴趣，并且能在学习

---

① 　张奠宙，宋乃庆．数学教育概论［M］．北京：高等教育出版社，2016．

活动中获得快乐。第三，循序渐进原则是指学习过程应包括三个阶段，分别是探索阶段、阐明阶段、吸收阶段。其中，探索联系着行动和感知；阐明包括引进术语、定义和证明等；吸收是把所学的知识存储到自己的知识系统中去，扩大智力的范围。

3. 建构主义的数学教育观

建构主义教育理论最早由瑞士心理学家皮亚杰(J. Piaget)提出。建构主义教育理论强调学习者的主动性，认为学习是学习者基于原有的知识经验生成意义、建构理解的过程，并指出学习有复制式和建构式两种方式。

建构主义教育理论认为，传统数学教学是存在缺陷的。传统数学教学基于学生学习是教师观念的"1∶1复制品"的前提，采用教师讲授、学生练习、测验评价的形式，但这样学习的效果往往不尽如人意，特别是儿童常常出现系统错误和误解。建构主义教育理论认为，出现上述问题的原因在于，学生不能建构地理解数学。具体来讲，小学生在入学前就已经具备了许多数学知识，这些知识虽然是非形式化的（与入学后用符号系统表示的形式化数学刚好相反），但对儿童来说往往是基于主动建构的，兼具趣味与价值。从这个角度看，儿童的学习并不只是对成人的策略和思维模式进行模仿和接受的过程，而是从经验中提取已有的非形式化数学知识，对新信息进行过滤、解释和同化，进而形成自己独特的知识体系。如果教师只按照自己的理解方式，根据自己学习数学的经验，强迫学生用教师自己的方式理解数学，这是万万不可取的。

建构主义的上述观点对现今数学教育的启示在于，数学教学应符合学生的年龄特征、知识基础以及个性特点，不能忽视学生的个性而盲目施教。但针对我国国情，建构主义的教育观落实到个别教育中，它应当与班级授课制协调统一，互为补充，因为学校数学教育教学的主要依据是学生的数学基础、数学思维、数学认知规律，它们都具有一般性。

二、 新时代背景下的数学教育观变革

由于世界各国的文化背景、社会制度不同，导致了不同国家数学教育观存在一定差异，但从以往进行的国际中小学生数学测验和能力测验结果来看，西方国家的小学生数学知识测验成绩低于东方国家，但创新能力、革新发展上却优于不少东方国家。所以，对各国小学数学教育改革的特点进行分析，梳理国际视野下我国数学教育观的变化情况，可以帮助我们有选择地进行经验吸收，从而在符合中国国情的基础上，更好地实施小学数学教育教学工作。

1. 国际小学数学教育改革的特点分析①

第一,信息技术对小学数学教育有着重要影响,而且这种影响是多方面的。比如,信息技术的普及对于小学数学教育的内容存在影响。由于计算机技术的普及,当前我们在日常生活中已经甚少使用笔算的方式对较大数字进行计算,基于小学数学的基础性特点,小学数学对于笔算的要求已经降低。与此同时,随着时代发展,一些知识与技能的重要性正在逐步显现,如数据分析,对于数据的收集、整理与描述等。此外,计算机和网络辅助教学的兴起,使得数学教育从观念到方法、从内容到途径都发生了巨大的改变。比如,《科克罗夫特报告》中就提出了"数学素养"这个词。基本数学素养是每个公民必备的文化素养,数学教育大众化是时代发展的需求,小学数学教育必然需要根据时代需求作出相应的调整。

第二,关注数学学科的应用性与实践性。以英国为例,20世纪80年代末,英国国家课程委员会认为,数学教育中的主要问题是基础知识的教学和应用能力的培养之间存在相互脱节的现象,因此提出了有关加强数学应用能力培养的措施,具体有:① 数学应用被确定为单独的教学目标,贯穿在所有四个学段中,具有系统性和连贯性;② 重视数学应用能力的培养,教师在制订计划时,不仅要保证学生有充足的时间从事数学实践活动,而且在基础知识和基本技能训练中,也要充分贯彻数学应用的思想;③ 数学应用能力的要求不仅出现在课程标准中,在国家统考大纲中也有体现。

第三,重视以学生为主体的学习活动,这是小学数学课程改革的热点问题。以日本为例,日本的小学数学教育改革将重视学生的主体活动作为数学课程的基本理念,提倡数学学习活动以学生活动为主体,学生数学基础知识的学习应是一种有愉快感的体验活动。

第四,课程目标的个性化与差别化。数学教育目标的差别化和弹性化是目前国际小学数学课程设计的一个重要动向。例如,韩国第七次数学课程改革的主题是差别化数学教育课程。差别化课程实施的目的是提高每个学生的能力、才能与兴趣。

第五,注重数学与其他学科的综合。荷兰的数学课程标准提出了跨学科目标的基本概念,反映了课程综合的基本理念。荷兰的新课程标准目标划分为学科目标和跨学科目标(Cross-curricular Attainment Targets):学科目标包括一般性目

① 宋乃庆,张奠宙.小学数学教育概论[M].北京:高等教育出版社,2008.

标和具体课程目标;跨学科目标在课程标准中具有较高地位,反映出荷兰小学数学课程的一个特色。跨学科目标与一般性目标紧密关联,是整个课程目标的核心,是任何一门课程都应当指向的目标。

2. 国际视野下的中国数学教育观变化

21世纪以来,随着综合国力的不断提升和眼界的不断拓宽,我国数学教育观也发生了明显的变化,并在不断发展与完善,主要体现在以下三个方面。

(1) 从"双基"与"三大能力"观点发展到"核心素养"理念。

20世纪50年代以来,我国数学教育非常重视对学生基础知识和基本技能的培养,强调培养学生正确而迅速的计算能力、逻辑推理能力和空间想象能力,即"双基"和"三大能力",这一直是我国数学教育教学的基本要求。

2011年,《全日制义务教育数学课程标准(实验稿)》[以下简称为《课程标准(实验稿)》]发布,它对数学能力的界定和要求有了进一步拓展,突破了原有"三大能力"的界限,提出新的数学能力观,即注重发展学生的数感、符号意识、空间观念、几何直观、数据分析观念、运算能力、推理能力和模型思想,注重发展学生的应用意识和创新意识。

2014年,教育部制定了《关于全面深化课程改革 落实立德树人根本任务的意见》。该意见在"着力推进关键领域和主要环节改革"等的相关阐述中,首次提出"研究制订学生发展核心素养体系和学业质量标准",这是为了适应学生的成长规律和满足社会对人才的需求,把对学生德智体美全面发展的总体要求和社会主义核心价值观的有关内容具体化、细化,进而深入回答"培养什么人、怎样培养人"的问题。

2016年9月,中国学生发展核心素养研究成果发布会发布了对提升我国教育国际竞争力具有重要标志意义的《中国学生发展核心素养》。该文对学生发展核心素养的内涵、原则、表现、落实途径等作了详细阐释。学生发展核心素养,主要是指学生应具备的,能够适应终身发展和社会发展需要的必备品格和关键能力。就数学学科而言,数学核心素养就是要让学生学会用数学的眼光观察世界,用数学的思维思考世界,用数学的语言表达世界。[①]

---

① 史宁中,林玉慈,陶剑,等.关于高中数学教育中的数学核心素养——史宁中教授访谈之七[J].课程·教材·教法,2017(4):8-14.

（2）从预习、听讲、解题训练，到提倡合作、探究、自主的学习方式。

自新中国成立至 20 世纪 90 年代以前，我国一直把预习、听讲、解题训练作为教学的流程和组成部分，其中，解题训练被视为数学教学的核心部分。进入 21 世纪以后，我国数学课程中关于数学学习的理念发生了显著的变化，开始注重学生的合作探究能力、自主学习能力和创新意识的培养。例如，《义务教育数学课程标准（2022 年版）》指出，有效的教学活动是学生学和教师教的统一，学生是学习的主体，教师是学习的组织者、引导者与合作者。学生的学习应是一个主动的过程，认真听讲、独立思考、动手实践、自主探索、合作交流等是学习数学的重要方式。

（3）从数学的形式化，转向数学与生活、文化的融合。

我国传统数学的特点之一就是强调数学的应用价值，数学思维以实用性为前提。而西方数学的特点则是重视数学的逻辑体系与思辨能力，强调数学的思维训练价值。中国明清时期的闭关自守，曾一度导致中国的传统数学近乎沉寂，国际影响力急剧下降，此消彼长间，西方的形式主义数学观占据了数学世界的统治地位。因此，数学教育中一直存在两种取向，一是强调数学的形式化，强调数学思维训练的价值；二是强调数学的实用性，强调数学的应用价值。

中华人民共和国成立以来，数学教学一直坚持"理论联系实际"的基本原则。在我国小学数学教育的发展历程中，数学教育的两种取向都曾产生过重要的影响，而且这两种思潮也经常发生冲突和对峙。

《义务教育数学课程标准（2022 年版）》对于小学数学课程的性质进行了重新规定，从而在根本上解决了小学数学教育的取向问题。该标准指出，数学素养是现代社会每一个公民应当具备的基本素养，数学教育承载着落实立德树人根本任务、实施素质教育的功能，义务教育数学课程具有基础性、普及性和发展性。换言之，小学数学教育应以应用性为前提，培养学生的应用意识，同时注重学生数学思维能力的培养。一方面，应帮助学生有意识地利用数学的概念、原理和方法解释生活中的现象，解决现实世界中的问题，并在这个过程中注重数学文化的传授与渗透；另一方面，应帮助学生认识到生活中蕴含着大量与数量和图形有关的问题，这些问题可以抽象成数学问题，并能用数学的方法予以解决。

三、 小学数学教育中的数学思维素养

小学数学思维素养养成教育的研究内容以《义务教育数学课程标准（2022 年版）》为依据和起点，探究小学数学教育教学中的数学知识与技能等的培养过程，特

别是对培养过程中体现出来的数学思维素养及其训练形式进行探讨。所以,小学数学教育中的数学思维素养养成教育将从《义务教育数学课程标准(2022年版)》提出的三个核心素养(数学眼光、数学思维、数学语言)出发,从数与代数、图形与几何、统计与概率、综合与实践四个内容领域,对小学数学思维素养的内涵与外延、特点、培养路径等进行探讨(见表1-1)。下面将以抽象能力中的数感为例,简要说明之。

表1-1 《义务教育数学课程标准(2022年版)》提出的核心素养

数学核心素养的名称	数学核心素养的构成
数学眼光	抽象能力(包括数感、量感、符号意识) 几何直观 空间观念 创新意识
数学思维	运算能力 推理意识 推理能力
数学语言	数据意识或数据观念 模型意识或模型观念 应用意识

在西方,对于数感(mumber sense)的内涵存在多种理解,比较主流的有:① 数感是一种关于数字、数量的直觉;② 数感是一种对特定对象的敏感性及相关的鉴别、鉴赏能力;③ 数感是一种主动地、自觉地或自动化地理解数和运用数的态度和意识,是一种基本的数学素养;④ 数感包含感觉、知觉、观念、能力,可以用"知识"来统一指称。因为数感带有强烈且明显的主观性,是因人而异的,所以,很多教师会觉得数感的概念比较空洞。

数感一词在我国最早出现在《课程标准(实验稿)》中,但《课程标准(实验稿)》未对数感内涵进行解释。它采用了外延描述的方式,指出,"数感主要表现在:理解数的意义;能用多种方法来表示数;能在具体的情境中把握数的相对大小关系;能用数来表达和交流信息;能为解决问题而选择适当的算法;能估计运算的结果,并对结果的合理性作出解释"。随后,《义务教育数学课程标准(2011年版)》和《义务教育数学课程标准(2022年版)》对数感的内涵进行了细化与完善。《义务教育数学课程标准(2022年版)》中提到,"数感主要是指对于数与数量、数量关系及运算结果的直观感悟。能够在真实情境中理解数的意义,能用数表示物体的个数或事物的顺序;能在简单的真实情境中进行合理估算,做出合理判断;能初步体会并表达事物蕴含的简单数量规律"。建立数感是为了对数字模式和数字关系形成辨认的能力,包括计数,认识数字、符号系统、加减法、乘除法、小数、分数和百分数等。在数感培养过程中,伴随着学生数学思维素养的逐步发展,非逻辑思维能力和抽象逻辑思维能力都将得以稳步提升。

第一,数感是关于数与数量的感悟。在小学低年级段,儿童对数的感悟是从数数开始的,这是一个学习辨认各组实物对象的多少的思维发展过程。显然,儿童先经历"了解实物集合中所包含物体的数量多少"的过程,然后逐步脱离实物集合,逐步形成抽象的"量的多少",再到更为抽象的"数的多少"的感知。随着年级提升,学生逐步经历对分数、负数、百分数等众多数的感悟,并形成对数的各种形式的理解,如,1/4、25%、0.25都是同一个数,只是人们根据不同的用途,发明并选择了不同的表示形式。

第二,数感是数量关系的体现。学生在理解了所学数的意义后,就具备了理解一定数量关系的基础,并且这种理解会伴随年级的升高而加深。例如,学生在学习分数概念后,他们就能根据具体情境或图形,建立起整体与部分之间关系的感悟,从而顺利地分辨分数的大小。当然,局限于小学生的身心发展特点,他们只能对具体的问题情境中的综合和复杂的数量关系进行感悟,这种感悟是对具体问题所涉及的数量关系的整体把握,是数学思维素养的体现。比如,具有一定数感的学生坐上出租车,他不会对车上的计价器熟视无睹,他会关注跳动的数码,并在头脑中对数码变动的间隔时间、出租车已行路程、起步价以及每千米的价格、到达目的地的路程等数量及相互关系作出反应,并形成判断。①

第三,数感是对运算结果的估计。从内容占比来看,数的运算是小学数学课程中的核心内容之一。对于数学的运算教学,过去更多关注学生运算法则的掌握和运算技能的训练,而现在,越来越注重通过运算培养学生的估算意识和能力,进而发展学生的数感。早在《义务教育数学课程标准(2011年版)》中,就已经对估计及估算的重要性进行了反复强调,指出:"在生活情境中感受大数的意义,并能进行估计""能结合具体情境,选择适当的单位进行简单估算,体会估算在生活中的作用"(第一学段);"在解决问题的过程中,能选择合适的方法进行估算""会根据给出的有正比例关系的数据在方格纸上画图,并会根据其中一个量的值估计另一个量的

① 教育部基础教育课程教材专家工作委员会.义务教育数学课程标准(2011年版)解读[M].北京:北京师范大学出版社,2012.

值"(第二学段)。其实,对运算结果的估计涉及的思维素养因素很多,比如能否正确理解参与运算的数与量的意义及关系,能否正确判断与选择运算方法等,所以对运算结果的估计不仅反映了学生对数学对象更为综合的数感,也反映了学生数学思维素养的发展水平。

📖 **课堂互动**

与你的小组成员一起,选择《义务教育数学课程标准(2022 年版)》提出的三个核心概念之一,就教材中的相关内容绘制知识树或思维导图。

✍ **思考与练习**

1. 如何理解思维、数学思维与数学思维素养之间的关系?

2. 我们应如何把握小学数学教育与数学思维素养养成的关系? 举例说明。

💡 **拓展与探究**

1. 阅读下列文献:

刘月霞,郭华. 深度学习:走向核心素养(理论普及读本)[M]. 北京:教育科学出版社,2018.

2. 根据上述文献对你的启发,到图书馆寻找相关的书籍,并思考以下问题:

(1) 上述文献的核心要义是什么?

(2) 上述文献对你教学的启发是什么? 为什么?

知识链接

笛卡儿创立解析几何的过程介绍

数学史与数学思维素养

本章内容概述

　　本章基于古埃及、古巴比伦、古印度、古中国和古希腊等古文明的数学智慧,结合几何、概率和微积分等现代数学智慧,介绍了算术与代数、几何、概率、微积分等多个数学分支领域的主要成就和相关数学思维的发展历程,并对上述数学思维素养的意义进行了阐述。

本章内容结构图

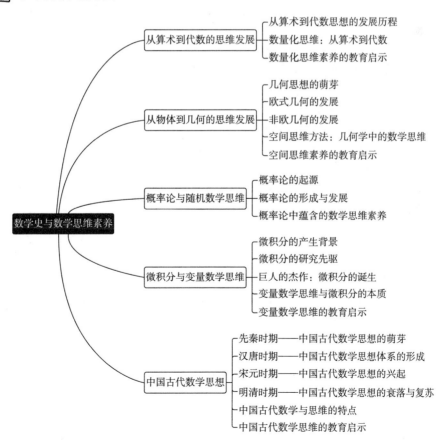

本章学习目标

◆ 了解西方数与代数领域、图形与几何领域、概率与统计领域、微积分领域的发展历程、重要人物与杰出成果。

◆ 熟悉西方数学史中的代数思维、几何思维、数理统计思维、随机思维、变量思维等数学思维的发展及其教育启示。

◆ 了解中国古代数学思想发展的历程、相关成就,能正确认识中西方数学及其思维发展的差异。

第一节
古文明的智慧露珠：从算术到代数的思维发展

作为人类文明的重要组成部分，数学与人类发展并行，有着非常悠久的历史。据文献记载，数学最早出现于尼罗河中下游的古埃及、幼发拉底河与底格里斯河两河流域的古巴比伦、黄河流域的中国和恒河流域的古印度。其中，古埃及与古巴比伦是目前世界上公认的数学发展的源头。

一、从算术到代数思想的发展历程

算术是数学最古老的分支，几乎与人类语言文字同步产生。代数由算术发展、抽象而来，它与算术都是数学的基础内容，也是小学数学教育与教学的核心领域之一。算术的发展演变、数学符号的产生与发展、算术到代数思想的发展历程，体现了数量化思维的形成、变化与发展。

（一）古埃及的数学成就

公元前 3 000 年左右，古埃及人建立起了早期的奴隶制国家，生产重心也逐步由狩猎转向耕种、手工业与贸易，自然科学知识逐步积累。此时，古埃及人也逐步形成了自己独特的象形文字系统，其中最具代表性的是僧侣们所使用的僧侣文（又称祭司文）。因为流传至今的大部分古埃及文献是保存在纸草上的，人们通常称其为纸草书（见图 2-1）。

图 2-1　古埃及纸草书

对考察古埃及数学有重要价值的是"兰德纸草书"和"莫斯科纸草书"。兰德纸草书长约550厘米,宽33厘米,记载了85个数学问题。莫斯科纸草书现收藏于莫斯科普希金精细艺术博物馆。莫斯科纸草书长约544厘米,宽8厘米,记载了25个数学问题。

古埃及的算术成就首先体现在先进的计数法上。古埃及采用的是十进制计数法,而且拥有自己独特的计数符号(见图2-2)。

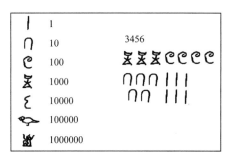

图 2-2 古埃及计数法

由于采用叠加制,古埃及人的乘法运算与除法运算是非常特别的,更接近现在小学数学中的表算。例如,如果古埃及人要计算18×11,他们会先将11的倍数列表(见表2-1),然后从左边一列中选取出和为18的数,即2和16,再将右边一列中它们各自对应的数,即22和176这两者相加,得到的数为198,即为所求。

表 2-1 古埃及乘法的计算方法

N	11N
1	11
2	22
4	44
8	88
16	176

又如745÷26的计算,古埃及是将26的倍数列表(见表2-2),在右边一列中寻找不大于且最接近于745的数,即416,然后将745减去416,得到数329。依次类推,直到得到的数17已经小于26时即停止计算。17是余数,416、208、104对应的16、8、4相加就是商,即28。

表 2 - 2　古埃及乘除法的计算方法

N	26N
1	26
2	52
4	104
8	208
16	416

从以上计算过程中可以发现,乘法是从左到右地查表,而除法则是从右到左地查表。这在某种程度上揭示了乘法与除法是一种逆运算。而且古埃及人用加法来替代乘除法,反映了古埃及人十分善于通过递推的方法来处理较为复杂的运算问题。

在代数方面,古埃及人已经能求解一元一次方程和一些较简单的一元二次方程。这些知识后来成为古希腊数学发展的基础。古埃及人计算方程主要采用的是"试位法",例如,古埃及人在解决方程 $x+\dfrac{x}{7}=24$ 的时候,是这样求解的:设 $x=7$,此时方程左边为 $7+\dfrac{7}{7}=7+1=8$。而 $24=8\times 3$,所以 $x=7\times 3=21$。当然,古埃及人的试位法也存在局限。当试位法用于解决一元一次方程时,可以得到精确的解;而对于二次以上的方程,一般情况下,试位法只能给出近似解。

在古埃及纸草书中还有数列问题的记载。比如,兰德纸草书中就曾有过等比数列的记载。兰德纸草书中给出一个阶梯图形(见图 2 - 3),对此,数学史家康托尔是这样解释的:在一个人的财产中,有 7 间房子,每间房子里面有 7 只猫,每只猫能捉 7 只老鼠,每只老鼠能吃 7 穗大麦,而每穗大麦又能长出 7 俄斗大麦,问这份财产中房子、猫、老鼠、麦穗和麦子总共有多少? 按照这样的解释,这显然是一个首项为 7、公比为 7 的等比数列求和问题,阶梯图形给出的是这个数列中的各项。

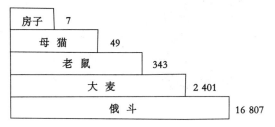

图 2 - 3　兰德纸草书中的等比数列

（二）古巴比伦的数学成就

现在,人们主要是通过美索不达米亚地区发掘出来的泥板来了解古巴比伦文明。一块完整的泥板与成年人的手掌大小相仿,上面留有楔形文字(见图 2-4)。这是因为古巴比伦人将尖棍的一头削成三角形,然后在泥板上刻写,写出来的文字就像楔子一样,所以人们形象地称之为楔形文字。

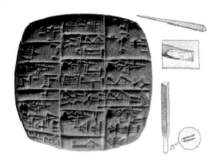

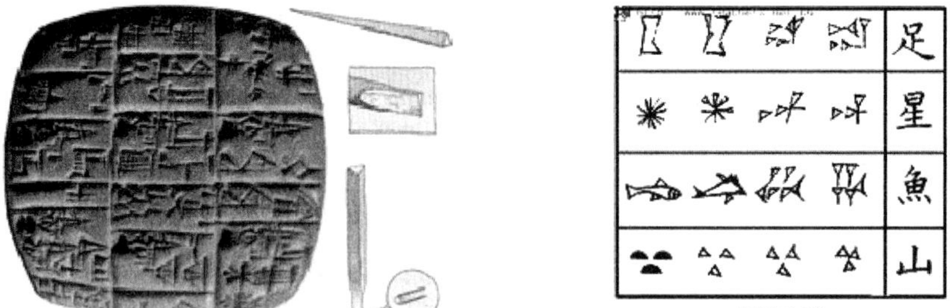

楔形文字

图 2-4　古巴比伦的泥板与楔形文字

古巴比伦时代的科学以数学和天文最为发达。其中,古巴比伦计数法十分具有代表性:采用六十进制。六十进制主要应用于计算角度、地理坐标和时间,至今仍在世界范围内广泛使用。比如,在一块泥板上记载了这样一串数字,见图 2-5。

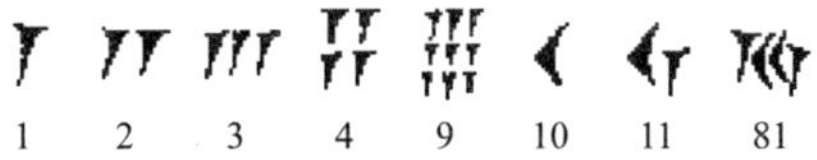

| 1 | 2 | 3 | 4 | 9 | 10 | 11 | 81 |

图 2-5　古巴比伦数字符号

古巴比伦人也使用分数,而且有系统的分数写法,他们总是用 60 或 60 的方幂作为分母。虽然看起来很烦琐,但却能通过高超的运算技巧,实现对无理数近似值的计算。例如,在美国耶鲁大学收藏的泥板上(见图 2-6),有一个正方形,正方形上有一串楔形数字。解码后发现,这串数字可以分为三组,都是以 60 的 N 次方作为分母的分数,将这些分数相加并化成十进制以后约等于 1.414213,是 $\sqrt{2}$ 的近似值。

图 2-6　耶鲁大学收藏的泥板

在代数领域,古巴比伦人可求解含有三个未知数的方程式。值得注意的是,古巴比伦人在使用代表抽象概念的代数语言的时候,可能由于许多代数问题都与几何有关,因此他们常常用"长""宽""面积"来代表未知数和它们的乘积等。

古巴比伦人还将其算术与代数成就运用在天文学和建筑学中,在天文和建筑领域均取得了较高成就。其中,古巴比伦人的天文历法的特色尤其突出。古巴比伦人将一年分为 12 个月,一昼夜分为 12 时,一年分为 354 日,而且他们还设置了闰月来适应地球公转的差数。

(三) 古印度的数学成就

大约在 5 000 年前,印度人就有了书写、计算和度量衡的体系。由于古印度以农业为经济来源,很早就开始观察星象,编造历书,因而带动了数学研究。但可惜的是,印度长期多雨,加上印度在远古时期采用棕榈树叶和白桦树皮等天然材料作为记载工具,所以印度远古时期的文化未得到妥善保存。

古印度最值得称道的算术成就是印度数码和十进位制计数法。我们现在所说的"阿拉伯数字"实际上最早是由印度人发明的,只是经由阿拉伯人将之传往西方,所以才被西方人称为"阿拉伯数字"。印度数字是古印度人对数学乃至整个人类文明的重要贡献。

印度人很早就引进了负数。公元 628 年左右,婆罗摩笈多(Brahmagupta,约598—660)系统地给出了负数四则运算的正确法则。婆什伽罗(Bhlskara)在其代表作《历算书》中全面系统地介绍了算术、代数和几何成果,记载了有关自然数、分数和负数的 8 种基本运算。

印度人也较早就有了分数的概念,除了天文学中的分数仍沿用巴比伦的六十进制记号外,他们在其他场合都用整数之比表示分数。他们会对分数进行四则运算。例如,在进行分数加减法运算时,取分母的乘积为公分母,分子分母之间没有分数线分隔。

在代数方面,印度数学家使用缩写文字和记号来表示代数方程,用假设法作为解方程或方程组的工具。二次方程是印度数学家最感兴趣的课题之一,方程的某些系数包括负数。他们甚至会用求根公式解方程,对双二次方程、不定方程和一些特殊的三次方程的研究也有所涉猎。

(四) 古希腊的数学成就

古希腊经济曾高度繁荣,古希腊文明硕果累累,其中就包括大放异彩的数学。数学史一般把希腊数学分为古典时期(公元前 6 世纪至公元前 3 世纪)和后期希腊数学(公元前 3 世纪至公元 6 世纪)。

古典时期出现了很多学派,影响力最大的有爱奥尼亚学派、毕达哥拉斯学派、巧辩学派和柏拉图学派。古希腊学派长于思辨,所以几何成就最为突出。在算术、代数领域最具成就的是毕达哥拉斯学派。

毕达哥拉斯(Pythagoras,约公元前 580—前 497)是古希腊哲学家、数学家、天文学家和音乐理论家,主要致力于哲学和数学的研究。毕达哥拉斯学派的基本信条是"万物皆数":万物的本原是数,人们所知道的一切事物都包含数。"万物皆数"从侧面强调了数学对客观世界的重要作用,是数学化思想的最初表述形式。毕达哥拉斯学派对自然数进行了分类研究,他们定义了许多概念,例如,完全数、盈数、亏数、亲和数等。毕达哥拉斯学派的"万物皆数"带有一定的局限性:这里的数一般专指整数或自然数。而毕达哥拉斯学派成员希帕索斯(Hippasus)曾经发现正方形的对角线和其一边构成不可公度线段,这就是无理数的发现过程。由于这一发现违背了"万物皆数"的基本信条,所以希帕索斯被处以极刑,随后演变为"第一次数学危机"。

毕达哥拉斯学派在科学美学思想上也有自己的独特观点。毕达哥拉斯学派认为,美是和谐与比例。他们将这种科学美学思想广泛应用于音乐、天文学、建筑、雕刻、生物学和医学等众多领域。例如,毕达哥拉斯学派指出,音乐的基本原则是数量原则,即音乐节奏的和谐是按照一定数量比例,由高低、长短、轻重不同的音调组合而成的。

二、 数量化思维:从算术到代数

算术是数学中最古老、最基础的分支,它研究的主要内容是自然数、分数和小数的性质及相关的四则运算。算术的产生,特别是数量符号、运算符号的诞生,帮助人们从数量的意义角度去观察、分析和理解世界,对于人类认识现实世界的数量关系具有重要促进意义,是人类社会实践活动的重要成果。特别应当指出的是,虽然由于算术与生活紧密相连,人们往往感觉不到自然数内在的抽象性,但事实上,抽象化、数量化的数量符号能将事物的根本属性从事物的表象中抽象出来,从而发展出数量化的思维,这正是算术为数学乃至于全人类做出的最重要的贡献。例如,许多古老的应用问题最初都是运用算术解决的,如行程问题、工程问题、流水问题、分配问题等。

算术的思维方式曾经相当辉煌,但算术中蕴含的数量化思维具有一定的局限性,这种局限性直接促成了代数思维的产生。具体来说,算术的解题思维方式的关键,是把已知的数量符号运用加、减、乘、除连接起来,建立起解决问题的数学算式。[①] 所以,算术思维面对复杂数量关系的实际问题时,尤其是面对一些含有多个未知量的实际问题时,由于自身对已知数的依赖(从另一个角度来说,这在很大程度上也意味着对未知数的排斥),往往难以破解。为了突破这种困境,代数及其思维方式应运而生。代数思维的核心是:把未知量视为同已知量有相同意义的数量符号,随后将之与已知量一起组成关系式,根据问题中的数量关系,用数学符号将数量关系表示出来,然后用等号相连列出方程,最后求出未知量的数值。

从上述阐释中不难看出,代数比算术优越。第一,代数将未知数、已知数视作性质相同的数学符号,在等式中未知数与已知数意义相同。第二,代数的思维方式对相等有更灵活的认识:解方程中强调"同解",而算术必须保持等式。所以,算术向代数的发展,实际上扩大了数学思维的范围,思维方式的扩展带来了数学内容的拓展,代数运算的灵活性和普遍性得以提高。

从数学思维的意义上看,从算术思维发展到代数思维,这种数学思维的改变、发展与拓展,带来了数学本身的进步。例如,对二次方程的求解,使人们创造了虚数;对五次以上方程的求解过程,促进了研究群的代数结构学说——群论的诞生;把代数的思维方法应用于解决几何问题之上,促成了解析几何的产生。

三、数量化思维素养的教育启示

算术向代数发展的数学思维方式的演变,也就是数量化思维的发展历程,其对于今天的数学教育可提供几点启示。[②]

第一,数学包括形式与内容两个方面,小学数学思维素养的培养应当更加重视数学的内容。也就是说,当我们认识到数学是一种形式的时候,就应当对数学形式所反映的内容更加重视。数学的符号形式,无论是对象符号(如 1、2、3…a、b、c),或是数学运算符号(如＋、－、×、÷),还是数学关系符号(如＝、＜、＞)都具有与特定内容的相关性。只有让小学生认得、懂得抽象的数学符号,并且能够理解、运用数学符号,才不会导致数学符号失去在数学思维中的语言符号作用。

第二,数学的形式都与具体内容相关,尤其是算术与代数领域的学习,更应注

① 王宪昌.数学思维方法[M].北京:人民教育出版社,2010.
② 王宪昌.数学思维方法[M].北京:人民教育出版社,2010.

31

重内容与形式的结合。从思维发展过程来说,从算术思维向代数思维的过渡,是小学生必然经历的一个过程。算术向代数的数学思维发展,可以称为算术难题代数化的一个表现形式。教师应注意利用这种"算术的繁难"到"代数的简化"的转变,去激发学生学习数学的兴趣、好奇心和求知欲,而不是用繁难的技巧使学生的好奇心受到挫折。

第三,明确和理解算术向代数发展的思维规律,还可以使我们的教育理念有所改变。作为数学的历史,也作为人类数学思维发展过程中的重要环节,算术思维曾在历史上统治过一段相当长的时间,并留下了一些有相当难度的习题。过分追求算术思维的难度,就常常不自觉地违背了算术向代数发展的思维规律。目前,中国正在走向世界、融入人类命运共同体,中国的数学教育与世界逐渐趋同。根据《义务教育数学课程标准(2022 年版)》,义务教育阶段的数学课程应突出基础性、普及性、发展性。应让学生通过数学课程的学习,掌握适应现代生活及进一步学习所必备的基础知识和基本技能、基本思想和基本活动经验;激发学习数学的兴趣,养成独立思考的习惯和合作交流的意愿;发展实践能力和创新精神,形成和发展核心素养,增强社会责任感,树立正确的世界观、人生观、价值观。从这种数学教育的理念基础上分析,思维素养由算术向代数发展,应当成为数学教育中的一个重要的引人入胜的环节,成为吸引学生们探求数学的路径。

第二节
数学王冠的明珠：从物体到几何的思维发展

几何是研究物体的形状、大小及其相互位置关系，研究空间结构及性质的一门科学。几何是数学中最基本的研究内容之一，与算术、代数等具有同样重要的地位。几何学是数学各分支中发展历史最为悠久的分支之一，内容极其丰富。几何学的发展可以分为三个阶段：实验几何学阶段（公元前 3 世纪前）、欧氏几何阶段（公元前 3 世纪—公元 19 世纪）、多种几何并存阶段（公元 19 世纪至今）①。

一、几何思想的萌芽

几何的英文为 Geometry，是由希腊文 Geometria 演变而来的。按字面含义分析，Geo 的含义是"土地"，metria 的含义是"测量"，所以在西方，几何是基于农业生产的土地测量需要而诞生的。"几何"在中文语境中是一个翻译名词，是我国明朝数学家徐光启翻译《几何原本》时首先使用的。

关于几何思想萌芽的最早记载可以追溯到大约公元前 3 000 年的古埃及、古印度、古巴比伦。这个时期的几何学关注的主要内容是长度、角度、面积和体积，用于测绘、建筑、天文和各种工艺制作中的实际需要。

二、欧式几何的发展

欧式几何是指以欧几里得的《几何原本》为代表的几何学，它是几何学的核心。在过去的 2 000 多年内，《几何原本》一直是欧洲数学的必修内容。在欧式几何的形成与发展过程中，西方国家的泰勒斯、欧几里得、阿基米德、笛卡儿和费尔马等人做出了极其重要的贡献。

---

① 高月琴.数学史与数学教学［M］.北京：中国科学技术出版社,2007.

（一）泰勒斯

泰勒斯(Thales,约公元前 624—前 547),古希腊七贤之一,被称为"科学和哲学之祖"。泰勒斯是西方第一个自然科学家和哲学家,是希腊最早的哲学学派"米利都学派"的创始人。

泰勒斯在几何乃至数学方面的最大贡献是,引入了命题证明的思想,标志着人们对客观事物的认识从经验层面上升到了理论层面。命题的逻辑证明在确保命题正确性的基础上,使数学命题具有充分的说服力,进而揭示各定理之间的内在联系,使数学构成一个严密的体系。

（二）欧几里得

欧几里得(Euclid,约公元前 330—前 275),古希腊最负盛名、最有影响的数学家,是亚历山大学派的奠基人,被称为"几何之父"。《几何原本》被视为欧几里得最杰出的作品,它是欧洲数学的基础,在欧洲作为数学课本使用了 2 000 多年,被翻译为各种文字出版了 1 000 版以上。欧几里得的作品中还有一部分与透视、圆锥曲线、球面几何学及数论有关。

《几何原本》全书共分 13 卷,采用了亚里士多德的分类方法,以 5 个公理和 5 个公设为基础,提出 119 条定义,证明了 465 条命题,形成了世界上第一个数学公理体系。

正如罗素所评价的那样,"《几何原本》毫无疑义是古往今来最伟大的著作之一"。《几何原本》的伟大历史意义在于,它用严密的逻辑系统,对公元前 7 世纪以来希腊几何学积累的成果进行了全面整理,是用公理化思维方法建立起演绎的数学体系的最早典范,是一部集前人思想和欧几里得个人创造于一体的不朽之作。

（三）阿基米德

阿基米德(Archimedes,公元前 287—前 212),力学之父,古希腊"百科全书式"的科学家,在哲学、数学、物理学、力学等领域均有建树,与高斯、牛顿、欧拉一起并称为世界四大数学家。

古希腊历史学家普鲁塔克曾这样评价阿基米德:"在整个几何学中,再也找不到比阿基米德用最简单、最直观的方法所证明的更难和更深刻的定理了。"阿基米德以惊人的独创性,将熟练的计算技能与严格的证明融为一体,将抽象的理论和工程技术的具体应用紧密结合起来。

（四）笛卡儿

笛卡儿(Rene Descartes,1596—1650)是法国著名的数学家、哲学家、物理学家,因将几何坐标体系公式化而被称为"解析几何之父"。解析几何是用代数方法研究一次、二次曲线和曲面的一门学科,是初等几何、初等代数和一般变量概念相结合的产物。

笛卡儿在自然学的研究中,敏锐地看到了数学方法的必要性,并注意到代数具有提供这种方法的力量——韦达符号代数的建立,使得代数不再仅仅是研究计算的数学分支,它成为一门研究一般类型问题和方程的学科。笛卡儿开始用代数方法研究几何,将几何坐标体系公式化,进而与费尔马一起创立了解析几何学。

(五) 费尔马

费尔马(Pierrede Fermat,1601—1665)是 17 世纪法国最伟大的数学家之一,被誉为"业余数学家之王"。费尔马的解析几何研究成果主要记载在《平面与立体轨迹引论》中,甚至比笛卡儿发现解析几何的基本原理还早七年。

费尔马的著作《平面与立体轨迹引论》(1629)清晰地阐述了费尔马的解析几何原理。在该书中,费尔马还提出并使用了坐标的概念,他所称的未知量 A、E 实际上就是今天所称的横坐标与纵坐标。

笛卡儿是从一个轨迹来寻找它的方程,而费尔马则是从方程出发来研究轨迹,这正是解析几何基本原则的两个相对面。

三、非欧几何的发展

如上所述,解析几何改变了几何研究的方法,但它并未从实质上改变欧几里得几何本身的内容。直到 18 世纪末,几何领域仍然是欧几里得几何的天下。虽然人们对欧几里得几何推崇备至,但从公元前 3 世纪到 18 世纪末,数学家们耿耿于怀的是第五公设证明的悬而未决。

从第五公设证明出发,真正实现对欧几里得几何的突破、创立新的几何观念的是高斯和罗巴切夫斯基。

高斯对于非欧几何的发现早于罗巴切夫斯基,但可能是出于谨慎,在他生前并未公开发表任何关于非欧几何的科学论著。从其遗稿中可了解到,1799 年他开始意识到平行公设不能从其他的欧几里得公理中推出,并自 1813 年起发展了这种平行公设在其中不成立的新几何,是一种逻辑上相容并可描述物质空间的新几何学。

罗巴切夫斯基则是从 1815 年着手研究平行线理论的。最初他也是循着前人的思路,试图给出平行公设的证明。多次尝试证明失败后,他大胆猜测:平行公设无法证明。罗巴切夫斯基沿着与传统思路完全相反的探索途径,在试证平行公设不可证的过程中发现了一个崭新的几何世界。1826 年 2 月 23 日,罗巴切夫斯基在喀山大学物理数学系学术会议上,宣读了其第一篇关于非欧几何的论文《几何学原理及平行线定理严格证明的摘要》。这篇首创性论文的问世,标志着非欧几何的诞生。

非欧几何是人类认识史上富有创造性的伟大成果。非欧几何的创立,不仅带来了近百年来数学的巨大进步,而且对现代物理学、天文学及人类时空观念的变革都产生了深远影响。

四、 空间思维方法:几何学中的数学思维

数学思维是人们在逐步深入认识数量和图形的过程中形成和发展的,先由日常生活接触到的数量和物体形状等提炼出特点,并形成思维语言符号,随后分别形成算术思维和几何思维;再随着逻辑性、抽象性的不断深入,逐步形成代数思维和空间思维。

就空间思维而言,随着欧式几何研究的不断深入,几何学需要解决的问题越来越多。然而,如果仅仅使用空间思维论证直观图形,由于几何学问题的证明过程对于推理、论证的技巧要求颇高,这直接造成了欧式几何到达了它的发展瓶颈——很难获得数量表示的一般性方法。

与此同时,作为数量化思维的"代言人",代数学在 16 世纪有了突破性的发展。数量化思维的发展结束了空间思维长久以来的统治地位,使人们认识到代数思维和空间思维并不是两个割裂的个体,而是既有区别又存在巨大联系的两种基本数学思维。特别是解析几何的出现,标志着几何代数化、空间几何结构数量化,也标志着数量思维与空间思维结合到了一起,这种结合极大地促进了数学的发展。

五、 空间思维素养的教育启示

在《义务教育数学课程标准(2022 年版)》中,空间思维素养的培养要求主要体现在对空间观念和几何直观思维的培养上。其中,空间观念主要是指根据物体特征抽象出几何图形,根据几何图形想象出所描述的实际物体;想象出物体的方位和相互之间的位置关系;描述图形的运动和变化;依据语言描述画出图形等。几何直观思维主要是指利用图形描述和分析问题。借助几何直观思维可以把复杂的数学问题变得简明、形象,有助于探索解决问题的思路,预测结果。空间观念和几何直观思维可以帮助小学生直观地理解数学图形、位置及其变化等,在整个数学学习过

程中都发挥着重要作用。

第一,从初等数学的直观性特点来看,小学生空间观念和几何直观思维发展离不开现实生活中物体的使用与探究。换言之,小学数学中的空间图形和平面图形都具有明显的直观性和经验性特征。所以,在教学设计与实施的过程中,应在选择与学生生活实际紧密相连的数学素材基础上,注重培养学生在现实情境中观察、分析、类比和解决实际问题的数学观念、意识和思维方式。

第二,从小学数学的基础性和工具性特点来看,由于小学数学中的空间与几何内容实际上是欧式几何,它处理的是空间中点、线、面的相对位置及其变化,所以小学生空间观念和几何直观思维的培养就是要帮助学生获得适应社会生活和进一步发展所必需的几何基础知识、基本技能、基本思想、基本活动经验,了解图形与几何领域的价值,提高学习数学的兴趣,增强学好数学的信心。

第三,就解析几何与非欧几何的发展而言,通过解析几何和非欧几何,人们认识到,虽然现实空间是三维的,加上时间是四维的,但是抽象空间的维度却可以是多维甚至无限的。这是空间思维品质的一种提升,也是数学知识范围的拓展。所以,教师应在教学中帮助小学生体会到数学知识之间存在联系,随后逐步拓展到帮助学生认识到数学与其他学科之间、数学与生活之间的联系,进一步体会数学的价值,同时,学会综合运用多种数学的思维方式进行思考,增强发现问题、分析问题和解决问题的能力。

第三节
赌徒引发的难题：概率论与随机数学思维

概率论是以"概率"概念为核心的数学分支，是研究偶然性事件的科学。概率又称或然率、机会率、几率或可能性，是对随机事件发生的可能性的度量。其数值一般在 0 到 1 之间，越接近 1，该事件越可能发生；越接近 0，则该事件越不可能发生。

一、 概率论的起源

众所周知的是，概率论起源于赌徒梅雷引发的难题。梅雷和其赌友是实力相当的对手，每人各拿出 32 枚金币，以赌定胜负。规定每取胜一次，得 1 分，最先获得 3 分者取得全部赌金 64 枚金币。当赌到第三次的时候，赌局必须停止。此时，梅雷已得了 2 分，其赌友得了 1 分，那么，赌金如何分配才合理呢？

就上述问题，梅雷和其赌友各自提出了以下方案。

方案一：虽然梅雷再得 1 分就赢了，但是赌友再得 2 分也能赢了；因此，梅雷应得总赌注的 $\frac{2}{3}$，其赌友得 $\frac{1}{3}$。

方案二：即使赌友第 4 次得 1 分，梅雷也能得到赌注的一半，即 32 个金币；而且第 4 次梅雷也可能得到 1 分，那么他又可以得到剩余赌注的一半，即 16 个金币；所以他至少应该得到 64 个金币的 $\frac{3}{4}$。

梅雷和赌友各执一词，谁也没办法说服对方。后来，梅雷与旅行途中的帕斯卡（Blaise Pascal，1623—1662）相遇，就向帕斯卡请教了这一问题。

帕斯卡对梅雷提出的问题非常感兴趣，立即着手研究。但他在研究的过程中发现，没有任何既有数学定理或结论可以证明他的想法。苦苦思索一段时间后，他于 1654 年写信给他的好友费尔马，并与费尔马就这一问题进行了深入探讨。两人成功解决了上述问题，证明了方案二更为合理。后来，帕斯卡在《算术三角形》中给出了该类问题的一般解，并直接促成了概率论的诞生。

在概率论的诞生过程中，荷兰数学家惠更斯（Christiaan Huygens，1629—

1695)也做出了突出贡献。惠更斯对各种平面曲线都进行过研究,早在 22 岁时就发表过关于计算圆周长、椭圆弧及双曲线的论文,他还在概率论和微积分方面有所成就,1657 年发表的《论赌博中的计算》就是一篇关于概率论的科学论文。

二、 概率论的形成与发展

18 世纪之前,在概率问题早期的研究中,逐步形成了事件、概率和随机变量等重要概念,并对上述概念的基本性质进行了探讨。随后,人口统计、保险理论、天文观测、误差理论、产品检验和质量控制等问题均促进了概率论的发展。

18 世纪是概率论正式形成与发展的时期,这一时期的重要人物主要有雅各布·伯努利、高斯、拉普拉斯和泊松等。

雅各布·伯努利(Jakob Bernoulli,1654—1705),著名的伯努利家族代表人物之一,瑞士数学家,公认的概率论的先驱之一。伯努利 1685 年发表关于赌博游戏中输赢次数问题的论文,后来写成巨著《猜度术》。《猜度术》的出现是组合数学及概率论史的一件大事,他在这部著作中给出了伯努利数,提出了概率论中的"伯努利定理",这是伯努利大数定律的最早形式。因此,伯努利被称为概率论的奠基人。

高斯(Johann Gauss,1777—1855),德国著名数学家、物理学家、天文学家,近代数学奠基者之一,与阿基米德、牛顿、欧拉并列为世界四大数学家,享有"数学王子"之称。高斯对于概率的贡献在于正态曲线的发现。正态分布(Normal distribution)又名高斯分布(Gaussian distribution),是自然科学与行为科学中定量现象的一个方便模型,在统计学的很多方面有着重大的影响力。

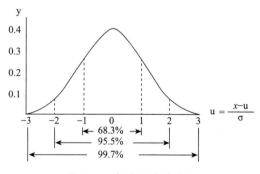

图 2-7 标准正态分布图

拉普拉斯(Pierre-Simon marquis de Laplace,1749—1827),法国著名的天文学家和数学家,天体力学的集大成者,古典概率论的奠基人之一。拉普拉斯在概率方面的代表作是《分析概率论》和《概率的哲学探讨》。《分析概率论》汇集了 40 年以来古典概率论方面的进展以及拉普拉斯自己在这方面的发现,系统地整理了概率论的基本理论,包含几何概率、伯努利定理和最小二乘法原理,以及著名的拉普拉斯变换。

西莫恩·德尼·泊松(Simeon-Denis Poisson,1781—1840),法国数学家、物理学家,同时也是 19 世纪概率统计领域里的卓越人物。泊松改进了概率论的运用方法,建立了描述随机现象的"泊松分布"。泊松还推广了伯努利大数定律,并导出了在概率论与数理方程中有重要应用的"泊松积分"。

三、 概率论中蕴含的数学思维素养

客观世界中的各种现象都可以划分为两种截然不同的形式:确定性事件和随机事件。在数学中,人们在 17 世纪之前的漫长时间里,研究的都是确定性事件。概率论及其中蕴含的随机数学思维出现后,人们才将目光投向了现实世界中广泛存在的随机事件。

(一) 随机数学思维:研究偶然性与必然性的数学思维

一方面,随机数学思维的研究,推动了原有的必然性数学理论的发展,随机数学思维研究内容的扩展和成功,使确定性数学向随机化发展,随机微分方程、随机积分方程、随机幂级数等陆续诞生;另一方面,通过随机数学思维对随机现象进行数学描述,人们对世界发展变化的客观规律有了深入的理解。随机数学思维为自然科学提供了一种描述随机现象的数学工具,也为社会科学认识事物发展的规律提供了一种新的定量化思维方式。

综上,在概率论及随机思维出现之前,数学研究的内容是确定意义上的数量关系和空间结构形式,数学表述的方式也是确定的。但事物间的关系是存在偶然性和必然性的,如果只研究必然性现象中的因果关系,那么就等同于对随机现象中事物发展变化的规律"视而不见"。从这种意义上来说,概率论中的随机思维作为一种特殊的数学思维,不仅体现了人们对客观世界中必然规律与偶然现象的关系的理解,更体现了数学思维发展史上的飞跃。随机思维的出现让数学跨出了表述、计算、解释的确定性"研究圈",从数量上研究偶然性,从而在考察偶然性因素的变化和影响中,寻找表达必然性的本质性数量关系。所以,概率论的随机思维方法大大地推进了人们对随机现象的认识,从而也推动了人们对必然规律和偶然现象的认识。

（二）随机数学思维素养的教育启示

作为一种研究随机现象的思维及数学计算方法,概率论代表了整个数学领域中一种独特的思维素养及独特的数学规律描述。20 世纪数学的一个重要成果就是把统计学提高到了新的层次,把概率论作为统计数据中随机现象研究的基础。以概率论为基础的数理统计是先确定一个客观存在的总体,然后获得总体的一个随机样本,再由这个样本得出的数据去推测总体的某些特征或规律。

目前,在我国基础教育阶段数学教育改革中,已经把概率论与数理统计的内容列为义务教育的内容,《义务教育数学课程标准》中设置了"统计与概率"领域,且在三个学段中均有所体现,并根据学生的身心发展特点,设置了不同的教学内容与侧重点。

所以,这就提示我们,应当高度重视这方面的教学工作。我们应当认识到,对于概率论、数理统计领域的学习,这不仅是一种思维方式、数学理论和数学方法的学习,更为重要的是一种认识世界、描述世界的基本思维方式、基本素养的学习。此外,在教学内容的选择上,应当选择简单的社会现象,进行随机现象的生活化情境教学,增强学生的学习兴趣和研究问题的参与性。

第四节
高等数学的基础：微积分与变量数学思维

　　微积分学是微分学和积分学的总称，是描述物体运动过程的数学理论。微积分的创立是 17 世纪数学最重要的成就之一，也是科学技术发展史上最重大的事件之一。微积分的建立以解析几何为基础，解析几何将变量引入数学，自此人们能够使用代数与几何结合的数学工具对运动变化规律进行定量分析。微积分的萌芽出现在 2 000 多年前，由于微积分的探索过程中聚集了众多数学家与科学家，最后由两位巨人——牛顿和莱布尼茨分别从不同角度相互独立地建立了微积分学，因而，微积分又被称为"巨人的杰作"。

一、微积分的产生背景

　　微积分思想的早期代表性观点就是"无限细分"和"无限求和"，这在距今 2 000 多年以前的古代中国和西方都已经出现萌芽。

（一）古代中国微积分思想的萌芽

　　我国古代早就有了"无限细分"和"无限求和"的微积分思想的萌芽。公元前 7 世纪，《庄子·齐物论》中就有"六合之外，圣人存而不论；六合之内，圣人论而不议"等论述，《庄子·天下篇》中则有"一尺之棰，日取其半，万世不竭"等论述。上述观点充分体现了庄子哲学中蕴含的无限可分性和极限思想。公元前 4 世纪，《墨经》中出现了"有穷""无穷""无限小""最小无内""无穷大""最大无外""极限"和"瞬时"等概念。

　　到了汉朝，由于需要大量设计测造圆形的物件，对于 π 值的精确度要求提高，由此极大地促进了"无限细分""无限求和"思想的发展。例如，《西京杂记》中有记载："汉朝舆驾祠甘泉汾阳……记道车，驾四，中道。"又如，可以用于测量天体球面坐标并演示天象的浑天仪（由西汉时期的落下闳发明，东汉时期的张衡改进），蜀汉时期诸葛亮使用并改进的"木牛流马"等，不仅体现了古人高超的手工技艺水平，更从客观上促进了微积分思想的发展。

在对于 π 值的精确性的追求过程中,魏晋时期刘徽提出的"割圆术"具有划时代的意义。顾名思义,割圆术就是为计算圆周率而建立的严密理论和完善算法,是不断倍增圆内接正多边形的边数求出圆周率的方法,即"割之弥细,所失弥少;割之又割,以至于不可割,则与圆周合体,而无所失矣"。

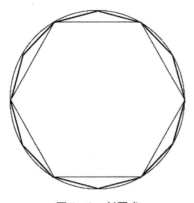

图 2-8 割圆术

图 2-9 刘徽(约 225 年—约 295 年)

(二) 古代西方微积分思想的萌芽

古代西方微积分思想的萌芽出现在 2 000 多年以前的古希腊。与中国类似的是,古希腊的微积分思想也是出于对圆形的深入研究需要而产生的。人们在运输中广泛使用装有圆轮和圆轴的车子,用更省力的滚动代替滑动;同时,水轮机等较为精密的研磨工具的出现,也需要对圆形有更为精确的认识。所以,古希腊科学家阿基米德在解决许多实际问题的同时,研究了圆的周长和面积的计算问题。

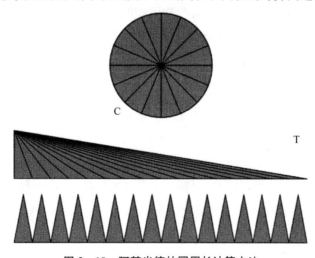

图 2-10 阿基米德的圆周长计算方法

在《圆的度量》一书中,阿基米德使用圆的内接正多边形和外切正多边形来推算圆的面积和周长。阿基米德从圆的内接正六边形一直做到圆的内接九十六边形,从而得出圆周长和圆的直径的比值,即 π 值在 223/71 到 22/7 之间,这是数学史上最早明确指出误差限度的 π 值。显然,上述计算工作中,多边形不断增加边数,是对于圆周的"无限细分",由 N 个三角形的总和来求圆的周长及面积,正是"无限求和"。

二、 微积分的研究先驱

当然,尽管对 π 值的精确要求在客观上促进了微积分的产生,但对于微积分的创立起着直接推动作用的则是现代科技的发展。

17 世纪,开普勒(Johannes Kepler,1571—1630)通过长期观测并经过计算,提出并完善了行星运行的三大定律——"开普勒定律"。但此时开普勒定律仍属于"经验定律",所以,用数学方法论证开普勒定律成了当时自然科学领域研究的中心课题之一。1615 年,开普勒在《测量酒桶的新立体几何》中论述了求圆锥曲线围绕其所在平面上某直线旋转而成的立体体积的积分法,揭示了无穷小量方法和无穷小求和思想。

伽利略(Galileo Galilei,1564—1642)通过著名的"两物同时落地"实验,发现了动力学中著名的自由落体定律,随后动量定律、抛物体运动性质等相继被发现,同样激起了人们用数学方法研究动力学的热情。

显而易见的是,无论是开普勒定律,还是动力学的诸多问题,仅利用传统数学计算工具是无法解决的。所以能解决上述问题的新数学工具的发现,就显得迫在眉睫了,这直接促成了变量数学即近代数学的诞生。

笛卡儿与费尔马用解析几何的发现将"变数""变量"引入了数学,正如恩格斯所说的那样,"数学中的转折点是笛卡儿的变数。有了变数,微分和积分也就立刻成为必要的了"。事实证明,解析几何的发明可以被称为"变量数学的第一个里程碑"。笛卡儿在 1637 年出版的《几何学》中讨论了切线的构造方法,这种代数方法推动了微积分的早期发展。

在微积分研究的先驱者中,卡瓦列里(E. B. Cavalieri,1598—1647)的贡献也不容忽视。1635 年,卡瓦列里在《用新方法促进的连续不可分量的几何学》中提出了线、面、体的不可分量原理。尽管数学家们对于不可分量原理褒贬不一,但不可否认的是,不可分量原理是从古希腊"穷竭法"向近代积分论的过渡,卡瓦列里的不可分量概念对牛顿的"流数"和莱布尼茨的"微分"概念均有一定的启发作用。

　　不可分量原理的普及与推广应当归功于托里拆利(E. Torricelli,1608—1647)的《几何运算》一书。后来,沃利斯(J. Wallis,1916—1703)引进了现在使用的无穷大符号"∞",为牛顿创立微积分开辟了道路。

　　在微分学研究的先驱者中,分量最重的两位分别是费尔马和巴罗(Issac Barrow,1630—1677)。其中,费尔马给出了增量方法及矩形长条分割曲边形并求和的方法,该方法几乎相当于现今微分学中所用的方法。费尔马还应用其方法来确定切线,求函数的极大值、极小值和面积,求曲线长度等问题。巴罗的代表作《几何学讲义》体现了巴罗对无穷小分析的卓越贡献,并给出了求切线方程的关键概念——"特征三角形"或"微分三角形",其已经具备微积分基本定理的雏形。

　　综上,众多微积分先驱者沿着不同的方向向微积分的大门逼近,但由于方法缺乏足够的一般性,且并未出现具有统一性、一般性、规律性的结论,所以微积分此时尚未成为一门独立的科学。

三、巨人的杰作: 微积分的诞生

　　微积分的诞生应归功于两位巨匠:牛顿和莱布尼茨。尽管两人的研究在背景、方法和形式上存在差异,各有特色,但两者的功绩是相当的。所以,微积分基本定理被命名为"牛顿-莱布尼茨公式"。

(一) 牛顿

　　艾萨克·牛顿(Isaac Newton,1643—1727),英国物理学家、数学家,百科全书式的全才,著有《自然哲学的数学原理》《光学》等多部代表作。

　　牛顿对微积分的研究始于1664年秋,他以运动学研究为背景,于1665年和1666年分别提出了代表微分的"正流数术"和代表积分的"反流数术",随后将之整理成《流数简论》。《流数简论》是历史上第一篇系统的微积分文献,标志着微积分科学的诞生。

图 2 - 11　牛顿

　　显然,《流数简论》中的所有算法都建立在流数术的基础上。流数术的基本原理是把数学中的"量"看作由连续轨迹运动而产生的:将生长中的量叫作"流量",流量的生长率叫作"流数",流数在无限小的时间间隔内所增加的无限小部分叫作"流量的瞬"。同时假定"无限小量"是,一个量在变化时可连续减少直至其完全消失，达到可把其称为零的程度；或者说，"无限小量"是比任何指定的量都小的量。牛顿将自古希腊以来求解无限小问题的各种特殊技巧统一为两类普遍的算法——正、反流数术，并证明了两者的互逆关系。正是在这个意义上，我们说牛顿发明了微积分。

（二）莱布尼茨

图 2-12　莱布尼茨

戈特弗里德·莱布尼茨（Gottfried Leibniz，1646—1716），德国哲学家、数学家，历史上罕见的奇才与通才，被誉为"17 世纪的亚里士多德"。

莱布尼茨微积分思想的产生首先是出于几何的考虑，尤其是来源于特征三角形的研究。莱布尼茨受到帕斯卡的《关于四分之一圆的正弦》的启发，将特征三角形的结论进行了推广，并得到了以下重要结论：求曲线的切线依赖于纵坐标的差值与横坐标的差值（当这些差值变成无限小时）之比；而求曲线下的面积则依赖于无限小区间上的纵坐标之和（在这里纵坐标之和是指纵坐标乘以无限小区间的长度再相加，因而也相当于宽度为无限小的矩形面积之和）。莱布尼茨还看出了这两类问题的互逆关系。

莱布尼茨把自己创建的微积分叫作求差的方法和求和的方法，其基本思想是把一条曲线下的面积分割成许多小矩形，矩形与曲线之间微小的直角三角形的两边分别是曲线上相邻两点的纵坐标和横坐标之差。当这两个差无限减小时，曲线上的相邻两点便无限接近，连接这样的两点就得出曲线在该点的切线。这就是求差的方法，求差的反面就是求和。当曲线下的矩形分割得无限小时，矩形上面的那个三角形可以忽略不计，此时就用这些矩形之和代表曲线下的面积。

四、变量数学思维与微积分的本质

恩格斯曾说过，"在一切理论成就中，未必再有什么像 17 世纪下半叶微积分的发现那样被看作人类精神的最高胜利了"。可见，微积分是数学史上的分水岭和转折点，是人类智慧的伟大结晶。微积分的诞生，昭示着常量数学向变量数学转变的重要历史时刻，是变量数学思维正式走进历史舞台的象征，也是数学科学的发展与进步的表现。微积分作为变量数学思维的载体，为自然科学和工程技术提供了新的科学工具,为人文社会科学提供了发展空间,推进了人类文化的进程。①

第一,微积分的诞生促进了数学科学自身的发展。由古希腊继承下来的数学是常量的数学,是静态的数学。自从有了解析几何和微积分,就开辟了变量数学的时代,走向动态的数学。数学开始描述变化、描述运动,这改变了整个数学世界的面貌。数学也由几何时代而进入分析时代。微积分给数学科学注入了旺盛的生命力,使数学获得了极大的发展,出现了空前的繁荣,微分方程、无穷级数、变分法等数学分支纷纷建立,复变函数、微分几何陆续产生。

第二,微积分的诞生为自然科学和工程技术提供了新的科学工具。有了微积分,人类能够把握运动的过程,微积分成了物理学的基本语言,也成了寻求问题解答的有力工具。有了微积分就有了工业大革命,有了大工业生产,也就有了现代化的社会。在微积分的帮助下,牛顿发现了万有引力定律,发现了宇宙中没有哪个角落不在这些定律所覆盖的范围内,强有力地证明了宇宙的数学设计。在现代社会,化学、生物学、地理学等学科都离不开微积分。

第三,微积分的诞生为人文社会科学提供了发展空间。如今微积分不但成了自然科学和工程技术的基础,而且还渗透到经济、金融及社会活动中,微积分在人文社会科学领域中也有广泛的应用。

第四,微积分的诞生推进了人类文化的进程。如今,无论是研究自然规律,还是研究社会规律,都离不开微积分,因为微积分是研究运动规律的科学。现代微积分理论基础的建立是人类认识上的一个飞跃。极限概念揭示了变量与常量、无限与有限的辩证的对立统一关系。从极限的观点看,无穷小量不过是极限为零的变量,即在变化过程中,它的值可以是"非零",但它的趋向是"零",可以无限地接近于"零"。因此,现代微积分理论的建立,一方面,消除了微积分长期以来带有的"神秘性",使得对微积分的攻击彻底破灭;另一方面,它在思想上和方法上深刻影响了近代数学的发展。这就是微积分对人类文化的影响。

五、变量数学思维的教育启示

第一,从数学教育的角度来看,变量数学思维意味着我们应当从数学的意义上去重新认识"无限"的问题。对于小学教育专业的师范生而言,在高等数学的学习中,应当学会理解有关无限问题的运算和思维的方法,同时理解西方数学在对无限

① 徐传胜,周厚春.数学史讲义概要[M].北京:电子工业出版社,2018.

问题追求中的理性思维的意义。对于初等数学的教学而言,由于《义务教育数学课程标准(2022 年版)》提倡数学学习的问题性、过程性、参与性,我们在进行基本方法、基本思维方式的教学时,应当积极引导学生进行有关无限问题的思考。从学生生活实际出发,顺应学生的身心发展特点,设计生动有趣、形式多样的相关问题,激发与提升学生的好奇心、求知欲,在不提高数学教学难度的情况下,让学生在对数学的理解中初步形成认识无限的观念和意识。

第二,变量数学的确立,使人们的数学思维作用范围得到了扩展:由研究静止物体发展到研究运动物体,由研究静止物体的数学思维发展到研究运动物体的数学思维。运动是一切事物、现象的变化过程,静止是事物的一种特殊状态。从数学的角度思考运动事物、运动过程,给出运动物体的数学描述,数学思维的作用范围扩大了。从这一点上说,数学对运动事物的思考为自然科学研究世界的变化现象提供了强有力的工具。

第三,变量数学思维在微积分中的出现,使人类认识世界的能力有了提高。无论是在数量意义上还是在空间意义上,数学思维都具有巨大的潜力,但是有关无限的思考却长时间地受到限制,以致无法在数学中将它明确地表述出来。变量数学思维的出现,使人们大踏步进入了"无限"的领域,并由此展开了有关"无限"的数学思考与数学探讨。

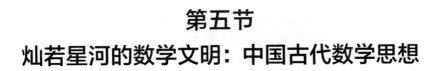

第五节

灿若星河的数学文明：中国古代数学思想

中国是四大文明古国之一，也是人类文化的发源地之一。作为中国传统文化的重要组成部分之一，中国古代数学，在漫长的发展过程中，源远流长，成就卓越。本节将从中国古代历史发展脉络出发，谈一谈中国古代数学思想的萌芽、形成、兴起、衰落与复苏，进而分析中国古代数学思维的特点，揭示中国古代数学思维的教育启示。

一、先秦时期——中国古代数学思想的萌芽

根据现存的古籍记载和考古发现，我国古代数学的萌芽产生在公元前 3 000 年左右。这一时期的数学成就主要集中在算术（如结绳记事、十进制计数法、筹算工具等）和几何（规矩的发明与使用等）上。

（一）算术与算术思想初步

中国古代采用结绳记事的方法可以追溯到远古时期。《易·系辞下》有云："上古结绳而治。"至于具体情形，汉代学者郑玄解释："事大，大结其绳；事小，小结其绳。结之多少，随物众寡。"司马迁的《史记》中也有结绳记事的相关记载，如"伏羲始画八卦，造书契，以代结绳之治"。上述记载足以表明"结绳记事"在我国远古时期早已出现，并且在伏羲时代已开始用"八卦"和"书契"等方法来代替结绳记事。

我国的计数法起源很早，在甲骨文中就已经有了中国古代使用十进位值制计数法的考古证据（见图 2-13）。河南安阳发掘的殷墟甲骨文及周代金文的考古发现证明，中国当时已采用了十进位值制计数法，并有十、百、千、万等专用的大数名称，其科学性、间接性在全世界的计数方法领域是远远领先的。

我国最具代表性的计算工具有算筹和算盘，其中，属于萌芽时期的计算工具是算筹，从春秋战国时期一直到元代末年都在使用。算筹一般是由比日常使用的筷子稍短稍细一点的小竹棍或小木棍制成，考古中也有发现用骨、金属材料或象牙制成的算筹。

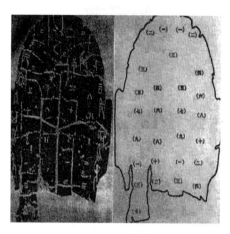

图 2 - 13　甲骨文

与使用算筹计算相对应的一套算法也就称为筹算。用算筹表示数有纵横两种摆法(见图 2 - 14)。正是因为算筹具有自己独特、完备的使用规则,使得它在很长的一段时间内都保持了旺盛的生命力。人们利用算筹发现了许多重要的数学结论——我国古代伟大数学家祖冲之在计算和研究圆周率时,就是利用算筹完成的。

纵式											∥		∥		∥		∥		∥	
横式																					
	1	2	3	4	5	6	7	8	9

图 2 - 14　算筹计数的表示方法

(二) 几何与几何思想初步

我国数学萌芽时期的另一重要成就是规矩的发明与使用,并进而促进了我国传统几何学的产生与发展。规矩是中国传统的几何工具,规和矩分别用于解决圆与方的问题。不少古籍对规矩的起源与使用有明确记载,如《周礼》《荀子》《淮南子》《庄子》等均有"圆者中规,方者中矩"的描述。另据《史记》记载,早在大禹治水时就有了"左准绳,右规矩,载四时,以开九州,通九道"。

其实,公元前 475 至公元前 221 年,战国时期的诸子百家的著作就已经包含了几何理论及与之相关的数学思想的萌芽,其中成就卓绝的是名家和墨家。

名家是先秦时期诸子百家之一,是以思维的形式、规律和名实关系为研究对象的哲学派别,也称"辩者""察士"。据《庄子》记载,名家的代表人物惠施曾提出无穷大和无穷小的概念,即"至大无外谓之大一,至小无内谓之小一",这里的"大一"就是无穷大的意思,"小一"就是无穷小的意思。此外,《庄子》中还记载了许多关于无限思想的著名论断,如"一尺之棰,日取其半,万世不竭"①"飞鸟之景,未尝动也;镞矢之疾,而有不行不止之时"等。这些阐述的内核均与古希腊的芝诺悖论十分相似。

墨家也是先秦诸子百家之一,与孔子所代表的儒家、老子所代表的道家共同构成了汉民族三大哲学体系。墨家的代表著作《墨经》记载了许多几何概念,是中国古代学者试图用形式逻辑的方法定义几何概念的明证。如"平,同高也""中,同长也""圜,一中同长也"等。《墨经》中也有"有穷"和"无穷"的概念:"或不容尺,有穷;莫不容尺,无穷也。"②

综上,我国古代数学萌芽时期的特点是,数学知识与生活实际、生产劳动紧密联系,作为天文学的基础知识或辅助知识散见于典籍中,数学方法相对简单。

二、汉唐时期——中国古代数学思想体系的形成

从汉代开始,中国的经济文化有了进一步的发展,经济的繁荣给科学的进步提供了物质基础,数学也有了长足的发展。这一时期的代表作主要有《杜忠算术》《许商算术》《算数书》《周髀算经》和《九章算术》。《周髀算经》中记录了著名的商高问答"勾三股四径五",还借陈子与荣方的师生对话给出了一般的勾股定理:"若求邪至日者,以日下为勾,日高为股,勾股各自乘,并而开方除之,得邪至日。"③这不仅是我国,也是全世界有关勾股定理的最早记录。

(一)魏晋时期

魏晋时期,刘徽注《九章算术》、赵爽注《周髀算经》及祖氏父子的工作,使中国古代数学在理论研究方面达到了一个新的高度。这一时期的数学著作较多,流传至今的就有《孙子算经》《张邱建算经》《五曹算经》《五经算术》《数术记遗》和《夏侯阳算经》等,这些著作的出现,标志着数学研究的深入和数学教育的普及。

《九章算术》的作者和成书年代难以确切地考证。多数学者认为,它成书于西

---

① 一尺长的木棒,第一日截去一半,第二日截去剩下一半的一半,如此下去,永远都不会截取完的。
② 个别区域前不容一线之地就是"有穷";相反,空间无边无际就是"无穷"。
③ 勾和股分别是直角三角形的两条直角边,弦(邪至日)是直角三角形的斜边。这句话的意思就是,将勾、股各自平方后相加,再开方,就得到弦长。

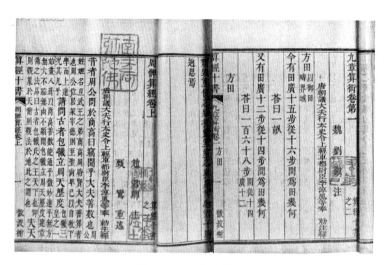

图 2-15 《九章算术》

汉末东汉初,即公元 1 世纪初。西汉的张苍、耿寿昌曾经做过增补和整理,其时大体已成定本。最后成书最迟在东汉前期。

《九章算术》全书共有 246 道应用题,基本上都是与生产实践、日常生活有着密切联系的实际应用问题。第一,书中的每道题皆有问有答有术,有的一题一术,有的多题一术,有的一题多术。其中,"术"通常是指解题的思想方法、公式和法则。第二,《九章算术》对于每类问题都给出了统一的解法,它们相当于数学定理和公式,但没有证明。第三,《九章算术》最早提到分数问题,也首先记录了被中世纪欧洲人视为"算术问题的万能解法"的盈不足问题,求最大公约数的"更相减损法"与"欧几里得算法"完全相同,其中"方程"章还在世界数学史上首次阐述了负数及其加减运算法则等。所以,《九章算术》是一本综合性的历史著作,是当时世界上最简练有效的应用数学著作,有着强于计算的显著特点,它的出现标志着中国古代数学形成了完整的体系。早在隋唐时期,《九章算术》就已传入朝鲜和日本等多个国家,现已被译成日、俄、德、法等多种文字版本。

与《九章算术》紧密联系的是刘徽的《九章算术注》,《九章算术注》对于《九章算术》的继承、发展、完善具有重要意义。基于刘徽的两大代表作——《九章算术注》和《海岛算经》的贡献,他被视为中国古典数学理论的奠基人之一。总体而言,刘徽对《九章算术》中未加论证的公式、方法和原理进行了证明或阐述;借助图形,采用代数与几何相结合的方法,对几何概念和命题进行了一般论证或演绎推理。

在算术方面,刘徽的分数理论代表了当时世界上的最高水平。他把分数看作

"比",由此发展出"率"的概念,又在"率"的基础上提出了算术中的比例理论和"盈不足"方法等。这成为中国传统算法理论发展的重要基础,并传入印度、阿拉伯和欧洲,对这些地区数学的发展产生了较大的影响。

图 2-16 刘徽

在代数方面,刘徽第一个给出了线性方程组解法以及正负数加减运算的完整理论说明。这是当时世界上无与伦比的两项重大成就,前者比欧洲早 1 500 年,后者也比欧洲早了 1 200 多年。他第一个给出了方程的定义并揭示了方程组的同解原理。刘徽把正数与负数看成是相对存在的数,是世界数学史上第一个将数的正负与加减运算关系统一起来的人。此外,他提出的小数概念和表示方法,明显具有近代特征,比欧洲最早的小数计法早了 1 300 多年。

在几何方面,刘徽的贡献尤为突出,他是中国传统几何理论的奠基者。他以独特的图形割补法、代数法、极限法以及无穷小分割法对中国古代提出的几何命题予以科学的证明。例如,《九章算术》在第一章"方田"章中指出,"半周半径相乘得积步",也就是说,圆的面积等于周长的二分之一乘以半径,即面积 $S = \pi r^2$(r 为半径)。为了证明这个公式,刘徽在这一公式后面写了一篇 1 800 余字的注记,这篇注记论述的就是著名的"割圆术"。

图 2-17 祖冲之

祖冲之(429—500)是南北朝著名的天文学家与数学家、机械制造专家、文学家。他编制的《大明历》首次考虑到岁差的计算,其日、月运行周期的数据也比当时颁行的历法精确。其著作《缀术》在唐代成为《算经十书》之一。祖冲之和他的儿子祖暅(456—536)继承了刘徽的思想,其最突出的成就是对圆周率值的推算。祖冲之算出圆周率(π)的值在 3.1415926 和 3.1415927 之间,因此入选世界纪录协会世界上第一位将圆周率值计算到小数点后第 7 位的科学家。后人将"约率"用他的名字命名,称为"祖冲之圆周率",简称"祖率"。祖暅将不可分量原理总结为"幂势既同,则积不容异"[①],即"祖暅原理"。"祖暅原理"与 1 100 年后意大利数学家卡瓦列里发现的"卡瓦列里原理"完全一致。

(二) 隋唐时期

隋唐时期是中国封建社会发展的鼎盛阶段,此时社会稳定,农业生产发展迅速,对数学教育的重视日益提高。从隋代开始,中国有了专门的数学教育机构,国子监设有"算学科",专门从事数学教学。唐朝以后,为了教学的需要,由数学家李淳风等人共同审定并注释了十部算经作为数学教材,即《算经十书》。《算经十书》记载了汉唐的最高数学成就,是后人数学教学与研究的重要资源。尽管隋唐时期对数学教育十分重视,但就数学成就而言,这一时期并不十分突出。

三、 宋元时期——中国古代数学思想的兴起

中国古代数学在宋元时期达到了兴盛。据不完全统计,宋元时期出现了数十位著名数学家和百余种数学专著。宋元高峰时期以代数为中心,众多成果如组合数学、同余式组的解法、线性方程组的解法、高次方程的数值解法、高阶等差数列等,都代表了当时世界的最高水平。

贾宪,北宋著名数学家。约于 1050 年完成《黄帝九章算经细草》,虽然原书佚失,但该书的主要内容被杨辉的《详解九章算法》(1261)所抄录。贾宪的主要贡献是创造了"贾宪三角"和"增乘开方法"。

---

① 夹在两个平行平面间的两个几何体,被平行于这两个平面的任意平面所截,若所得截面总相等,则此二几何体体积相等。

图 2 - 18　北宋数学家贾宪

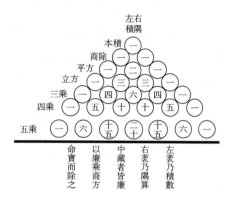

图 2 - 19　开方作法本源图

　　《详解九章算法》载有"开方作法本源"图(见图 2 - 19),这就是著名的"贾宪三角",或称"杨辉三角"。同时,《详解九章算法》录有贾宪进行高次幂开方的"增乘开方法"。增乘开方法的计算程序大致和欧洲数学家霍纳(1819)的方法相同,但比他早 770 年。

　　秦九韶(1208—1268),南宋著名数学家,与李冶、杨辉、朱世杰并称宋元数学四大家,代表作为《数书九章》。全书有 81 个实际应用问题,均与社会生活密切相关。其中,最负盛名的是"大衍求一术""三斜求积术""秦九韶算法"和"正负开方术"。其中,"大衍求一术"又被称为"中国剩余定理"。

图 2 - 20　秦九韶

　　与中国相比,西方数学家对于同余式(组)的研究则要迟得多。17 世纪前,西欧数学著作中仅零星出现了少量的特殊一次同余式问题。直到 18 世纪上半叶开始,西欧数学家才开始真正关注同余式(组)。主要代表人物是瑞士数学家欧拉、法国数学家拉格朗日和德国数学家高斯等。其中,欧拉关于同余式的辗转相除法,与秦九韶的"更相减损"思想完全一致。

李冶(1192—1279),元代数学家,代表作为《测圆海镜》十二卷(1248)和《益古演段》三卷(1259)。李冶对我国古代代数方法天元术(我国古代建立数学高次方程的方法)有重要贡献,《测圆海镜》的成书标志着天元术的成熟。《测圆海镜》比欧洲代数高次方程理论的出现要早 300 多年,是 13 世纪世界最先进的代数学理论专著。

朱世杰(1249—1314),元代数学家、教育家,毕生从事数学教育,有"中世纪世界最伟大的数学家"之誉,主要著作是《算学启蒙》与《四元玉鉴》。其中《算学启蒙》浅显,《四元玉鉴》深奥,互为表里,相互补充。此外,朱世杰还创造出"垛积法"和"招差术",分别对应着高阶等差数列的求和方法和高次内插法。法国的贝佐特(Bezout)于 1779 年在《代数方程的一般理论》中正式发表类似成果,比朱世杰晚了近 500 年。

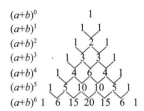

图 2-21　杨辉三角形(二项式系数表)

杨辉,南宋杰出的数学家和数学教育家。杨辉是世界上第一个排出丰富的纵横图和讨论其构成规律的数学家。著有《详解九章算法》《日用算法》《乘除通变本末》《田亩比类乘除捷法》和《续古摘奇算法》,后三种合称为《杨辉算法》。朝鲜、日本等国均有译本出版,流传世界。

特别需要指出的是,宋元数学不仅是中国数学史上最辉煌的一页,同时也是中世纪时期世界数学史上最丰富多彩的一页。然而,由于诸方面的客观原因,中国数学发展在宋元时期到达高峰以后突然中断了,随之而来的是明清时期中国古代数学思想及其成果的断代。

四、明清时期——中国古代数学思想的衰落与复苏

从明代起,中国封建社会开始衰落,资本主义出现萌发。统治阶级为了维护其统治地位,规定科举制必须采用"八股"文体,将数学、天文等自然科学贬为"奇技淫

巧"，致使中国古代的理论数学研究由宋元时期的巅峰突然走向衰落。比如，明代很有影响力的数学家唐顺之和顾应祥在读李冶的《测圆海镜》时，由于不能理解"天元术"的意义，就自作聪明地将《测圆海镜》中的细草全部删去，这直接导致后世人们很难理解李冶的原意。

虽然理论数学停滞不前，但随着明代手工业经济及航海贸易的发展，商业数学异军突起，一枝独秀。特别是珠算，自宋代提出了改革筹算，到元明之际，算盘作为数学计算工具，其应用日益广泛。到了明代中叶，珠算已在全国普及，彻底完成了计算工具从筹算向珠算的转变。这一时期，也出现了非常多的珠算书籍，比较重要的有吴敬积的《九章算法比类大全》和程大位的《直指算法统宗》等。由于算盘携带方便、拨动自如，有系统的运算口诀，计算迅速且准确，直至今天仍在一些国家广泛使用。

明末清初，西方数学通过传教、经商等途径陆续传入中国，以意大利传教士利玛窦来华为起点。1606 年，利玛窦口授，徐光启笔述，翻译了欧几里得《几何原本》前六卷，这是我国翻译西方数学书籍的开始。利玛窦还和李之藻以同样的方式编译了《同文算指》(1613)，从此笔算的应用日益普及。英国传教士伟烈亚力与李善兰合作翻译了《几何原本》后九卷。法国传教士协助梅毂成等人编写的《数理精蕴》是介绍西方初等数学知识的"百科全书"，也是当时人们学习研究西方数学的重要源泉。但由于传教士自身的科学文化水平有限，真正代表当时西方数学水平的微积分理论和系统的解析几何理论并未能及时传入中国。

西方数学知识的传入，给濒于死亡的中国古代数学注入了新鲜的血液，使之由衰落开始转入复苏。这时的数学研究工作出现了两个倾向：一是对西方传入的数学进行整理、加工、消化、吸收，使之在我国落地生根，代表人物是梅文鼎(1633—1721)。他融会中西数学的精粹后编撰了《梅氏历算全书》，该书涉及初等数学各个分支。二是重新钻研和整理中国传统数学，并使之发扬光大，代表人物是王锡阐(1628—1682)，他的《圜解》是中国最早的三角学著作之一。

五、 中国古代数学与思维的特点

作为中国传统文化的一个重要组成部分，中国古代数学经历了 2 000 多年的持续发展，取得了极高的成就，也形成了独特的风格。但我国古代数学成就主要集中在初等数学领域，高等数学领域的成就寥寥无几。究其原因，主要是生产力落后、封建政治的桎梏、缺乏系统的数学符号等因素制约了我国古代高等数学领域的发展。

（一）成就与特色

第一，中国古代数学具有鲜明的社会性，这是中国古代数学区别于西方数学的基本特点。首先，数学教育为封建大一统的政治服务，几乎所有数学家都是为皇帝服务、为宫廷建设服务的，许多数学家都是集天文学家、建筑学家、数学家于一身的学者。正是在研究天文、修订历法、建筑设计与计算的过程中，推动了新的数学成果的产生和发展。在这样的前提下，数学教育与研究始终置于政府的控制之下，直接为统治阶级服务。比如，中国最早的数学教育是从周朝开始的，当时规定，贵族子弟必须学"六艺"（礼、乐、射、御、书、数）。到唐代中期，《算经十书》由国家颁布用于国子监，并作为科举考试所依据的经典，是政府培养行政官员的数学教科书。

第二，数学教育始终为社会生产、经济建设服务，数学思维以实用性为前提。在我国古代，数学主要用来兴修水利工程，建设粮仓，或者计算工程中需要使用的土木方，从事社会调查等。可见，我国古代数学注重与经济实际相联系，为生产生活服务，强调计算思维与能力。

第三，中国古代数学以计算为中心，重算轻理。中国传统数学的算式类似于今天的矩阵，常利用算筹各种相对位置的排列来描述某种类型的实际问题，如"方程术""四元术"和"天元术"等。同时，我国古代算法有极强的程序化特点。中国的筹算不用运算符号，无须保留运算过程，只是通过筹式的逐步变换而最终获得问题的解答。并且，中国数学家善于运用演算的对称性、循环性等特点，将演算程序设计得十分简捷而巧妙，如"方程术""开方术"等方面的程序设计水平都很高。还有，我国古代数学还有注重算的速度和精度的特点，这直接导致不少算法口诀只说方法，不讲原理，因而不少专著还需要后人来作注解释。

第四，中国古代数学思维具有数形结合的思想，几何代数化倾向明显。如《周髀算经》中勾股定理的证明是代数几何化，而勾股定理的应用则是典型的几何代数化；刘徽的割圆术则是用无穷级数的方法和极限思想来解决圆的面积问题。中国的几何代数化使数学成为解决实际问题的工具，而西方的代数几何化正好与我国相反，使数学变成了高度抽象、逻辑严谨的学科。

（二）落后的原因

英国科学史家李约瑟（Joseph Needham）曾探讨过近代自然科学为什么不能在中国发生。[①] 他认为，原因大致如下：一是中国古代传统数学本身的弱点，缺乏抽

---

① 李约瑟.中国科学技术史[M].北京:科学出版社,上海:上海古籍出版社,2006.

象概念;二是明代理学的反动统治,使儒生们不重视数学研究。我国的数学工作者,特别是数学史家对这一问题也进行过广泛讨论,认为主要有以下几个方面的社会原因。[①]

第一,生产力发展落后制约了中国古代数学与思维的发展。漫长的封建社会,采用中央集权制的封建统治,严重阻碍了生产力的发展。自给自足的小农经济思想,使得贸易并不发达,对数学要求不高,同时也缺乏产生重大理论突破的经济基础。

第二,封建政治制度阻碍了中国古代数学与思维的发展。封建统治者的"愚民"政策造成了低素质人口数量基数较大,重经道而轻自然的科技政策造成了知识分子地位不高,对外闭关的政策致使中国脱离世界之外,上述客观原因均严重阻碍了中国近代数学的发展。

第三,中国古代数学缺乏符号体系,也在一定程度上影响了数学与思维的发展。中国古代数学用语言文字来表达,由于缺乏简便、快捷的符号表示,造成了数学语言比较复杂烦琐,这也对数学与思维的发展带来了一定的负面影响。

六、 中国古代数学思维的教育启示[②]

我们今天的数学教育基本是按照现代西方数学的方式进行的,这种教育方式、学习方式,已经远远地脱离了中国古代数学的模式。中国古代数学的思维形式及其由此形成的典型数学方法,与西方数学的思维方法有很大差异。但中国古代数学的思维方法对我们今天的数学教育,尤其是对今天的初等数学教学有着极大的借鉴意义。

(一) 唯理性地追求数学的形式、结构的方式不是数学的唯一发展方式

在今天的数学教育中,我们学习西方数学的教育思想,像古希腊那样追求数学自身的概念和方法,并以此进行数学教学,似乎把它看成是数学学习和教育的唯一道路。其实,中国古代数学的发展完全不同于西方数学的模式。中国古代数学借助运算工具,以实用为目标发展,并形成了自己的体系。这种现象表明现代数学的教育观念,可以也应当与当时、当地的文化状态相结合,以解决现实的问题为目标,引起学生学习的兴趣,使学生对数学有信心,有解决具体问题的数学能力。过分追

① 高月琴.数学史与数学教学[M].北京:中国科学技术出版社,2007.
② 王宪昌.数学思维方法[M].北京:人民教育出版社,2010.

求数学的理性形式、严格的概念、形式化的逻辑运演模式,会使学生尤其是小学生失去应用数学解决问题的信心。即便是从培养数学家和数学工作者这一目标来看,忽略实用、过分注重数学的形式化,也会使学生从小就减弱或失去对数学的创新欲望。

(二)直观性、实用性是初等数学的重要特性

中国古代数学没有古希腊那样的演绎证明,它的思维方法是调动一切可以利用的形式,为实现解决问题的目标服务。这里不是说中国古代数学不使用逻辑思维,而是说中国古代数学与古希腊数学严格地采用演绎逻辑的思维方式不同,它是以非形式逻辑思维为主,即主要是通过直觉、想象、类比、灵感等思维形式来形成概念、发现方法、实现推理。[①] 如在勾股定理证明中使用颜色,正是中国古代数学证明中的突出代表。

我们应当注意到中国古代数学的思维方法,在数学教育尤其在小学教育中的优势。小学中的数学概念、方法、证明都不是严格意义上的数学理论的论证方式,其中借助直观、借助图形的内容大量存在。小学数学固然要不断地培养逻辑思维的能力,但是更要突出的是培养学生观察、分析、类比及解决实际问题的数学观念、数学意识和数学思维素养。所以,从数学教育角度看,思考中国古代数学创造概念、创造算法、强调直观和实用的思维方式,会给我们极大的启示。

(三)筹算运演工具性特征的启示

中国古代数学的发展从筹算开始直到明代珠算的兴起,跨度有两千多年。这种不留运演过程,借助工具的运算方式曾有过辉煌的历史。今天,我们的数学教育,从一开始就处于建立形式化过程的数学观念之下。其实,我们的绝大多数学生未来不会是数学家,他们将来的工作、生活对数学的要求是掌握基本的数学能力和数学知识,而绝不是数学的严格形式化。从这一点上说,中国古代数学借助运算工具,追求实用结果,对我们的数学教育尤其是小学的数学教育很有启示。

值得指出的是,随着现代计算工具的发达、计算机的普及,人们学习数学又面临着新的挑战,如何借助计算机这个运算工具来学习数学,成为数学教育面临的一个新课题。中国古代曾借助算筹这个工具创造了一系列数学成果。今天,我们有了计算机这样一个工具,是否也可以脱离那种追求严谨、追求逻辑、追求形式化过程的数学教育观念,使学习数学变成借助计算工具创造性地解决具体问题的一种

[①] 袁小明.数学思想史导论[M].南宁:广西教育出版社,1991.

有兴趣的过程呢？对于这些想法，筹算的发展和中国古代数学的成就为我们提供了有意义的历史参照。

 课堂互动

以学习小组为单位，以"数学史"或"数学发展"为主题，对近五年以来的相关文献（包括论文与专著）进行综述，并进行课堂汇报。

思考与练习

1. 从算术到代数的思维发展，对小学数学教育的启示有哪些？

2. 中国古代数学思想方法对小学数学教育的启示是什么？

3. 从随机现象的思维特点角度出发，说明偶然与必然之间的关系，想一想如何在教学中体现并利用好这种关系。

拓展与探究

研读文献，根据得到的启发，到图书馆寻找相关的书籍，和你的小组成员一起探究以下问题：数学史等于数学文化吗？为什么？

［1］徐锦野.小学数学教材中数学文化的比较研究——以人教版、苏教版、北师大版为例［D］.昆明：云南师范大学，2017.

［2］蒲淑萍，汪晓勤.教材中的数学史：目标、内容、方式与质量标准研究［J］.课程·教材·教法，2015，35（3）：53－57.

［3］丁延.中国数学文化研究的综述与反思［D］.苏州：苏州大学，2015.

第三章

.03

小学数学思维素养的多重视角

 本章内容概述

  数学本身就是一种文化,《义务教育数学课程标准(2022 年版)》是小学数学教育教学的根本依据,新文科思想则是新时代立德树人、人才培养机制创新的出发点和落脚点,因此,本章从数学文化、课程标准、新文科思想等角度对小学数学思维素养进行解析,以帮助读者更全面、准确、科学地掌握小学数学思维素养及其养成路径。

📖 **本章内容结构图**

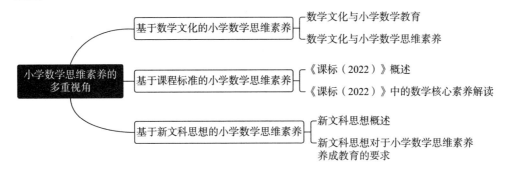

🎓 **本章学习目标**

- ◆ 了解数学文化与数学教育、数学文化与数学思维素养的关系,熟悉数学文化对小学数学思维素养养成的教育启示。
- ◆ 掌握《义务教育数学课程标准(2022 年版)》的制定背景、内容结构、核心素养。
- ◆ 了解新文科思想的内涵,了解新文科思想对于小学数学思维素养养成教育的要求。

第一节
基于数学文化的小学数学思维素养

　　人类通过体力和脑力劳动,在改造自然界的过程中形成各种各样的关系和文化,随后逐渐固化为具有地域、民族特点的各种文化。作为一种文化现象,数学在人类的发展历程中未曾受过冷遇。数学文化成为特殊文化形态、独立学科的标志是德国数学家克莱因(Morris Kline)于1953年出版的代表作《西方文化中的数学》(*Mathematics in Western Culture*)。1981年,美国数学家怀尔德(Wilder R. L.)出版了《作为一种文化体系的数学》(*Mathematics as a Cultural System*),这是一本基于文化人类学的数学文化研究经典著作。怀尔德在该书中曾这样论述:"数学文化的发展已经达到了一个较高的水平,并可以被视为构成了一个相对独立的文化体系。"①

　　事实上,数学本身就是一种文化。数学是人类不断地对客观世界进行的高层次的抽象活动,这种活动借助于人类特有的深刻思想,是一种静态与动态相结合的精神创造活动。所以,从数学文化的角度对小学数学及其教育过程进行解析,能帮助我们更好地理解小学数学及其教育过程,从而更全面、准确、科学地掌握小学数学思维素养及其养成路径。

一、数学文化与小学数学教育

　　数学文化的内涵究竟是什么,目前尚未形成普遍认可的操作性定义。比较有代表性的定义主要有:① 数学文化是一种由职业因素联系起来的特殊群体(数学共同体)所特有的行为、观念和态度等。② ② 数学文化是指人类在数学行为活动的过程中所创造的物质产品和精神产品,物质产品是指数学命题、数学方法、数学问题和数学语言等知识性成分;而精神产品是指数学思想、数学意识、数学精神和数

---

① Wilder R. L.. *Mathematics as a Cultural System*[M]. England:Pergamon Press, Ltd , 1981.
② 郑毓信,王宪昌,蔡仲. 数学文化学[M]. 成都:四川教育出版社,1999.

学美等观念性成分。① ③ 数学文化是对数学现象背后的文化传统流变的文化分析。② ④ 数学文化是指数学的思想、精神、方法、观点以及它们的形成和发展;广泛些说,除上述内涵以外,还包括数学家、数学史、数学美、数学教育、数学发展中的人文成分、数学与社会的关系、数学与各种文化的关系,等等。③ ⑤ 数学文化是超越(扩大并包含)数学科学范围的数学观念、意识、心理、历史、事件、人物与数学传播的总和。数学文化是有关"既有"数学的一种状态、一种事实和一种存在。④

综合以上论述,我们可以看出,尽管各位学者的阐述角度不一,但均体现了数学文化的创造性和社会影响作用。与此同时,数学文化也受人类社会的影响,不断发展和丰富。因此,数学的显性成分(主要体现在知识层面,包括数学命题、数学方法、数学问题、数学语言)和隐性成分(主要体现在观念层面,包括数学思想、数学意识、数学精神、数学美学)共同构成了数学文化。从小学数学教育的角度出发,我们将从数学美学、数学与人的发展等方面进行阐述。

(一) 数学美学

相比于数学之美,人们总是更容易想到音乐美的"绕梁三日",或者是艺术美的"巧夺天工",又或者是自然美的"江山如此多娇"。事实上,数学美是自然美的客观反映,是科学美的核心。克莱因曾对数学美作过这样的描述:"音乐能激发或抚慰情怀,绘画使人赏心悦目,诗歌能动人心弦,哲学使人获得智慧,但数学却能提供以上一切。"古往今来,还有不少名家都阐述过关于数学美的名言名句。比如,古希腊数学家普洛克拉斯曾说过:"哪里有数学,哪里就有美。"亚里士多德也曾讲过:"美的主要形式是秩序、匀称和确定性,这些正是数学研究的原则。"可见,美是数学文化的重要特征。

那么,"数学美"到底是什么呢?我国著名数学家徐利治认为,作为科学语言的数学,具有一般语言文字与艺术所共有的美的特点,数学在其内容结构和方法上也都具有自身的某种美,即所谓数学美。数学的思维之美、理性之美,曾令无数科学家为之倾倒,儿童也应当在学习的过程中充分感受数学美,追求数学美,创造数学美。数学美有其多样性,可以分为简洁美、对称美、和谐美和奇异美。⑤

---

① 张奠宙,马岷兴,陈双双,等.数学学科德育——新视角·新案例[M].北京:高等教育出版社,2007.
② 王宪昌.关于数学文化研究的几点思考——兼评《高中数学课程标准》中数学文化内容的设置[J].数学教育学报,2007,16(1):44-47.
③ 顾沛.数学文化[M].北京:高等教育出版社,2008.
④ 黄秦安.数学课程中数学文化相关概念的辨析[J].数学教育学报,2009,18(4):1-4.
⑤ 张楚廷.数学文化[M].北京:高等教育出版社,2012

1．简洁美

数学以简洁著称，数学符号与数学语言都十分简洁。例如，1、2、3、4、5、6、7、8、9和0是全世界普遍采用的阿拉伯数字。阿拉伯数字不仅可以表示任意数，它的书写与运算都十分方便简洁。同样的，数学的运算符号也是非常简洁高效的，它是数学文字的主要形式，是构成数学语言的基本成分。

2．对称美

在日常生活、摄影、绘画中，我们经常看到许多对称的图案和建筑物。对称是一种显而易见的美。例如，球形既是点对称的，又是线对称的，还是面对称的。所以，古希腊的毕达哥拉斯学派认为，一切立体图形中最美的是球形，一切平面图形中最美的是圆形。这种赞美，便是基于球形和圆形的对称性。事实上，数学对对称与精确的追求产生了一种良性循环：由于人们想要追求简洁、对称，所以很多时候促进了数学的精确度与准确度发展；而数学的精确和准确所带来的简洁和对称又给人们带来了美感。

3．和谐美

2 000多年前，毕达哥拉斯学派的核心观点是数是万物之源，因为整数具有和谐美，整个宇宙也是数的和谐体。虽然毕达哥拉斯学派的观点在如今看来不尽科学，但毕达哥拉斯作为古希腊数学成就的重要代表人物，发现了数学的和谐之美。数学的和谐美不仅表现在数系里，还表现在图形中。例如，最为著名的数学和谐美的范例莫过于《几何原本》中记载的黄金分割（golden section，又称为黄金比、中末比、神圣比），近似值为0.618。这个数值的作用不仅仅体现在绘画、雕塑、音乐、建筑等艺术领域，而且在管理、工程设计等方面也是不可忽视的。例如，绘画作品《蒙娜丽莎》和建筑物帕特农神庙中就蕴含着多个黄金分割（见图3-1和图3-2）。

4．奇异美

数学中的奇异是吸引许多人喜欢数学的原因之一。奇异常与稀罕联系在一起。例如，完全数（perfect number，又称完美数、完备数）是一种特殊的自然数，它所有的真因子（除了自身以外的因数）的和恰好等于它本身。第一个完全数是6，它有约数1、2、3、6，除去它本身外，其余3个数相加所得和为6。又如，亲和数也是特殊的自然数，更特别的是，它是成对出现的。如果有两个自然数，其中每一个数的真因子的和都恰好等于另一个数，那么这两个数就构成一对"亲和数"。如220和284就是一对"亲和数"。

图 3-1 绘画作品《蒙娜
丽莎》的黄金分割

图 3-2 帕特农神庙的黄金分割

（二）数学与人的发展

早在古希腊时代，伟大的哲学家和思想家柏拉图（Plato，公元前 427—公元前 347）就曾将数学与人的发展联系起来。柏拉图认为："如果说不知道正方形的对角线和边是不可通约的，那他就不值得人的称号。"①柏拉图非常重视数学对人的发展的作用，他甚至在他的哲学学校门口挂上了"不懂几何学者不得进入"的规定。

让我们把目光转到现在，不难发现，无论在哪个教育阶段，无论在哪个国家，数学都是最普遍开设的课程之一。作为工具学科之一，数学学科在学校教育中开设的时间跨度之长只有该国语言文学课程（如语文）可以与之相比。那么，数学到底对人的发展有怎样的作用呢？为什么它的地位如此重要呢？

1. 数学对世界观的影响

庞加莱（Jules Henri Poincaré，1854—1912，见图 3-3）是法国最伟大的数学家和哲学家之一，被公认是继高斯之后的领袖数学家。庞加莱曾说过："没有数学这门语言，事物间大多数密切的类似关系将永远不会被我们发现；我们也无从发现世界内部的和谐，而这种和谐正是唯一真正的客观现实……这种和谐是唯一的客观现实，是我们所能达到的唯一真理。"②

世界观是人们对世界的基本看法和观点，是指处在什么样的位置、用什么样的眼光去看待与分析事物。它是人对事物的判断的反映。世界观是后天形成的，与人的成长过程密切相关。数学家在从事数学研究时，一方面，他们通过数学看世界，另一方面，他们对世界的看法也影响着其数学研究工作，所以，历史上有非常多

---

① J. N. Kapur. 数学家谈数学本质[M]. 王庆人，译. 北京：北京大学出版社，1989.
② J. N. Kapur. 数学家谈数学本质[M]. 王庆人，译. 北京：北京大学出版社，1989.

的数学家也是哲学家,比如,除了庞加莱外,古希腊的毕达哥拉斯、近代的笛卡儿等。那么,数学是如何对人们的世界观产生影响的呢?

图 3-3　庞加莱

第一,数学影响人们的逻辑思维。从逻辑上说,数学是最讲究普遍联系的。数学的最大特征之一是抽象,且抽象的程度远超于别的学科,这在事实上导致了它广泛地存在于众多事物之间。那么,事物间的区别和联系的程度靠什么来判断呢?一言以蔽之,事物间的差异反映在个性和内涵上。将事物的个性"抽"去得越多,内涵"缩"得越小,外延就会越宽,也就越能发现事物间的共性与共同点。表面的东西通常反映的是个性,突出的个性有时会对共性产生掩盖作用。而数学抽象性的主要特征就是从个性中发现共性,从表面到本质,这实际上就是数学影响逻辑思维的表现与作用过程。

第二,数学影响着唯物论的认识论。辩证唯物主义世界观特别看重事物的发展变化,反对一成不变地看问题。数学的微积分能简洁高效地表现或刻画任何变化,此时,人们更需要辩证逻辑的思考。从这个角度来说,微积分更深刻地反映了世界,学习微积分能帮助我们更深入地认识世界。而且,数学中研究的"变化",是"变化中的不变",是运用变化来研究不变,在变化中发现不变,从而更好地把握变化(这种变化甚至包括"相对的静止")。简言之,数学正确、客观地体现了辩证唯物主义思想,影响着唯物论的认识论。

第三,数学的纯理性使辩证唯物主义具有认识世界和预知世界的强大思想。在教育过程中,唯物论有两种截然相反的极端观点,都是对唯物论的曲解。一种是认为"认识必定直接来源于物质世界",另一种是认为"认识不需要实践基础"。数学科学的事实与发展排除了这两种极端。数学科学来源于生活,学生学习数学也要从生活实际、生活经验出发,这是数学的"生活性"。数学又是"纯理性"的。比如,数学学习不等同于数学定理和公式,它有宏观、微观的思索,还有对历史和方法的分析。

值得注意的是,世界观是由个体的经历决定的,它并不先于各种学科知识的学习。实际上,没有广泛而深入的学习,就不可能产生正确的世界观。所以,数学的学习能促进学生树立正确的世界观,但世界观的树立不等同于学习数学,不可过于拔高数学对于世界观的影响作用。

2. 数学与思维发展的关系

英国哲学家培根(Francis Bacon,1561—1626)曾说过:"哲理使人深刻,读诗使人聪慧,演算使人精密。"数学和数学教育如此普遍地受到重视,还因为数学对于人的思维发展具有积极的影响。人的思维素养并不是与生俱来的,而是在不断地学习、思考、探究与实践的过程中逐步形成的。正是在这个意义上,人们将数学学习称为"思维体操",数学能帮助学生形成更精密、更深刻、更聪慧的思维品质。

归纳与演绎是逻辑思维的两种形式。人类对于事物的认识活动,总是先认识、探究个别事物,而后推及一般事物,再从一般返回个别,在循环往复的过程中不断深化认识。归纳就是从"个别"到"一般"的过程,演绎则是从"一般"到"个别"的过程。

3. 数学与语言发展的关系

在数学学科内部使用的、数学学科特有的语言叫作数学语言。数学语言需要以对数学内容的本质把握为基础;掌握了数学语言,也会促进对数学内容的本质的掌握。

作为特殊的学科专业语言,数学语言与普通语言存在区别。例如,普通语言在全世界存在很大差异,特别是各个国家、民族、地区之间,在母语的使用上千差万别。而数学语言不存在地区性、民族性,近代以后,随着数学基本符号的逐步统一,全世界的数学语言只有一种。所以,基于数学语言的统一,它表现出无歧义性和清晰性。

20 世纪 90 年代以来,移动电子设备、计算机和互联网的出现与广泛使用,大大地促进了数学与语言发展的结合。数学渗透到了语言学的各个分支,如词汇学、文字学、语义学等,对数学和语言学的发展均起到了一定的促进作用。

二、 数学文化与小学数学思维素养

21 世纪以来,数学文化的教育意义已经得到研究者的普遍认可。例如,郑毓信(2007)指出,数学文化不是显性层面的文化,人们触摸不到,但是它却是一直伴随着人类发展的重要内容,是各民族产生特色文化的基石。[①] 李大潜(2008)认为,要学好数学,不能只是记公式、做习题,要体会到数学里的思想方法和精神实质,了

---

① 郑毓信.回顾、总结与展望——写在 2007 年到来之际[J].中学数学教学参考(高中),2007,1(2):1-3.

解其发展历史,自觉接受数学文化的熏陶。[①] 教师在进行数学知识与技能的教学时,也伴随着数学思维素养的培养活动。数学思维素养的培养离不开数学文化的熏陶,这正是数学文化对于小学数学思维素养养成的教育意义核心所在。

小学数学的教学不能简单地等同于数学知识与技能的传授。应从育人的角度出发,突出数学与历史、现实、生活的联系,传播数学文化,帮助学生建立科学的数学观、世界观,用数学家们发现概念、公理和定理等数学结论的故事,帮助学生建立对数学的学习兴趣,感受数学蕴含的文化气息,培养学生的数学素养和数学情怀。

小学数学中的数学文化应以数学史、数学思想方法、数学精神为核心,涵盖数学文化对学生的理性思维和情感态度产生的潜移默化。基于上述理解,我们将数学文化分为小学数学课程标准中的数学文化、数学教材中的数学文化和课堂教学中的数学文化。由于课程标准将在本章第二节详细阐述,故而,此处只对后两种数学文化进行分析。

(一) 小学数学教材中的数学文化

《义务教育数学课程标准(2011 年版)》指出,数学是人类文化的重要组成部分,数学素养是现代社会每一个公民所必备的基本素养。《义务教育数学课程标准(2022 年版)》也指出,数学承载着思想和文化,是人类文明的重要组成部分。所以,为了让学生更好地适应未来,促进学生的全面发展,各个学段的教材编写都要注重数学文化的渗透,凸显数学文化的不可替代。

就教材本身而言,合理、科学地呈现数学文化,是一线教师进行数学文化与数学思维素养养成教学设计与实施的重要助力。教材对于数学文化编排的合理性与科学性,主要体现在教材中数学文化的内容安排、呈现方式等。目前,小学数学教材中数学文化主要包括四个方面内容,分别是数学史、数学与现实生活、数学与科学技术、数学与人文艺术;在内容的编排方式上,主要有点缀式、附加式、复制式、顺应式和重构式(见表3-1)。其中,点缀式与附加式这两类并不出现在正文中,复制式、顺应式和重构式都是正文部分。

---

① 李大潜.数学文化与数学教养[J].中国大学教学,2008,2(10):4-8.

表 3 - 1　小学数学教材中数学文化的主要编排方式

类别	描述
点缀式	孤立的图片:数学家画像、数学图案
附加式	阅读材料,包括数学家生平与数学概念、符号、思想的起源等
复制式	正文部分直接采用历史上的数学问题、问题解决、定理证法
顺应式	正文部分对历史上数学问题进行改编,使其能适应当今课堂教学的情境或属性
重构式	正文部分关于数学概念的教学,直接按照历史进行

(二)小学数学课堂教学中的数学文化

数学文化对于小学数学课堂教学的意义和重要性不言而喻,课程标准和教材中均有要求和体现。但数学文化是否能对小学数学课堂教学起到确切的推动作用,还要靠小学数学课堂教学实践,尤其是一线教师的教学设计与实施工作进行检验。不少调查发现,在小学数学课堂教学中,存在着一定程度的数学文化应用问题,如教师对数学文化的讲授缺乏重视,缺乏数学文化知识,未充分掌握数学文化的使用方法,缺乏挖掘数学文化内容的意识,教学评价特别是考试对数学文化使用的导向作用不强。

第二节
基于课程标准的小学数学思维素养

新中国成立以来,小学数学教育在理论研究与实践探索中均取得了巨大成就。我国先后进行了八次课程改革,教学大纲(课程标准)指导思想、目标、内容和结构经历了不断调整的过程。具体而言,共计调整颁布了十一部教学大纲(课程标准),大致经历了全面学习苏联—"文革"后的精雕细刻—初步建立小学数学课程体系—符合本国实际、面向未来等几个主要阶段。[1]

2001 年,教育部制定了《基础教育课程改革纲要(试行)》(以下简称《纲要》)。《纲要》提出"大力推进基础教育课程改革,调整和改革基础教育的课程体系、结构、内容,构建符合基础教育要求的新的基础教育课程体系"。同年,教育部颁布了《全日制义务教育数学课程标准(实验稿)》(以下简称为《课标(实验稿)》)。2011 年,教育部颁布了修订版的课程标准,即《义务教育数学课程标准(2011 年版)》。2022 年,教育部颁布了再次修订的《义务教育数学课程标准(2022 年版)》[以下简称为《课标(2022)》]。

一、《课标（2022）》概述

新课程改革是关于数学培养目标、课程结构、课程实施与教学、教材、评价体系等内容的全面变革。以《课标(2022)》为例,本次修订坚持目标导向、问题导向、创新导向,以习近平新时代中国特色社会主义思想为指导,全面贯彻党的教育方针,坚持德育为先,落实立德树人根本任务,发展素质教育。《课标(2022)》首次明确了落实习近平新时代中国特色社会主义思想的目标,并要求将社会主义先进文化、革命文化、中华优秀传统文化、国家安全、生命安全与健康等重大主题教育有机融入课程,增强课程思想性。

---

① 刘久成,徐建星,等.中外小学数学课程标准比较研究[M].兰州:甘肃教育出版社,2017.

(一)《课标(2022)》的结构

《课标(2022)》包括整个义务教育阶段的数学教育内容,将1—9年级分为四个学段,分别是第一学段(1—2年级)、第二学段(3—4年级)、第三学段(5—6年级)和第四学段(7—9年级),小学对应第一学段至第三学段。每个学段都包括四个领域的内容,分别是"数与代数""图形与几何""统计与概率""综合与实践"(见表3-2)。每个领域的课程内容均按"内容要求""学业要求""教学提示"三个方面呈现。其中,内容要求主要描述学习的范围和要求,学业要求主要明确学段结束时学习内容与相关核心素养所要达到的程度,教学提示主要是针对学习内容和要达成的相关核心素养而提出的教学建议。

表3-2 《课标(2022)》中四大领域的内容主题

内容领域	内容主题
数与代数	数与运算 数量关系
图形与几何	图形的认识与测量 图形的运动与位置
统计与概率	数据分析 数据的收集、整理与表达 随机现象发生的可能性
综合与实践	重在解决实际问题,以跨学科主题学习为主,主要包括主题活动和项目学习等。第一至第三学段主要采用主题式学习,将知识内容融入主题活动中

第一,"数与代数"是小学数学内容中所占比例最多的,也是小学阶段学生数学学习的最重要的内容。了解"数与代数"内容的结构特点,对于全面理解和掌握小学数学内容、设计和实施小学数学教学至关重要。三个学段的"数与代数"领域的内容一致,但具体的内容要求数量有所不同;同类内容的学段要求螺旋式上升,层层递进。"数与代数"有两条基本的内容主线,即数与运算、数量关系。

第二,"图形与几何"是小学生认识基本几何图形和形成空间概念的重要途径,是学习基础数学知识时不可或缺的内容。学生通过认识图形和运用图形解决问题,形成空间概念,从空间与图形的角度认识世界、认识数学。"图形与几何"有两条基本的内容主线,即图形的认识与测量、图形的运动与位置。其中,"图形的认识与测量"是小学图形与几何内容的核心,也是学习其他内容的基础。

第三,"统计与概率"领域是义务教育阶段数学学习的重要领域之一,在小学阶段包括"数据分类""数据的收集、整理与表达"和"随机现象发生的可能性"三个主题。这些内容分布在三个学段,由浅入深,相互联系。学生在学习过程中,了解统计与概率的基础知识,感悟数据分析的过程,形成数据意识。

第四,"综合与实践"领域的学习中,学生将在实际情境和真实问题中,运用数学和其他学科的知识与方法,经历发现问题、提出问题、分析问题、解决问题的过程,感悟数学知识之间、数学与其他学科知识之间、数学与科学技术和社会生活之间的联系,积累活动经验,感悟思想方法,形成和发展模型意识、创新意识,提高解决实际问题的能力,形成和发展核心素养。

(二)《课标(2022)》的基本理念①

相较于《义务教育数学课程标准(2011 年版)》的基本理念,即"义务教育阶段的数学课程要面向全体学生,适应学生个性发展的需要,使得人人都能获得良好的数学教育,不同的人在数学上得到不同的发展",《课标(2022)》对于课程基本理念进行了进一步细化,具体阐述如下。

1. 确立核心素养导向的课程目标

义务教育数学课程应使学生通过数学的学习,形成和发展面向未来社会和个人发展所需要的核心素养。核心素养是在数学学习过程中逐渐形成和发展的,不同学段发展水平不同,是制定课程目标的基本依据。课程目标以学生发展为本,以核心素养为导向,进一步强调使学生获得数学基础知识、基本技能、基本思想和基本活动经验,发展运用数学知识的能力,形成正确的情感、态度和价值观。

2. 设计体现结构化特征的课程内容

以课程内容选择为例,要保持相对稳定的学科体系,体现数学学科特征;关注数学学科发展前沿与数学文化,继承和弘扬中华优秀传统文化;与时俱进,反映现代科学技术与社会发展需要;符合学生的认知规律,有助于学生理解、掌握数学的基础知识和基本技能,形成数学基本思想,积累数学基本活动经验,发展核心素养。

3. 实施促进学生发展的教学活动

学生的学习应是一个主动的过程,认真听讲、独立思考、动手实践、自主探索、合作交流等是学习数学的重要方式。教学活动应注重启发式,激发学生学习兴趣,引导学生积极思考,鼓励学生质疑问难,引导学生在真实情境中发现问题和提出问题,利用观察、猜测、实验、计算、推理、验证、数据分析、直观想象等方法分析问题和解决问题;促进学生理解和掌握数学的基础知识和基本技能,体会和运用数学的思

① 中华人民共和国教育部. 义务教育数学课程标准(2022 年版)[M]. 北京:北京师范大学出版社,2022.

想与方法,获得数学的基本活动经验;培养学生良好的学习习惯,形成积极的情感、态度和价值观,逐步形成核心素养。

4. 探索激励学习和改进教学的评价

通过学业质量标准的构建,融合"四基""四能"和核心素养的主要表现,形成阶段性评价的主要依据。采用多元的评价主体和多样的评价方式,鼓励学生自我监控学习的过程和结果。

5. 促进信息技术与数学课程融合

合理利用现代信息技术,提供丰富的学习资源,设计生动的教学活动,促进数学教学方式方法的变革。在解决实际问题过程中,创设合理的信息化学习环境,提升学生的探究热情,开阔学生的视野,激发学生的想象力,提高学生的信息素养。

二、《课标（2022）》中的数学核心素养解读[①]

《课标(2022)》认为,小学阶段的数学核心素养包括数学眼光、数学思维和数学语言三个方面,共计 11 个核心素养。小学阶段的核心素养主要表现为:数感、量感、符号意识、运算能力、几何直观、空间观念、推理意识、数据意识、模型意识、应用意识、创新意识。这些核心素养中,部分核心素养只与单一的学习领域内容相关,也有部分数学核心素养与几个学习领域内容密切相关,还有部分数学核心素养不限于某一个或某几个领域,而是综合素养。

（一）与单一领域相关的数学核心素养

与单一领域相关的数学核心素养是数感、符号意识、运算能力、空间观念与数据意识。其中,数感、符号意识、运算能力与"数与代数"领域密切相关,空间观念与"图形与几何"领域密切相关,数据意识与"统计与概率"领域密切相关。

1. 数感

《课标(2022)》指出,数感主要是指对于数与数量、数量关系及运算结果的直观感悟。能够在真实情境中理解数的意义,能用数表示物体的个数或事物的顺序;能在简单的真实情境中进行合理估算,做出合理判断;能初步体会并表达事物蕴含的简单数量规律。

数感是形成抽象能力的经验基础。建立数感有助于理解数的意义和数量关系,初步感受数学表达的简洁与精确,增强好奇心,培养学习数学的兴趣。可见,数

---

① 马云鹏.小学数学课程标准与教材研究[M].北京:高等教育出版社,2016.

感是关于数与数量、数量关系、运算结果估计等方面的感悟。数与数量的感悟是在数的认识过程中形成的。数是数量的抽象,学生认识抽象的数,首先要感悟相关的数量,再由数量抽象为数。数量是相对具体的,是对具体事物的数量特征的描述。由数量抽象为数,就脱离了具体的事物,表示为抽象意义的数。小学阶段主要包括对整数、分数、小数的认识,这些内容的学习都是学生建立数感的过程。

2. 符号意识

《课标(2022)》指出,符号意识主要是指能够感悟符号的数学功能。知道符号表达的现实意义;能够初步运用符号表示数量、关系和一般规律;知道用符号表达的运算规律和推理结论具有一般性;初步体会符号的使用是数学表达和数学思考的重要形式。符号意识是形成抽象能力和推理能力的经验基础。

与数相比,符号较为抽象,可以简洁地表示数和数量关系。数学符号蕴含了数学的基本性质,由于数学符号的高度抽象性,它激发的联想更是多方位、多层次、高度发散的。帮助学生建立数学符号意识,可以从理解符号的意义、运用符号表示对象、使用符号进行运算和推理并得到一般结论等几个方面着手。其中,运用符号表示对象,在表达式中运用符号,是从算术思维到代数思维(即用字母表示数)的过程,也是人们把数量思维提升为一种关系思维的变化。实质上,这也是一种对变化规律和模型的描述。数学符号是交流与传播数学思想的媒介,数学符号语言是数学发明、创造的工具。通过数学符号的应用,可以使数学的思维过程更加精确、概括、简洁,从而更容易揭示数学的本质。数学内容是通过包含着大量符号的数学语言来表达的,因而数学思维素养养成能为学习其他学科进行最好的准备。

3. 运算能力

《课标(2022)》指出,运算能力主要是指根据法则和运算律进行正确运算的能力。能够明晰运算的对象和意义,理解算法与算理之间的关系;能够理解运算的问题,选择合理简洁的运算策略解决问题;能够通过运算促进数学推理能力的发展。运算能力有助于学生形成规范化思考问题的品质,养成一丝不苟、严谨求实的科学态度。

以"精算、估算和估计"为例,对运算问题的分析,离不开对精算、估算和估计的理解,这也是经常引起疑问的地方。精算在本质上是对数的运算,估算在本质上是对数量的运算,因此,对精算过程的理解一般是从数概念入手的,以数的含义来理解运算的法则和程序。而数量是有单位的数,是和具体的背景或情境有关的,所以估算一般是针对具体情境中的问题进行的,要选择合适的单位进行计算。

4. 空间观念

《课标(2022)》指出,空间观念主要是指对空间物体或图形的形状、大小及位置关系的认识。能够根据物体特征抽象出几何图形,根据几何图形想象出所描述的实际物体;想象并表达物体的空间方位和相互之间的位置关系;感知并描述图形的运动和变化规律。

空间观念有助于理解现实生活中空间物体的形态与结构,是形成空间想象力的经验基础。空间观念是有关形体在头脑中形成的表象,当脱离具体形象时还能在头脑中反映出来,所以空间观念在几何学习中具有重要意义。空间观念一直是我国小学数学课程的重要内容,从 2001 年到 2011 年,再到 2022 年的数学课程标准,都强调培养学生的空间观念。空间观念的形成过程包括观察、想象、比较、综合、抽象、类比、分析,是不断由低到高发展的认识客观事物的过程,是建立在直接感知实物的基础上,对空间与平面相互关系的理解和把握。

5. 数据意识

《课标(2022)》指出,数据意识主要是指对数据的意义和随机性的感悟。知道在现实生活中,有许多问题应当先做调查研究,收集数据,感悟数据蕴含的信息;知道同样的事情每次收集到的数据可能不同,而只要有足够的数据就可能从中发现规律;知道同一组数据可以用不同方式表达,需要根据问题的背景选择合适的方式。这些数据意识的形成有助于学生理解生活中的随机现象,逐步养成用数据说话的习惯。

数据意识着重强调收集、整理与呈现数据,体会数据的作用和价值,体会数据中所蕴含的信息。具体包括:① 数据收集的意识与方法。学生能够针对实际问题,用适当的方法进行调查,通过收集数据、分析数据,做出合理正确的推测,从中体会数据中所蕴含的信息。② 数据处理方法。通过对不同数据分析方法的学习和了解,能够根据不同的情境、不同的问题以及希望得出的结论选择合适的方法处理和分析数据。例如,学生可以通过绘制条形统计图、直方图、扇形图、折线图来进行数据分析。③ 了解数据中蕴含的信息。通过数据的整理和恰当的呈现,包括数据的一些特征,如平均数、最大值、最小值等,以后还要学习中位数和众数等。这些信息会帮助我们进一步认识数据,以及数据中所反映的规律。④ 通过数据分析感受随机性。要意识到即使对于相同的事情,虽然每次收集到的数据可能不同,但也可以根据大量的数据发现一定的规律。例如,早上上学的时间,每次可能不完全相同,但是如果重复多次,就会呈现出一些规律。

（二）与多个领域相关的数学核心素养

部分核心素养与几个领域都有密切的关系，包括量感、几何直观、推理意识、模型意识。例如，量感、几何直观、推理意识在学习"图形与几何""数与代数"等领域的内容时都会用到；在解决具体数学问题时，可以采用画图的方法帮助理解"数与代数"问题中的数量关系；在表述一些运算的算理时，用到了演绎推理的方法。模型意识在"数与代数""图形与几何""统计与概率"等领域中均有涉及。

1. 量感

《课标（2022）》指出，量感主要是指对事物的可测量属性及大小关系的直观感知。知道度量的意义，能够理解统一度量单位的必要性；会针对真实情境选择合适的度量单位进行度量，会在同一度量方法下进行不同单位的换算；初步感知度量工具和方法引起的误差，能合理得到或估计度量的结果。建立量感有助于养成用定量的方法认识和解决问题的习惯，是形成抽象能力和应用意识的经验基础。"

2. 几何直观

《课标（2022）》指出，几何直观主要是指运用图表描述和分析问题的意识与习惯。能够感知各种几何图形及其组成元素，依据图形的特征进行分类；根据语言描述画出相应的图形，分析图形的性质；建立形与数的联系，构建数学问题的直观模型；利用图表分析实际情境与数学问题，探索解决问题的思路。几何直观有助于把握问题的本质，明晰思维的路径。几何直观不仅在"图形与几何"的学习中发挥着不可替代的作用，并且贯穿在整个数学学习中。

正如弗赖登塔尔的观点：几何直观可以告诉我们什么是重要的、有趣的和容易进入的，当我们陷入问题、观念、方法的困扰时，几何直观可以拯救我们。小学生的思维水平处在具体思维向抽象思维过渡的阶段，因此，学习较为抽象的内容特别是理解较为复杂的数量关系时，需要具体事物的支持。将抽象的数学语言与直观的几何图形有机地结合起来，将抽象思维与形象思维结合起来，充分反映问题的本质，有助于学生思维的发展，突破学习时由数学的抽象性所带来的阻碍。

希尔伯特（Hilbert）认为，数学像任何科学研究一样，有两种倾向。一种是抽象的倾向，即从所研究的错综复杂的材料中提炼出其内在的逻辑关系，并根据这些关系把这些材料进行系统的、有条理的处理。另一种是直观的倾向，即更直接地掌握所研究的对象，侧重它们之间关系的意义，也可以说领会它们生动的形象。几何直观是指用形象的方式描述数量关系或特征。对某些问题的理解有困难时，可以借助图形帮助解决问题。小学中常用的几何直观方式包括画线段图、示意图等。

综上，几何直观在数学学习中的价值在于可以帮助学生分析问题中的数量关系、寻求解决问题的思路、理解和记忆得到的结果等。学生通过形象的方式分析和解决问题，能更好地理解抽象的表示和复杂的数量关系，理解数形结合的思想方法。

3. 推理意识

《课标（2022）》指出，推理意识主要是指对逻辑推理过程及其意义的初步感悟。知道可以从一些事实和命题出发，依据规则推出其他命题或结论；能够通过简单的归纳或类比，猜想或发现一些初步的结论；通过法则运用，体验数学从一般到特殊的论证过程；对自己及他人的问题解决过程给出合理解释。

推理意识有助于学生养成讲道理、有条理的思维习惯，增强交流能力，是形成推理能力的经验基础。数学是思维型学科，数学学习过程也是学会思维的过程。在小学数学教学中，虽然没有严格的推理证明，但有许多内容与推理能力培养有关。推理能力的培养是小学数学教学的重要任务。

归纳是小学数学中用得比较多的方法，归纳和类比都属于合情推理，通过归纳和类比得出的结果，对于探索数学结论、寻找问题的答案非常重要。从特殊到一般的归纳方式，有助于学生认识数学结论的探索与发现过程。

演绎推理是从一般到特殊，是从已有的事实（包括定义、公理、定理等）和确定的规则（包括运算的定义、法则、顺序等）出发，按逻辑推理的法则证明和计算。小学数学中没有严格的演绎推理，但有一些"三段式"（大前提—小前提—结论）说理过程，也是演绎推理的表现。在学习运算内容时，理解算理的过程也是推理的过程。

推理在数学学习中有重要的价值。一方面，数学推理是数学学科建立与发展的重要基础；另一方面，推理能够培养学生的思维品质，使学生形成理性的数学思维。数学推理是数学思考的重要形式，而在数学学习过程中，部分数学思考又是由推理的某种形式展开的。学会推理是数学素养的基本表现，推理意识和能力的培养应贯穿数学教育的始终。

4. 模型意识

《课标（2022）》指出，模型意识主要是指对数学模型普适性的初步感悟。知道数学模型可以用来解决一类问题，是数学应用的基本途径；能够认识到现实生活中大量的问题都与数学有关，有意识地用数学的概念与方法予以解释。模型意识有助于学生开展跨学科主题学习，增强对数学的应用意识，是形成模型观念的经验基础。

数学模型方法是用来解决一类具有实际背景问题的数学方法。数学模型针对的是复杂的、内容丰富的、有现实背景的实际问题。针对实际问题建立数学模型就是基于问题的现实背景，将背景中所含有的数量关系加以抽象，形成一个数学表达，如"路程＝速度×时间"，这种数学表达即数学模型。数学模型不是解决单个的数学问题，而是解决一类这样问题的思维方式。小学数学主要涉及两个重要的数学模型，即总量模型和路程模型。

（三）综合性核心素养

部分数学核心素养不限于某一个或某几个领域，而是综合性核心素养，主要包括应用意识和创新意识。

1．应用意识

《课标（2022）》指出，应用意识主要是指有意识地利用数学的概念、原理和方法解释现实世界中的现象与规律，解决现实世界中的问题。能够感悟现实生活中蕴含着大量的与数量和图形有关的问题，可以用数学的方法予以解决；初步了解数学作为一种通用的科学语言在其他学科中的应用，通过跨学科主题学习建立不同学科之间的联系。应用意识有助于学生用学过的知识和方法解决简单的实际问题，养成理论联系实际的习惯，发展实践能力。

数学的特征之一就是具有广泛的应用性，是人类生活、学习中不可或缺的工具。特别是计算机和信息技术的突飞猛进，使数学几乎渗透到每一个学科领域，甚至人们日常生活中的每一个角落。在现实生活中，处处都有数学知识的应用。数学应用意识表现在能够主动地用数学的眼光来观察、分析、处理一些现实问题，这当然就会涉及从现实世界到数学世界建立模型的过程，然后再利用数学知识对模型进行求解，最终解决现实中的实际问题。应用意识是一个学生数学品质和数学能力的集中体现，反映了学生在解决现实问题过程中，对事物的观察能力、思维直觉、独立批判能力以及抽象能力，也是一个学生进行数学思考、勇于探索的表现。

易言之，应用意识是运用数学知识、思想方法解决问题的一种心理倾向，基于对数学的广泛性和应用价值的认识。现实问题特征与规律可以用数学知识、方法、思想去解释，应用意识能够使学生体现运用数学的观念、方法解决现实问题的主动性。应用意识还强调学生能自觉、主动地应用数学知识解决现实生活中的问题，而自觉性和主动性在一定程度上是一种心理状态，是隐性状态的数学。

2．创新意识

《课标（2022）》指出，创新意识主要是指主动尝试从日常生活、自然现象或科学情境中发现和提出有意义的数学问题。初步学会通过具体的实例,运用归纳和类比发现数学关系与规律,提出数学命题与猜想,并加以验证;勇于探索一些开放性的、非常规的实际问题与数学问题。创新意识有助于学生形成独立思考、敢于质疑的科学态度与理性精神。

创新意识是人们进行创造性活动的出发点和内在动力,是培养创造性思维和创造力的前提和条件,创造性思维是创新意识发展的必然结果,二者之间具有密不可分的联系。创新意识是现代社会必需的,创新意识的培养要从义务教育阶段开始,为学生后期的数学学习奠定基础。

第一,培养学生发现和提出问题的能力。数学源于生活并应用于生活,因此,从学生的生活经验和客观事实出发,尊重学生身心发展规律和认知水平,培养从数学的角度处理生活中实际问题的习惯;引导学生发现现实情境中所蕴含的数学信息,进一步归纳、整理成一个个数学问题。

第二,培养学生独立思考的能力。在发现问题和提出问题之后,就要培养学生对问题进行思考的能力。独立思考与合作交流并不矛盾,能够实现合作交流的前提一般是学生进行了独立思考,学生将通过独立思考得到的不同见解进行相互交流、讨论,有利于问题的解决。培养学生独立思考的能力,最重要的是给学生提供独立思考的机会,使学生积极、主动、自觉地进行数学思考,关注学生的主观能动性,留给学生充分的思考时间,对学生进行适当的引导,而不是急于抛出问题的答案或者解决方法。

第三,培养学生归纳验证的能力。归纳验证是培养学生创新意识的重要方法。学生在经过独立思考之后,会对某个问题的解决有一定的想法,可能是一种思路或者是一个问题解决的起点;如果真正要解决一个实际问题,可能还会有一些阻碍,这时就需要学生具备一定的归纳能力,能够从具体的思路中归纳出解决问题的方法。当解决一个问题之后,还要将其还原为现实问题进行验证,考察所得结果是否符合实际情况。创新不是盲目的,必须与现实情况相符,所以验证步骤是必不可少的。

第三节
基于新文科思想的小学数学思维素养

"四新"建设和"六卓越一拔尖"计划2.0的提出,标志着"新文科"从概念提出走向正式实施。随着当前新技术的发展,面对新需求的产生、新国情的要求,文科正面临着新的挑战,也呈现出很多新特点。

一、新文科思想概述

(一)新文科提出背景

从国际背景来看,科技革命和产业变革浪潮不仅仅是理工科、经济方面的事情,也是高等教育的事情。为了切实提高我国高等教育的质量,教育部陆续提出了"四新"建设和"六卓越一拔尖"计划。"新文科"这一概念的提出基于"四新"建设,"六卓越一拔尖"计划2.0启动大会标志着"新文科"正式进入实施阶段。

1."四新"建设

"四新"建设提出的主要背景在于"中国本科教育的三部曲",即在21世纪的前30年,树立高等教育的"质量意识",走向"质量革命",达到"质量中国"。教育部高等教育司吴岩司长在高等学校专业设置与教学指导委员会第一次全体会议上的讲话中指出,过去的说法是"质量是高等教育的生命线,是高等教育永恒的主题",现在新时代的说法是"质量意识、质量革命、质量中国"。过去的"生命线""永恒的主题"是讲高等教育质量多么重要,是讲"为什么",是意义、作用、重要性的体现;现在的"质量意识、质量革命、质量中国",是从"为什么"到"干什么",从"为什么"到"怎么干",是把战略上的主题变成路径、战术任务。①

2."六卓越一拔尖"

2019年4月29日,教育部、科技部、财政部等部门在天津联合召开"六卓越一拔尖"计划2.0启动大会,标志着国家"四新"建设工程正式开启,也标志着"新文

---

① 参阅吴岩司长在高等学校专业设置与教学指导委员会第一次全体会议上的讲话。

科"从概念提出走向正式实施。在系列卓越拔尖人才教育培养计划 1.0 的基础上，"六卓越一拔尖"2.0 是一个全国性计划，而不是小众计划。"六卓越一拔尖"2.0 通过"拓围、增量、提质、创新"这四个关键词，扩大了各个计划的实施范围，增强了各项改革举措的力度，提升了改革发展的质量内涵。

从实施效果上来看，2009 年以来启动实施的系列卓越拔尖人才教育培养计划，为社会经济发展提供了有力的人才支撑。启动实施"六卓越一拔尖"计划 2.0，将原先的单个计划变成系列计划的组合，由"单兵作战"转向"集体发力"，标志着高等教育改革发展逐渐成型成熟，是新时代中国高等教育"奋进之笔"的一次"质量革命"。①

从时间维度上来看，教育部将分三年全面实施"六卓越一拔尖"计划 2.0。其中，新工科建设将应对第四次工业革命的需要，加强战略急需人才培养；新医科作为构建健康中国的重要基础，要实现从以治疗为主到生命全周期、健康全过程的全覆盖，提升全民健康力；新农科要用现代科学技术改造升级涉农专业，助力打造天蓝水净、食品安全、生活恬静的美丽中国；新文科建设则是要推动哲学社会科学与新科技革命交叉融合，培养新时代的哲学社会科学家，创造光耀时代、光耀世界的中华文化。

3. 人才培养机制创新

2019 年 6 月 20 日，在高等学校专业设置与教学指导委员会第一次全体会议上，教育部高等教育司吴岩司长指出，作为一项战略部署，国家试图通过实施"六卓越一拔尖"计划 2.0，推进人才培养体制机制创新，提高高校服务社会经济发展能力，最终实现"四新"建设总目标。"新文科"这一国家战略的启动，将对未来中国大学文科、中国教育乃至中国社会产生巨大影响。

吴岩司长指出，新工科、新农科、新医科都是自然科学，一定要让新文科这个翅膀硬起来，中国高等教育才能飞得平衡、飞得高。所以文科建设应是一个亮点。而要推动新文科建设，人才培养机制创新是必由之路。人才培养机制创新路径可以概括为"三金一高"，即"金牌专业、金牌课程、金牌教师、高地"。其中，专业是人才培养的基本单元，是人才培养的"腰"，一头连着提高质量，一头连着推进公平。这个"腰"如果不硬，人就站不直，就挺不起胸，抬不起头。所以，人才培养机制要以解决高等学校的专业结构优化调整问题为前提，做好"四个关系""四个着力点""三个导向"（见表 3 - 3）。

---

① 参阅教育部启动实施"六卓越一拔尖"计划 2.0。

表 3-3　人才培养机制创新要点一览表

要点名称	要点内涵
四个关系	关系质量、关系服务、关系引领、关系根本
四个着力点	着力解决与社会、经济、创新脱节的问题； 着力解决科教融合、产教融合、医教融合、校企结合、校地结合的问题； 着力解决高等教育培养的专业人才支撑社会经济发展的问题； 着力解决高等教育发挥火车头的引领作用的问题
三个导向	需求导向、标准导向、特色导向

（二）新文科"新"在何处

显然，明确新文科之"新"是理解新文科、建设新文科的前提。新文科的"新"体现在哪里呢？目前学界对于此"新"的理解不尽相同。

部分学者认为，新文科的"新"是某一方面创新之"新"，是"立足于新科技时代，为了未来创新型人才培养，对文科提出的提升要求①，是"强调学科建设的交叉融合性、开放包容性与技术人文性"的求同存异、协同发展、互鉴共进之"新"②。也有部分学者认为，新文科的"新"是全面创新，是"学科协同、信息技术融入、人才培养模式"的创新③，是"新科技革命与文科的融合化发展，历史新节点与文科新使命，进入新时代与文科中国化，全球新格局和文科国际化"④。

在当前新技术的发展、新需求的产生、新国情的要求等新背景下，文科正面临新的挑战，也呈现出很多新特点。值得注意的是，虽然对"新"的解读存在差异，但大多数研究者达成了以下共识：第一，新文科提倡学科交叉。由于学科之间的交叉日益显著，文科内各学科的交叉、文理之间的交融日趋重要，新文科要体现学科融合之"新"。第二，新文科要体现知识生产之"新"。在新时代背景下，知识生产呈现"知识在应用下生产，知识为未来生产"的全新模式，故而，新文科要体现知识生产之"新"。第三，体现中国特色，构建中国学派。新文科要体现中国发展之"新"，即新文科发展不仅要适合国情发展需要，体现中国特色，还要在世界舞台上发声，参与国际竞争，在世界学术舞台上担当大任。⑤

---

① 陈跃红.新文科：智能时代的人文处境与历史机遇[J].探索与争鸣,2020(1):11-13.
② 魏琛.新文科视域下认知语言学研究的五个维度[J].北京科技大学学报(社会科学版),2020(1):39-50.
③ 刘艳红.新文科建设背景下的高校图书馆服务研究[J].图书与情报,2019(4):115-118.
④ 夏文斌.新文科新在何处[J].石河子大学学报(哲学社会科学版),2019,33(6):133.
⑤ 黄启兵,田晓明."新文科"的来源、特性及建设路径[J].苏州大学学报(教育科学版),2020(2):75-83.

二、 新文科思想对于小学数学思维素养养成教育的要求

从新文科的"新"之解读，不难看出，为了顺应学科融合趋势，体现"知识在应用下生产，知识为未来生产"的时代发展要求，培养师范生的文化自信，新文科建设对于小学数学思维素养养成教育的要求主要有三个方面：打破学科壁垒、重视思维创新、体现中国特色。

（一）打破学科壁垒

从学科发展的历史进程来看，15世纪末至19世纪初，自然科学和社会科学逐步从哲学中分离出来，在此之前，是没有学科概念与体系的。到20世纪上半叶，自然科学、社会科学和人文科学都逐步在大学中确立了独立的经典学科地位。显然，学科的分化、学科分支的发展都是学术研究深入和细化的必然结果，也有效地促进了科学的发展。但随着社会发展，不断出现需要学科内多分支、多学科知识协同解决的复杂问题，这直接导致传统经典学科分支之间、学科之间的界限不断被打破和重新划分，最终出现了学科内部与外部的融合趋势。

要有效实施数学思维素养的养成教育，必然需要通过学科体系和课程体系来探索数学思维素养落地的路径。新文科建设要求数学思维培养打破学科的壁垒，以数学思维素养养成教育为依托，顺应数学学科内部、学科之间的融合趋势。学科融合（Fusion of Subjects，简称FOS）是指，在承认学科差异的基础上，不断打破学科的边界，促进学科间相互渗透、交叉的活动。从教育的目的和价值诉求来看，学科融合旨在通过多门学科资源的介入，有效地化解问题，更好地达成教学目标，并在问题探究的过程中全面培养和训练学生的学习能力和综合素养。[1] 学科融合既是现代学科发展的趋势，也是产生创新性成果的重要途径。

具体而言，要打破学科壁垒，做好数学思维素养教育的课程设计，首先要根据《中小学学生核心素养》，结合小学生的身心发展特点和培养定位，做好小学数学课程与学科课程群融合的顶层设计和整体规划。如果缺乏学科融合的视角，只看重各学科的知识与技能传授，这是综合育人的"买椟还珠"。在学科融合的视角下，各学科都应跳出学科桎梏，在教学、学习过程中，不仅形成具有学科特质的素养，还要帮助学生形成跨学科整合的关键能力和必备品格，体现学科与课程的育人功能。

---

[1] 赵军，陆启威. 学科融合不是简单的跨学科教育——学科融合教育的实践和思考[J]. 江苏教育研究，2016(31)：32 - 34.

（二）重视思维创新

新文科建设要求数学思维素养养成教育体现"知识在应用下生产，知识为未来生产"，强调"创新网络"与"知识集群"的应用。就我国数学思维素养养成教育而言，我们认为，可以从发展综合素质教育着手实施。

综合素质教育是基于个体德智体美劳全面发展的，包括"知识与技能""过程与方法""情感态度价值观"等多重内容、多样形式的教育，它以"知识集群"为特征。具体来说，一方面要深入推进智育、德育、体育、美育的教学改革，尤其应注意加强劳动教育，弘扬劳动精神，促进学生身心健康，提高学生的审美和人文素养；另一方面，要把国家安全教育融入教育教学，提升学生国家安全意识和提高维护国家安全的能力。此外，要把生态文明教育融入课程教学、校园文化、社会实践，增强学生生态文明意识。最后，在课程实施的过程中，要重视社会实践、合作学习活动的作用，增强学生表达沟通、团队合作、组织协调、实践操作的能力。

（三）体现中国特色

新文科建设要求数学思维素养培养体现中国特色，体现原创性、民族性，故而，不能简单地将西方经验"拿来"，而应根据国情、学情，在注重数学学科特点与学科融合的前提下，探究数学思维素养培养的中国化路径。

不言而喻的是，要体现中国特色，首先应体现在数学思维素养养成教育课程体系设计与建设过程中渗透的文化自信。党的十八大以来，习近平总书记曾在多个场合提到文化自信。2014 年到 2015 年期间，习近平总书记有过多次论述："增强文化自觉和文化自信，是坚定道路自信、理论自信、制度自信的题中应有之义。""中国有坚定的道路自信、理论自信、制度自信，其本质是建立在 5 000 多年文明传承基础上的文化自信。"2016 年 5 月和 6 月，习近平总书记又连续两次对"文化自信"加以强调，指出"我们要坚定中国特色社会主义道路自信、理论自信、制度自信，说到底是要坚持文化自信"。在庆祝中国共产党成立 95 周年大会上的讲话中，习近平总书记对文化自信特别加以阐释，指出"文化自信，是更基础、更广泛、更深厚的自信"。可见，文化自信不仅仅是文化理念，还应成为高等教育的基本指导思想。只有对民族的传统文化有坚定的信心，才能获得坚持、坚守、传承优秀传统文化的从容，鼓起奋发进取的勇气，焕发创新创造的活力。

与此同时，中外差异也提示我们不能直接照搬他国的经验。以新加坡的初等教育课程体系为例，新加坡为每一个孩子量身打造了"课程跑道"。比如，新加坡的中学教育通常是 4—5 年，分为普通课程和快捷课程。其中，普通课程包括普通学术课程和普通工艺课程,快捷课程提供高水平的学术型教育。这三类课程可以相互灵活转换,学生通过考试,可以申请换一类课程学习。这种互相融通的课程体系,给了学生不同的发展通道和多样选择,为学生的发展带来更多更适合的机会。但我国并不能简单地拿来这种经验。其一,我国最大的特点是人口基数较大,师生比小,无法实现这种为每个学生量身打造的教学;其二,我国整体的学制设置与新加坡存在差异,这也是我国无法直接复制新加坡课程体系模式的根本原因之一。

综上,要做好数学思维素养教育,就必须在打破学科壁垒的基础上,重视数学思维素养养成教育课程的内容、形式与知识创新,突出中国特色,体现文化自信。

 课堂互动

以小组为单位,认真研读《中国学生发展核心素养》和《义务教育数学课程标准(2022年版)》,然后讨论:中国学生核心素养与课程标准的关系是什么?在教学中如何平衡两者之间的关系?

思考与练习

1. 数学文化对小学数学思维素养养成的影响及作用有哪些?请举例说明。

2.《义务教育数学课程标准(2022年版)》中蕴含的数学思维核心素养有哪些?选取其中之一,举例说明应如何培养。

3. 美国颁布的《21世纪预备教师的知识和技能》和《教师素养:面向个性化、学生中心的教学》等指导性文件对于确立美国学生核心素养的意义是什么?对我国学生的核心素养培养有什么启示?

拓展与探究

阅读《教育部关于实施卓越教师培养计划2.0的意见》和教育部等六部门发布的《关于实施基础学科拔尖学生培养计划2.0的意见》等文件,并思考上述文件对于小学数学教师核心素养培养是否存在影响?谈谈你的看法。

第四章

04

小学数学中的逻辑思维与非逻辑思维素养

 本章内容概述

    本章有两部分内容,第一部分讲小学数学中的逻辑思维素养。从逻辑思维的概念、基本规律入手,分析小学数学中常用的逻辑思维,并介绍了培养小学生逻辑思维素养的方法。第二部分讲小学数学中的非逻辑思维素养。小学数学中的非逻辑思维素养主要分为联想思维、直觉思维和灵感思维,在了解其基本含义的基础上,介绍了上述思维素养在小学数学中的应用和培养方式。

本章内容结构图

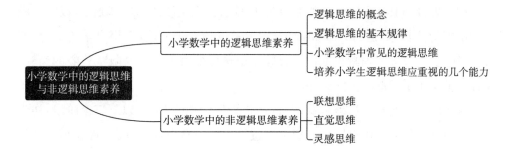

本章学习目标

- ◆ 了解小学数学中的逻辑思维和非逻辑思维的概念及内容。
- ◆ 掌握培养小学生逻辑思维和非逻辑思维的方法。

第一节
小学数学中的逻辑思维素养

一、 逻辑思维的概念

逻辑思维是人们在认识事物的过程中借助于概念、判断、推理等思维形式能动地反映客观现实的理性认识过程。它是认识的高级阶段,即理性认识阶段。同形象思维不同,逻辑思维通过对感性材料的分析思考,撇开事物的具体形象和个别属性,揭示出物质的本质特征,形成概念并运用概念进行判断和推理,进而概括地、间接地反映现实。

逻辑思维一般有经验型与理论型两种,前者是在实践活动的基础上,以实际经验为依据形成概念,进行判断和推理;后者是以理论为依据,运用科学的概念、原理、定律、公式等进行判断和推理。经验型逻辑思维由于常常局限于狭隘的经验,因而其抽象水平较低。

从逻辑思维的发展过程来看,人的逻辑思维大体可以分为以下三个阶段:初步的逻辑思维—经验型逻辑思维—理论型逻辑思维。其中,幼儿园大班和小学低年级儿童已具有初步的逻辑推理能力。他们不仅能掌握具体的实体概念,根据感知到的事物的具体属性、功用或某些本质属性对事物进行分类,而且能在其所能理解的范围内进行合乎事物本身逻辑的判断和推理,推理的正确性、独立性、概括性和推理过程的简约性也会逐步提高。

二、 逻辑思维的基本规律

逻辑思维的基本规律是对人们运用概念、命题、推理和论证经验的科学总结,主要有同一律、矛盾律、排中律和充足理由律。

(一) 同一律

同一律的内容是:在同一个思维过程中,每一个思维与其自身是同一的。

同一律的公式是：A 是 A。A 表示任一概念、命题，"A 是 A"表示同一思维过程中每一概念、命题与其自身具有同一性。对于数学的概念、命题而言，同一律要求在同一思维中它们必须同一、准确，不能有丝毫不同的判断和解释。

同一律对思维过程提出了要求。首先，同一律要求人们在同一思维过程中，使用概念的内容必须保持同一，不能任意改变。其次，一个概念可以多次重复使用，但在同一数学思维过程中都必须保持确定的含义与范围，而不能随意地加以改变和修改。

在同一思维中，不能随意改变某一概念的含义，也不能把不同的概念加以混淆。违背这一要求就会出现"偷换概念"或"混淆概念"的逻辑错误。如"整除"的概念，"数 a 除以数 b，除得的商正好是整数而没有余数，就说 a 能被 b 整除"。这一概念的组成部分是：① 被除数是整数；② 除数是非 0 的自然数；③ 商是整数；④ 余数是 0。因此，由 $36 \div 9 = 4$，商是整数，余数为 0，从而可以断定 36 能被 9 整除。但是，由 $3.6 \div 0.9 = 4$，商是整数，余数为 0，也断定 3.6 能被 0.9 整除就错了。这是由于前一个判断与其组成部分是同一的，而后一个判断与其组成部分不同一，即被除数和除数是小数。因此后者是错误的判断，其根本原因是混淆了"整除"与"除尽"这两个不同的概念。同一律要求的同一是对象、时间、关系三者的同一。若针对同一对象，在不同时间或不同关系下，人们使用的概念或判断发生变化，这不能看成是违反了同一律，而是属于时间不同或关系不同的两个思维过程。

再如，利用商不变的规律进行如下计算：$840 \div 50 = 84 \div 5 = 16 \cdots\cdots 4$，我们知道，$840 \div 50 = 84 \div 5, 84 \div 5 = 16 \cdots\cdots 4$，这两个等式都是成立的，但 $840 \div 50 \neq 16 \cdots\cdots 4$。上面连等式中，前面一个等式反映的是等号两边算式的商相等，而后一个等式则反映算式中被除数、除数、商和余数之间的关系，这是两个完全不同的概念，这里出现错误是由于"偷换概念"，违反了同一律。①

（二）矛盾律

矛盾律的内容是：在同一思维过程中，两个互相反对或互相矛盾的思维不能同时是真，其中必有一假。

两个互相反对或互相矛盾的命题不能同时都真，其中必有一假，只有在"同一思维过程中"才是有效的。如果对象不同，时间不同，关系不同，那么这种矛盾律可

---

① 冯回祥.学习逻辑知识，运用基本规律——例谈"逻辑思维的基本规律"在小学数学中的运用[J].湖北教育(教育教学)，2016(13)：55-57.

以不成立。

矛盾律的公式是:A必不非A。A表示任一命题,"非A"表示与A相反或互相矛盾的命题。

矛盾律是对思维一贯性的要求,人们在同一思维中,也就是在同一时间、同一关系下,对于具有矛盾关系和相互反对关系的判断,不应当承认它们都是真,必须断定其中有一假。如果违反矛盾律的要求,对一个思维过程中的两个互相否定的命题都断定为真,或者对一个对象既肯定又否定,就会出现自相矛盾的逻辑错误,人们也称之为出现了逻辑矛盾。

在有关逻辑矛盾的现象中,有一种很特殊的逻辑矛盾叫悖论,它长期困扰着逻辑学和数学。逻辑悖论是指这样一种判断:当这一判断为真时,却可以推证出这一判断是假的。历史上最早发现的悖论是古希腊的"说谎者悖论"。用现代语言形式表述是:"我说的这句话是谎话。"我们判断"说自己正在说谎的人,他的这句话是不是假的"时,就会产生悖论:若说谎者的这句话是真的,那么正在说的这句话是假的;若说谎者的这句话是假的,那么正在说的这句话就是真的。按照矛盾律来分析,悖论实际上对一个判断既肯定又否定,因此它违反了矛盾律,不符合逻辑规律的要求。

对于悖论,18世纪以前,很多人把它看作诡辩或单纯的谬误,但是随着数学基础研究和数理逻辑的发展,人们开始重视和研究悖论,并认识到悖论对数学、逻辑学等学科的重大意义。

在学习运用矛盾律时,应注意区别客观事物的矛盾和逻辑矛盾。客观事物存在矛盾,这是不以人的意志为转移的客观规律,是正常的客观现象。逻辑上出现矛盾,是我们主观上、思维过程中出现的矛盾现象,是可以排除的。矛盾律本身不否认客观事物存在矛盾,但是要求思维过程中必须排除矛盾。

在数学思维过程中必须遵守矛盾律。例如,两个数相等与不相等不能认为同时成立,两直线相交与不相交也不能认为同时成立。因为根据矛盾律,两数相等与不相等,其中必有一个判断是错误的。两直线相交与不相交,其中也必有一个判断是错误的。在同一思维过程中,对某一对象除了两个互相矛盾的判断外,还可能有第三种判断。因此矛盾律指出,不仅这两个矛盾(对立)的判断不能同真,还可能两个判断都为假。例如,对某一实数 a,除了两个互相矛盾的判断"$a>0$"或"$a<0$"外,还可能有第三种判断"$a=0$"。因此,当"$a=0$"为真时,"$a>0$"和"$a<0$"这两个判断都为假。

违反矛盾律的错误就是既肯定又否定,即两个互相否定的判断都成立。我们熟知的古代寓言楚人"自相矛盾"就是这种情况。[①] 例如,判断题"一个自然数 a 只有两个因数,那么 a 是合数"中有两句话,前面一句"一个自然数 a 只有两个因数",我们由此可以得出结论:a 是质数,与后面一句"那么 a 是合数"相互矛盾,因为一个数不可能既是质数又是合数。因此这道题答案是"错"。

(三) 排中律

排中律的内容是:在同一思维过程中,两个互相矛盾的思维不能都假,其中必有一真。

排中律的公式是:A 或者非 A。公式中的"A"与"非 A"表示两个矛盾命题。"A 或非 A"的含义是,对同一思维对象同时做出两个互相矛盾命题时,不是 A 真,就是非 A 真。人们总是要在这两个互相矛盾的命题中做出明确的选择。

排中律与矛盾律既有联系又有区别。矛盾律不允许思维中有逻辑矛盾,指出相互否定的思维不能同时为真;排中律则进一步要求人们在相互矛盾的判断中承认其中必有一真。矛盾律是对思维一贯性的要求,而排中律是对思维明确性的要求。在这一点上,可以把排中律看作矛盾律的继续。

排中律作为一个保持思维明确性的逻辑规律,是人们认识事物、发现真理的一个必要条件。应当指出的是排中律要求在两个矛盾的判断中做出非此即彼的选择,并不否认事物发展过程中出现的"亦此亦彼"的中间状态。排中律只是一个逻辑思维的规律,它不是研究事物发展演变中相互转化的规律,因此认为排中律否认、排除客观事物的中间状态,是对排中律的一种误解。

例如,比较两个自然数 a、b 的大小时,除了两个互相矛盾的判断"$a>b$"和"$a<b$"外,还可能有第三种判断"$a=b$"。

违反排中律的逻辑错误是"模棱两可"或"含混不清"。例如,在整数范围内,对数 a 作"a 既不是奇数也不是偶数"的判断就违反了排中律。因为在整数范围内,"a 为奇数"和"a 为偶数"是具有矛盾关系的判断。但如果超出整数范围,这两个判断就是具有对立关系的判断,那么以上的判断就没有违反排中律。如当 a 是一个小数或分数时,则 a 既不是奇数也不是偶数。[②]

(四) 充足理由律

充足理由律的内容是:在同一思维过程中,一个判断被断定为真,必须有其充

---

①② 冯回祥.学习逻辑知识,运用基本规律——例谈"逻辑思维的基本规律"在小学数学中的运用[J].湖北教育(教育教学),2016(13):55-57.

足理由。

充足理由律的公式是：因为 B 真，并且 B 推出 A，所以 A 真。

公式中的 A 代表在论证中被确定为真的判断，称为推断；B 代表用来确定 A 真的判断，称之为理由。在论证过程中，一个判断 A 之所以能被确定为真，一定还存在另一个判断 B，并且从 B 真可以推出 A 真。若 B 真并且从 B 真可以推出 A 真，那么我们称 B 为 A 的充足理由。

充足理由律是逻辑思维的基本规律之一，是人类思维论证性的科学根据。在论证中，如果一个论断被确定为真，那么这个论证就一定这个论断提出了充足理由。当然，一个论证，如果没有为它的论断提供充足理由，该论断也就不能被确定为真。

在科学领域，尤其是数学领域中，任何一个观点的提出和建构都要有充足的根据和有力的论证，这就是充足理由律的要求。充足理由律对正确思维的要求有两条：其一，理由必须真实；其二，理由与推断之间要有逻辑联系。这两项要求对于正确思维来说，是缺一不可的。如果违背了充足理由律的逻辑要求，就会犯"理由虚假"和"推不出"的逻辑思维错误。

在数学学科中，充足理由律要求我们必须以数学的已知概念和公理以及由此推导出来的定理、公式作为根据进行推理判断。

解答数学问题进行正确判断时也必须有充足的理由，否则会造成错误。

设 $a=b(b\neq0)$

两边乘以 a，得：$a^2=ab$

两边减去 b^2，得：$a^2-b^2=ab-b^2$

两边因式分解，得：$(a+b)(a-b)=b(a-b)$

两边除以 $(a-b)$，得：$a+b=b$

由 $a=b$ 得：$2b=b$

两边除以 b，得：$2=1$

显然，所得结果是错误的，错误的原因在于等式两边除以 $(a-b)$。因为 $a=b$，所以 $a-b=0$，等式两边除以 0，理由就不充足了。因为在除法算式里，除数是不为 0 的，这里违反了充足理由律。古人云："持之有故，言之有理。"这说的是论证要有充足的理由，如果论证"理由不充分"或是"虚假理由"，那就会出现违反充足理由律的逻辑错误。

下面是理由不充分的例子。

例 1：四年级判断题"412÷58＝7……5（　　　）"。

有不少学生认为该题是正确的。究其原因，学生说："余数 5 比除数 58 小，这道题的计算结果当然就是正确的。"在有余数的除法中，余数比除数小，计算结果并不一定正确。余数比除数小只是计算正确的必要条件，而不是充分条件。由此可见，理由不充分就会导致推断错误。由该例可知，如果判断 B 真，论断 A 是 B 的必要条件，但由 B 不足以推出论断 A 真，则 B 不是 A 的充分条件，这时候，我们称由 B 推出论断 A 真的理由不充分，即缺少条件。

例 2：若 $a＝k·b$，则 b 能被 a 整除。

这个推断缺少 a、b 为整数，k 为自然数的条件。又如，因为 $(a+b)$ 是偶数，且 a、b 是整数，所以 a、b 都是偶数。此推断缺少条件 $a×b$ 是偶数。

再举一个虚假理由的示例。虚假理由是指在判断 B 和论断 A 中，B 不是 A 的充分条件，且 A 亦不是 B 的必要条件，即 A 和 B 没有因果关系。

例 3：因为 a 是奇数，b 是偶数，所以 a 与 b 互质。

此推断中，理由和结论之间不存在因果关系。

三、 小学数学中常用的逻辑思维

小学中高年级学生的逻辑思维迅速发展，抽象概括能力逐渐从对事物外部特点的概括发展到对事物本质属性的概括；从对少数简单事物的概括发展到对复杂事物的概括。儿童最初掌握的是转导推理和比较简单的直接推理，然后逐渐掌握演绎推理、归纳推理和类比推理。

（一）分析与综合

分析是在思维中把对象分解为各个部分或因素后分别加以考察的逻辑方法。综合是在思维中把对象的各个部分或因素结合成为一个统一体加以考察的逻辑方法。

在数学教学中，一些综合性较强的复杂问题则需要学生掌握综合分析的方法。例如，在学习利用方程解决实际问题时，有这样一道题目："甲、乙两人沿着 400 米的环形跑道跑步，甲的速度是 280 米/分，乙的速度是 240 米/分，甲、乙在同一起点，乙先走半分钟后，他们同时同向而行。请问，经过多少分钟甲第二次追上乙？"该题目中信息很多，此时需要将整个题目分成几个部分逐一理解。首先，甲、乙在一个环形跑道上，而不是直线跑道。其次，"甲、乙在同一起点，乙先走半分钟后，他们同时同向而行"，意味着在甲出发时，乙在甲前面 240×0.5＝120（米）的地方。

接着,看问题"经过多少分钟甲第二次追上乙",这里问"甲第二次追上乙",学生需要先知道甲第一次追上乙是甲比乙多走了 120 米,甲第一次追上乙和甲第二次追上乙之间,甲比乙多走了一圈,也就是 400 米。因此,从一开始到甲第二次追上乙之间,甲一共比乙多走了 120+400=520(米)。

教师在指导学生的过程中,应注意分析与综合两种方法相互结合。例如,对数字 7 进行拆分,可应用分析法将其分成 1 和 6、2 和 5、3 和 4。学生在分析的过程中要细细体会,在分析的基础上要意识到三种分法之间存在的联系,即这三种分法都可组合成数字 7,将分析法与综合法结合应用,将会取得好的教学效果。分析与综合的方法应用十分广泛,在分数及小数的计算、整数的认识、综合应用题的解答方面都很常见。①

(二) 比较与分类

比较法是通过对比两个或两个以上研究对象,分析其相同点与不同点,从而认识并解决问题的方法;分类是比较的后继过程,是对大的概念进行整理与加工,将其按属性、类别等进行划分归属。

比较是鉴别的基础,也是学生思维的基础,而分类则建立在比较的基础上,常常通过比较而得到。比较与分类方法的应用是小学数学教学中最基本的思维方法,两种方法的结合,对于学生逻辑思维能力的进一步加强将会有很大的帮助。②例如,小学数学一年级的这道题:请你为下面的杯子分分类(见图 4-1)。这道题需要学生先观察图中的各个杯子,比较得出杯子之间的不同,根据不同的分类标准可以有不同的分法。

图 4-1 杯子分类

比较是用以确定研究对象和现象的共同点和不同点的方法,分类是整理加工

---

① 顾克云.逻辑思维方法在数学教学中的应用[J].理科考试研究,2015,22(4):34.

② 包梅艳.数学教学中逻辑思维方法探究[J].小学时代(教育研究),2010(11):78.

科学事实的基本方法。比较与分类贯穿小学数学教学的全过程之中。比如,学生开始学习数学时,就会比较长短、大小,进而学会比较多少。之后会把同样大小的放在一起,相同形状或属性的归为一类。前者反映的是比较方法,后者列举的是分类方法。

(三) 归纳与演绎

归纳是从个别性的前提推出一般性的结论,前提与结论之间的联系是或然性的。演绎是从一般性的前提推出个别性的结论,前提与结论之间的联系是必然性的。

例如,在一个平面内,直角三角形内角和是 $180°$;锐角三角形内角和是 $180°$;钝角三角形内角和是 $180°$;直角三角形、锐角三角形和钝角三角形组成全部的三角形;所以,平面内的一切三角形内角和都是 $180°$。这个例子从直角三角形、锐角三角形和钝角三角形内角和分别都是 $180°$ 这些个别性知识,推出了"一切三角形内角和都是 $180°$"这样的一般性结论,就属于归纳推理。

再如,加法交换律的推导过程,通过列举整数的加法运算,交换两个加数的位置,和不变,进而将特殊性的规律归纳为一般性的规律。

教师可以利用小学生有着强烈的好奇心与求知欲的特点,让学生在寻找归纳规律的过程中锻炼归纳演绎思维,学会有理、有据、有序地思考问题。演绎法的应用可以通过给学生一个一般性的规律,让其寻找符合这种规律的特殊对象来开展。学生在寻找特殊对象的同时会加深对演绎思维方法的理解。解决实际问题时,学生对问题的认识一般遵循由特殊到一般和由一般到特殊的规律。因此,归纳与演绎方法的应用将会很好地帮助学生理解问题并认识问题的本质,其在数学教学应用中的重要作用不可小觑。①

(四) 抽象与概括

抽象就是从对象中抽取本质的属性,抛开其他非本质的思维方法。概括是在思维中从单独对象的属性推广到这一类事物的全部属性的思维方法。

抽象与概括和分析与综合一样,也是相互联系不可分割的。

小学生在学习数学时,无论是对问题的概括还是对抽象问题的解答都会比较吃力。教师在教学过程中应尽可能地将枯燥无味的抽象问题进行转化,提升学生的学习兴趣,并锻炼学生的概括能力。如罗列一排数字"3,4,6,9,13,＿,＿,＿。"让学生根据已知数字找出排列规律。通过观察和分析,不难发现相邻两个数字之

① 顾克云.逻辑思维方法在数学教学中的应用[J].理科考试研究,2015,22(4):34.

间分别相差 1,2,3,4……,根据规律,第一个横线上是 13+5=18,应填 18;第二个横线上是 18+6=24,应填 24;第三个横线上是 24+7=31,应填 31。这就需要学生有很强的抽象概括能力,首先学生需要认真观察所给出的数字,然后利用分析与综合的方法研究各个数字间存在的关系,通过计算或推理找出数字排列的规律,最后根据规律填补后面的数字,这是抽象与概括方法在简单规律题中的应用。教师要引导学生逐步抽象概括出规律,在解决相同类型的规律题时也会运用相同的方法,从而提高抽象与概括的能力。一旦掌握了这种抽象概括方法,学生对问题的理解层次会逐步加深,认知能力与思维能力也会有较大突破。

四、 培养小学生逻辑思维应重视的几个能力

(一) 比较能力

小学生以形象认知为主,小学数学教材从数字认知时就开始通过最直观的比较来培养学生形成最初的逻辑思维能力。如果对比较把握不好,解决实际问题时就会出现思维混乱的现象。

1. 概念对比

小学低年级从比较数的大小入手,让学生掌握初步的比较思维。随着课程内容的深入,一些抽象概念往往也需要我们通过比较来引导学生,培养学生的形象认知能力。请看下面的问题:"一匹布长 8 尺,裁去 $\frac{1}{2}$ 尺,还剩多少尺?"与"一匹布长 8 尺,裁去 $\frac{1}{2}$,还剩多少尺?"这两个问题学生刚开始看有点不太明白,但是如果认真分析就会发现:前面问题的 $\frac{1}{2}$ 带着具体的尺度单位,而后面的 $\frac{1}{2}$ 没有带单位,属于比例问题,即裁去的是 8 尺的 $\frac{1}{2}$,也就是 4 尺。一字之差,差之千里。比较过程完善和发展了学生的逻辑思维,对提高理解和解题质量起到关键的作用。

2. 比较范畴

数学教学中,因为小学生逻辑思维尚不完善,所以也经常出现此类问题。比如,有个脑筋急转弯:一斤铁和一斤棉花哪个重?搞不清比较范畴的人就会掉入问题陷阱,但是仔细分析就会明白这里比较的是重量,所以应该是一样重。让学生明白只有在同属性、同范畴内才能比较。

如图 4-2 所示,在平行四边形 ABCD 内,三角形 ABC 与三角形 DBC 哪个面

积大？有的学生一看，没有给出具体数值没法判断大小。但是如果掌握比较的真谛，我们就会发现两个三角形等高同底，其面积一定相等。

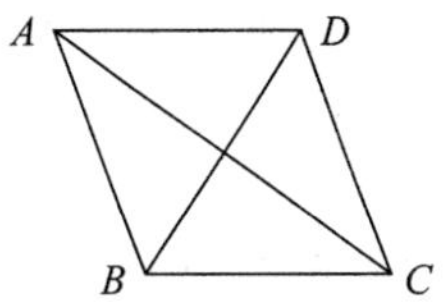

图 4-2 判断三角形面积大小

(二) 统筹分析与综合能力

小学阶段最具有概括性的逻辑关系就是"总分"关系。我们要指导学生剖析数量之间的关系，然后再综合信息，得出正确答案。

1. 掌握"总分总"逻辑框架

"总分总"的逻辑框架是解决问题的基本路径。解题过程中，我们要认真阅读整理，把握题干给出的信息，然后分析数量之间的关系，最后再综合到一起完成解题。每一道题都符合这个模式。就拿上例（见图 4-2）来说，我们首先要认真阅读已知条件，明确需要比较面积的两个三角形；再有针对性地去分析，三角形面积公式：S＝底×高/2，而两个三角形同底等高，这样综合对比就会发现底高相等的三角形面积相同。

2. 以动手实践培养分析综合能力

在教学乘法时，有些学生对"10 个一就是 1 个十"较难理解，教师可结合学生的生活实际设计"买糖块"活动体验。先出示散装的糖块 20 块，整包的糖 3 包，每包 10 块。然后提问："老师手里的这些糖，只卖出去 10 块，看谁拿得准拿得快。"根据生活经验，学生都毫不犹豫地去拿整包的。然后顺势引导："你们怎么知道拿整包的啊？"学生回答："如果数散糖速度慢，整包的正好 10 块。"这样学生们就认识到了 1 个十就是 10；接着让学生们拆开整包的糖，每人分一块，就会发现正好分给 10 个人，这样就让大家认知到 10 个一也是 10。这样通过操作实验，让学生们体验数学知识生成和发展的过程，更利于思维能力的转化，最终迁移知识生成运用能力。

3. 概括能力

分析与概括是形成逻辑思维的重要环节。解题过程中，我们不但要分析，还要能将分析的数量关系通过逻辑思维概括出来，这样才能形成解题思路。我们在学习过程中常见的数、公式、规律和概念都是前人通过实践和推理概括出来的结果。

（1）从形象认知到抽象概括。

概括需要建立在大量的形象认知和感性材料的基础上，当学生获得初步的表象认知后，我们应该引导他们完成推理规律，进而抽象出数学本质。例如，讲正比例的概念时，我们可以引导学生从"行程问题中路程随时间的变化而变化"来形象认知总价随数量的变化而变化的规律,然后通过形象的文字算式表达出来:路程÷时间＝速度(一定)。在此基础上概括出成正比例的意义,并进一步将两个文字关系抽象为字母关系式:$\dfrac{x}{y}=k$（一定），这样就具有了模型的效应,完成了知识到抽象的概括与总结。

（2）思维模型。

许多时候同一道题解答的方法有许多种,我们也可以引导学生概括简便的解法,提高解题效率。比如教学完分数应用题后,我们可以通过一道经典工程例题来引导学生建立思维模型:"建一条500米的管道,前4天完成了$\dfrac{2}{5}$,按这样的速度,修完该管道一共需要多少天?"许多学生根据基本思维列出:$500÷(500×\dfrac{2}{5}÷4)$,这时我们可以通过解析让学生们认识到对于这类问题,我们可以将总工程量看作"1",得出:$1÷(1×\dfrac{2}{5}÷4)$后,进一步得出解题模型:"$4÷\dfrac{2}{5}$"。教师应充分挖掘教材中的智力因素,因势引导,不失时机地增强学生力求概括的心向,使学生的抽象、概括能力不断提高。①

---

① 刘君芳.如何培养小学生的数学逻辑思维能力[J].新课程(小学),2015(1):44-45.

第二节
小学数学中的非逻辑思维素养

非逻辑思维素养与逻辑思维素养是相辅相成的。非逻辑思维无法用通常的逻辑思维程序来说明和解释,直觉、灵感、想象是其主要表现形式。同时,非逻辑思维素养还在创造思维的关键阶段起着重要作用,思维由经验到理论的飞跃环节也是通过直觉、灵感等非逻辑思维素养来实现的。

一、联想思维

(一)联想思维的概念

古希腊哲学家亚里士多德曾指出:"我们的思维是从与正在寻求的事物相类似的事物、相反的事物或与它相接近的事物开始进行的,以后便追寻与它相关联的事物,由此而产生联想。"联想思维又称想象思维,它是人们在头脑中对已有事物的表象进行加工创造出新形象的心理过程,它不是表象的简单再现,而是对表象的夸张、拓宽和升华,是对表象理想化的改造。它可以脱离现象,但却以现象为基础,具有直观性、形象性、整体性、概括性等特征。一般来说,联想由三部分构成:其一是联想诱因,其二是联想结果,其三是联想途径。

就数学联想来看,除极少数例外情形之外,联想诱因及联想结果一般都是数学的概念、命题、关系结构、数学思想方法等,而联想途径则是这些数学对象间的数学关联。

(二)联想思维的法则

1. 类似性联想

类似性联想是由对一件事物的认识引起对与该事物在形态或性质上相似的另一件事物的认识的联想过程,是将形似、义近的事物加以类比而产生的联想。例如,用绿色比拟生命等。许多文学上的比拟、比喻、象征等修辞手法的心理学依据即是联想。在形貌和内涵上相似的事物容易发生联想,其特点是具有比较性与类比性,能从一类认识对象过渡到另一对象,具有转移性和思维跳跃性,因而在思维活动中具有一定的创造性。

通过类似性联想，可以唤起学生已有的知识，并利用已有的知识解决新问题。在小学数学教学中，很多数学知识之间都有内在的联系，因此，教学时教师可以根据教学内容适时引导学生展开类似性联想，促进已有知识向新知识快速迁移，缩短自行获取新知识的时间。

例如，教学"除数是小数的除法"时，学生已经学过除数是整数的小数除法，教师可以先出示"27.5÷25"进行复习，然后出示"2.75÷2.5"，让学生尝试计算。在部分学生认为商的小数点难以确定时，教师适时提醒："能不能把这题转化成除数是整数的除法？"引导学生迅速将思维集中到转化的策略上来，理解并掌握除数是小数的除法的计算方法。

2. 接近联想

接近联想是指利用形态或性质等方面接近的事物在思维中的联系，由此事物联想到彼事物的方法。在时间或空间上接近的事物容易引发联想。例如，节日与礼品是时间上的接近，而河与船是空间上的接近等。

接近联想在教学中也被广泛利用，旧知识往往是学习新知识的原型和基础，教师如果能引导学生根据旧知识产生接近联想，就能帮助他们找到探索新知识、解决新问题的思路，从而获得成功的体验，使得数学学习变得更简单。

例如，在教学"圆柱的体积计算"时，教师引导学生自己思考怎样将圆柱转化成已经学过的立体图形，探索体积计算公式。学生一下子想到，是否可以将圆柱转化成长方体？在得到教师的肯定后，学生又感到问题非常棘手：圆柱这个立体图形怎么转化成长方体呢？为此，教师及时提醒：圆柱的底面是个圆，想想圆是怎样转化成长方形的呢？学生就想到可以把圆柱沿底面圆的直径平均切成若干份，拼成近似的长方体。学生的两次"想到"，实际上就是接近联想。这样的教学，充分利用接近联想的心理机制，既拓展学生学习新知识的思路，又提高了教学效率。

3. 对比联想

对比联想是指对于性质和特点相反的事物产生联想。例如，黑与白，冰与火等。有些事物在某种共同特性中具有较大的差异。这种鲜明的对比很引人注目，因而在广告中应用较多。例如，人在沙漠中没有水源时的干渴状态与喝了消暑饮料解渴、痛快的状态对比，使人倍感饮料的诱惑。又如，某些药品、化妆品等商品广告为了强调本商品的作用功能，常以消费者在商品使用前后状态作对比。

教学时，教师要根据学生已掌握的某一知识点，引导学生运用对比联想，进入与之相反的未知领域,从而获取到新知识。有些教材内容本身具有可逆性质,如加法与减法、乘法与除法的相互关系等。教师分析知识的可逆结构,实际上就是为学生进行对比联想奠定基础。

在复习"分数(百分数)应用题"时,我们设计了如下两道应用题。

(1) 计划植树 80 公顷,实际完成 100 公顷,实际造林比计划造林增加百分之几? 计划比实际少百分之几?

(2) 计划植树 80 公顷,实际完成 100 公顷,实际造林比计划造林多多少? 计划比实际少多少?

学生通过审题分析数量关系并列式计算。

(1) $(100-80) \div 80 = 25\%$

　　$(100-80) \div 100 = 20\%$

(2) $100-80 = 20$(公顷)

　　$100-80 = 20$(公顷)

通过对比联想,学生会发现第一题由于两问的单位"1"不同,因此实际比计划增加的百分数不等于计划比实际少的百分数。而第二题的两问尽管单位"1"不同,结果却相同。在这样的对比联想中,学生就会发现百分比与差的不同。可见,引导学生运用对比的形式展开联想,可以加深他们对某些新知识的理解和掌握。

4. 因果联想

因果联想是指对逻辑上有因果关系的事物产生的联想。早上看到地面潮湿,会想到可能是夜间下过雨。因果联想的特点是由一种事物的经验联想到另一种与它有因果联系的事物,其应用有利于学生明白知识产生的来源,有利于厘清知识的本质。因此,教学时教师应特别注意引导学生执果索因,探索知识的源头,发现解决问题的方法。换言之,联想是数学学习的催化剂。学生在数学学习中的联想往往是凭借数学知识或方法的原型进行的。在教学中,我们要重视学生对数学知识和方法的理解和掌握,帮助学生在学习中顺利提取和调用已有知识和经验的原型,从而展开多重联想,促成迁移、类比、假设、转化等数学思维活动,实现对新知识的自主建构和问题的顺利解决。此外,教师还应把联想方法渗透到教学的各个环节中去,努力培养学生的联想能力。当学生能主动展开联想,就能有效沟通相关知识间的内在联系,从而理解数学知识的真正内涵,领悟生活所赋予数学的美好与价值。①

① 张卫星.联想:数学学习的催化剂[J].江西教育,2016(08):77-78.

例如,教学"分数与整数相乘"的计算方法后,教师让学生尝试用简便方法计算 $37 \times \dfrac{11}{39}$。不少学生一时找不到计算方法,有个别学生甚至怀疑题目出错了。教师顺势引导:"如果题目出错了,你觉得可能错在哪里?"一个学生说:"要是把 37 换成 39 就好了。"另一个学生说:"把 39 换成 37 也行,这样就可以约分了。"教师继续引导:"对呀,现在 37 和 39 不能直接约分,所以计算很麻烦。那能不能想想办法,将其中的某个数变一变,能够直接约分呢?"在教师的启发下,不少学生想到把 37 变成(39-2),然后运用乘法分配律进行简便计算。教学中,教师由果溯因,再由因到果,顺利解决问题。

(三)在小学数学教学中培养学生联想思维的策略

1. 从概念上联想:寻找关键

数学中最重要的基础知识就是概念,它是思维的细胞。例如,某服装车间生产一批西装,每个工人每天可以完成 3 件上衣或 5 条裤子的生产任务,如果这个车间一共有 48 个工人,怎样分工才能使每天生产的上衣和裤子配套?

如果按照常规方法去思考,总觉得缺少某些重要信息。然而我们发现问题中提到"使每天生产的上衣和裤子配套",也就是说上衣和裤子的工作总量应该相等,那么在积一定的情况下,我们就联想到工人的工作效率和分配的人数应该成反比例。根据反比例的概念,很快就知道生产上衣的工人人数与生产裤子的工人人数的比是 5∶3。这样,有了从"反比例"概念中联想到的重要信息,这道难题就迎刃而解了。

2. 从模型上联想:观察结构

大量的公式、法则、定理、图形等存在于数学各模块中,特殊的形式和结构使它们成为数学中重要的模型。

当实际问题中含有分数或小数时,部分学生的理解就遇到了障碍,这属于正常现象,因为这种数学化语言的表述跟学生的生活经验有很大差异。例如,"一辆汽车 0.5 小时行驶 40 千米,这辆汽车每小时行驶多少千米?"学生们马上就根据"路程÷时间=速度"这个数量关系解出:40÷0.5=80(千米/小时)。有了这道题的解题模型,学生们很快能联想到不管是分数、小数还是整数,要求"汽车每小时行驶多少千米",只要利用"路程÷时间=速度"这个除法模型来解决即可。

3. 从方法上联想:激活模式

平时,在数学学习中积累和习得的各种思想方法及策略固化在头脑中,就成为一种模式。如果我们在解题中遇到类似题型或类似信息的难题，在联想的作用下大脑就会激活这种固化模式，然后引导我们用与这种模式相似的思想、方法、策略去分析问题、思考问题，从而达到解决问题的目的。

例如，有三堆棋子，每堆都有 60 颗棋子，并且都有黑、白两色。第一堆的 $\frac{1}{3}$ 是白棋子，第二堆的白棋子和第三堆的黑棋子一样多。这三堆棋子中白棋子一共有多少颗？

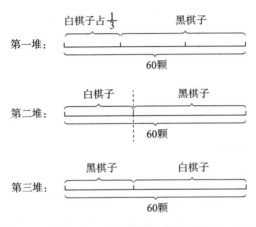

图 4-3　三堆棋子数量关系图

由于小学生抽象逻辑思维水平存在局限性，让他们理解这种信息复杂又抽象的问题是有难度的。所以，教师应在教学中不断提示学生：审题遇到困难时，可以联想一些常见的解决问题的策略。在解决上述问题时，可以提醒学生先用画图的策略分析问题，见图 4-3。我们不难发现，当第二堆的白棋子和第三堆的黑棋子一样多时，可以把第二堆的白棋子和第三堆的黑棋子交换位置，这时第二堆的白棋子和第三堆的白棋子之和正好就是一堆棋子的总颗数 60 颗。复杂抽象的数量之间的关系便从图中直观形象地显现出来，这种方法上的相似联想，顿时让问题化难为易。

4. 从经验上联想：转化条件

在数学教学中，我们要提供给学生更多的典型问题情境，让他们在解决问题中多积累、多体会、多总结，这样就能为陌生或困难的问题提供丰富的解决经验。

例如，甲、乙、丙、丁四人共同生产一批零件。甲生产的占其他三人生产总数的 $\frac{1}{2}$，乙生产的占其他三人生产总数的 $\frac{1}{4}$，丙生产的占其他三人生产总数的 $\frac{1}{3}$，已知丁生产了 26 个,那么甲、乙、丙、丁四人共生产零件多少个?

看到分数类实际问题,根据经验,学生首先从找单位"1"入手,分析数量关系。可是,在这个问题中,发现三个分数的单位"1"各不相同,数量关系相对来说比较复杂。既然一般方法行不通,这时学生可以联想到分数应用题的特殊解法:转化条件,寻找不变量作为单位"1"。这里甲、乙、丙、丁四人生产零件的总个数是不变的,所以可以把条件转化成"甲生产的占四人生产总数的 $\frac{1}{3}$,乙生产的占四人生产总数的 $\frac{1}{5}$,丙生产的占四人生产总数的 $\frac{1}{4}$",这样就可以利用"四人生产的零件总个数－甲生产的个数－乙生产的个数－丙生产的个数＝丁生产的个数"这个数量关系轻松解决了。[1]

二、直觉思维

(一) 直觉思维的概念

直觉思维是一种对事物、问题、现象的直接领悟式思维。直觉思维表现在数学上,就是在对数学问题还没有明确的逻辑思维过程和理论推证过程时,就感觉到或猜测到了问题的结论,从而推动人们去论证,去找到理论推导的过程和步骤。虽然直觉思维的结论,有些事后被证明有其局限性,甚至有时是错误的,但是直觉思维往往作为解决问题的先导给人启示。例如,人们直觉地认识到"过直线外一点只能作一条直线和已知直线平行",这种直觉被表述为"欧几里得五个公设",并被广泛应用。

(二) 直觉思维的特征和作用

1. 直觉思维的特征

(1) 非逻辑性。

直觉思维不遵循逻辑思维的程序,它是一种不连续、非程序化、跳跃性的思维。在数学领域中,利用直觉思维往往能迅速发现数学的结构关系。可以认为数学直觉思维是平时逻辑思维的凝练和简缩,是数学逻辑思维达到一定程度后才产生的一种特殊的心智活动。

(2) 直接性。

所谓直接性,是指直觉思维没有完整的中间思维过程,就直接把问题与结论联

---

[1] 蒋虹.有效联想通达思维——联想思维方法在小学六年级数学总复习中的应用[J].内蒙古教育,2015(27):76.

系起来。这种直接性的特征,自然就带来了解决问题的快速性和猜测性。

(3)模糊性。

直接思维缺乏明晰的逻辑过程,因此它带有很大的模糊性。它可能是一种模糊化的图像、文字符号或过程。从模糊到清晰,从缺乏准确的过程到形成明确的逻辑程序,直觉思维为问题的解决提供了先导。

例如,牛顿在提出微积分中的"流数"概念时,就运用了直觉思维。牛顿在研究质点运动的瞬时速度问题和曲线上某一点的切线斜率时,他直觉地感到这两个问题的内在一致性,于是提出了"流数"(现在导数的原形)的概念。显然那时关于无穷小量还解释不清,然而运用流数方法得到的计算却具有广泛的实际应用价值。正是牛顿直觉思维的结果,才使微积分的方法得以迅速发展。如果当时就要求给予严格的逻辑推理论证,那么微积分的发展不知要晚多少年,因为当时数学界还没有为无穷小量的逻辑推证做好理论准备。后来人们对牛顿直觉思维带来的模糊性给予了清晰的理论逻辑化论证,但这已经是200多年以后的事了。

2. 直觉思维的作用

(1)选择作用。

直觉思维是一种直接的洞察,是一种快速看到结果的思维。由于直觉思维的模糊性,它也可以帮助人们从整体上感觉事物内部的关系。被称为"数学神童"的数学家高斯,就是在计算从1加到100的结果时,立即感觉到$1+100,2+99,\cdots,50+51$的计算方式,然后迅速算出$101\times50=5050$。在解决数学问题时,应引导学生学会运用直觉思维去猜答案、猜过程、猜方法,这样直觉思维就会在数学中广泛发挥它的作用。

(2)创新作用。

直觉思维具有洞察性、猜测性、启发性,往往能为创新提供方法和思路。在数学中,尽管逻辑形式一般具有接受和拒绝某种形式的权力,逻辑思维往往没有最先参与数学的创新,直觉思维恰恰有克服这种缺点的优势。

小学数学内容中,观察和实验的成分较多。如小学中的几何多是直观几何和实验几何,这种特点与小学生的思维特点相吻合。因此,教师要引导学生认真观察、正确操作、深入思考,为直觉思维和形象思维提供条件,创造情境。如图4-4所示,已知平行四边形

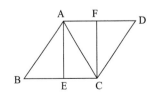

图4-4　平行四边形 ABCD

ABCD 的面积为 28 平方厘米,高 AE 为 4 厘米,EC 为 3 厘米,求三角形 ABE 的面积。

学生的一般解题思路是:已知平行四边形的面积及高,可先求出底边,再得 BE 的长度,然后求出三角形 ABE 的面积。

列式为:BC＝28÷4＝7(厘米)

BE＝7－3＝4(厘米)

$S_{\triangle ABE}$＝4×4÷2＝8(平方厘米)

如果教师引导学生仔细观察图形,启发学生结合平行四边形的特点寻求另外的简洁解法,就可能使学生顿悟,想象出由 C 向 AD 做高 CF。那么三角形 ABE 的面积等于平行四边形的面积减去长方形 AECF 的面积再除以 2,于是 $S_{\triangle ACF}$＝4×3＝12(平方厘米),$S_{\triangle ABE}$＝(28－12)÷2＝8(平方厘米)。这样既找出了简洁的解题方法,又培养了小学生直觉思维和形象思维的能力。[①]

三、灵感思维

(一) 灵感思维的概念

灵感思维也称作顿悟,它是在无意识的情况下产生的一种突发性的创造性思维活动。非逻辑思维过程不考虑逻辑形式和思维规则,它只凭借灵感或直觉。这种灵感或直觉往往不期而至,正像美国科学家霍尔所说的那样:“不要问为什么,直觉是不管为什么的。”[②]

(二) 灵感思维的特征和意义

1. 灵感思维的特征

灵感思维主要有以下几方面的特征。

(1) 突发性。

灵感往往是在出其不意的刹那间出现,使长期苦思冥想的问题突然得到解决。在时间上,它突如其来;在效果上,它突然领悟。这是灵感思维最突出的特征。

(2) 偶然性。

灵感在什么时间可以出现,在什么地点可以出现,或在哪种条件下可以出现,都使人难以预测并带有很大的偶然性,往往给人以“有心栽花花不开,无心插柳柳

① 李发銮,韦凡海.小学数学教学中非逻辑思维能力的培养[J].教育科研论坛,2007(6):9－10.
② 张路安,马晓丽.逻辑思维与非逻辑思维的关系研究[J].教育探索,2007(9):1－2.

成荫"之感。

（3）模糊性。

灵感的产生往往是闪现式的,而且稍纵即逝,它所产生的新线索、新结果或新结论使人感到模糊不清。灵感思维所表现出的这些特征,从根本上说都是来自它的无意识性,而形象思维、抽象思维都是有意识地进行的,这是它们的根本区别。

（4）创造性。

正是由于思维的无意识性,它的想象才是丰富的、发散的,使人的认知结构向外无限扩展,因而具有反常规律的独创性。许多创造性的发现都是基于灵感,凯库勒发现苯分子环状结构便是一个灵感思维作用的典范。

2. 灵感思维在数学教学中的意义

第一,有利于"脑资源"的开发,促进思维的全面发展。美国著名神经心理学家斯佩里关于"裂脑"研究的最新成果告诉我们:左半脑主要担负逻辑分析和推理的任务,同抽象思维、象征性关系和对细节的逻辑分析有关;右半脑主要担负灵感思维和审美的任务。左右半脑在生理机制上相互联系、相互促进,一个半脑的发展有助于另一半脑机能的改善。在培养学生逻辑思维的同时,我们要注意培养学生的灵感思维,这样有利于充分发挥左右两个半脑的功能,有利于更好地开发"脑资源",促进智力的发展。

第二,有利于创造性思维的培养,提高学生的创新能力。灵感是由于长时间的思考和实践,不断积累经验和知识而突然产生的富有创造性的思维。在教学中,教师应及时捕捉和诱发学生学习中出现的灵感,对于学生别出心裁的想法、突破常规的解答、标新立异的构思及时给予肯定。同时,运用数形结合、变换角度、类比探究等方法去诱发学生的数学灵感,促使学生能直接越过逻辑推理而寻找到解决问题的突破口,从而逐步提高学生的创新能力。

第三,有利于教育观念的转变,提高学生的数学素养。《义务教育数学课程标准（2022年版）》指出:数学在形成人的理性思维、科学精神和促进个人智力的发展中发挥着不可替代的作用。数学素养是现代社会每一个公民应当具备的基本素养。义务教育数学课程具有基础性、普及性和发展性。而我国以往的数学教材和教学过程都过分强调逻辑思维,非逻辑思维（特别是灵感思维）长期得不到重视,学生在学习过程中体会不到思维的真正乐趣,从而逐渐丧失了学习数学的兴趣,因此,在培养学生终身学习的能力时,学生灵感思维的培养尤其重要,它是发现科学真理的基础。

(三) 培养小学生灵感思维的策略

1. 观察分析

观察,不是一般的观看,而是有目的、有计划、有步骤、有选择地去观看和考察所要了解的事物。在观察的同时必须进行分析,只有在观察的基础上进行分析,才能引发灵感,形成创造性的认识。

2. 启发联想

新认识是在已有认识的基础上发展起来的。旧与新或已知与未知的连接是产生新认识的关键。因此,要创新,就需要联想,以便从联想中受到启发,引发灵感,形成创造性的认识。

3. 实践激发

实践是创造的阵地,是灵感产生的源泉。各项科技成果的获得,都离不开实践需要的推动。因此,在实践中思考问题、提出问题、解决问题,是引发灵感的一种好方法。

4. 激情冲动

激情冲动的情况下,可以增强注意力,丰富想象力,提高记忆力,加深理解力,从而使人产生出强烈的、不可遏止的创造冲动。这种自动性,是建立在反复探索的基础之上的。这就是说,激情冲动也可以引发灵感。

5. 判断推理

判断与推理有着密切的联系,这种联系表现为推理由判断组成,而判断的形成又依赖于推理。因此,在科技创新的活动中,对于新发现或新产生的事物的判断,也是引发灵感,形成创造性认识的过程。所以,判断推理也是引发灵感的一种方法。

6. 善于思考

引发灵感最常用的一般方法,就是会用脑、多用脑,即遵循引发灵感的客观规律科学地用脑。要促进灵感的产生,就需要独立思考,遇事多问几个"为什么"、多提出几个"怎么办",因为任何创新项目的完成,都是独立思考和钻研探索的结果,要从事实出发、从需要出发,去思考问题,去探索问题,去寻找新的方法、新的答案,把人脑的创新潜能充分地发挥出来。

由此可见,科学用脑是开发大脑、激发潜能、引发灵感,形成创造性认识的最一般、最普遍适用的方法。上述几种方法,是相互联系、相互影响的。在引发灵感的过程中,不是只用一种方法,有时是以一种方法为主,其他方法交叉运用的。

课堂互动

以苏教版《数学》五年级上册第二单元"梯形的面积"为例,请你设计一些教学片段来培养学生的逻辑思维和非逻辑思维。

小组讨论并思考下面的问题:

(1) 这个教学片段符合逻辑思维的什么规律?

(2) 这个教学片段运用了小学数学哪些常用的逻辑思维素养?

(3) 这个教学片段属于哪种非逻辑思维素养?

(4) 这个教学片段培养了学生哪些方面的逻辑思维和非逻辑思维?

思考与练习

导读:逻辑思维能力通过训练是可以提高的,但只有持之以恒的训练才能真正提高逻辑思维能力。下面是一些训练题,请先独立完成解题过程,然后一起讨论该题中涉及哪些数学逻辑思维。

1. 世界级的马拉松选手每天跑步不超过 6 千米。因此,如果一名选手每天跑步超过 6 千米,他就不是一名世界级马拉松选手。

以下哪项与上文的推理方法相同?

A. 跳远运动员每天早晨跑步。如果有人早晨跑步,则他不是跳远运动员。

B. 每日只睡 4 小时,对身体不利。研究表明,最有价值的睡眠都发生在入睡后第 5 小时。

C. 家长和小孩做游戏时,小孩更高兴。因此,家长应该多做游戏。

D. 某汽车如果早晨能发动,则晚上也可能发动。我们的车早晨通常能发动,同样,它晚上通常也能发动。

E. 油漆三小时之内都不干。如果某涂料在三小时内干了,则不是油漆。

2. 19 世纪有一位英国改革家说,每一个勤劳的农夫,都至少拥有两头牛。那些没有牛的,通常是好吃懒做的人。因此,他的改革方式便是国家给每一个没有牛的农夫两头牛,这样整个国家就没有好吃懒做的人了。

这位改革家明显犯了一个逻辑错误。下列哪项的逻辑错误与该错误相类似?

A. 天下雨,地上湿。现在天下不雨,所以地也不湿。

B. 这是一本好书,因为它的作者曾获诺贝尔文学奖。

C. 你是一个犯过罪的人,有什么资格说我不懂哲学?

D. 因为他躺在床上,所以他病了。

E. 你说谎,所以我不相信你的话;因为我不相信你的话,所以你说谎。

3. 有一天,某一珠宝店被盗走了一块贵重的钻石。经侦破,查明作案人肯定在甲、乙、丙、丁之中。于是,对这四个重大犯罪嫌疑人进行审讯。审讯所得到的口供如下。

甲:我不是作案的。

乙:丁是罪犯。

丙:乙是盗窃这块钻石的罪犯。

丁:作案的不是我。

经查实:这四个人的口供中只有一个是假的。那么,以下哪项才是正确的破案结果?

(A) 甲作案。

(B) 乙作案。

(C) 丙作案。

(D) 丁作案。

(E) 甲、乙、丙、丁共同作案。

(附本章思考与练习答案:1. E   2. D   3. B)

💡 拓展与探究

跟你的小组成员一起,收集并研读一些小学数学逻辑思维训练教材,并对教材中训练的逻辑思维进行分析与评价。

数学解题与小学数学思维素养

 本章内容概述

　　本章主要研究数学解题以及数学解题中的思维素养。第一节主要介绍数学解题相关内容,包括数学解题的内涵、原则、一般程序和一般思路。第二节介绍数学解题中常用的数学思维素养(模型思想、推理思想和抽象思想)的定义、应用以及培养途径。

本章内容结构图

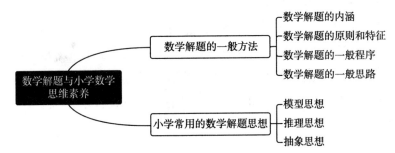

本章学习目标

- ◆ 了解数学解题的内涵。

- ◆ 知道数学解题的一般方法步骤和思路。

- ◆ 能掌握课堂教学中培养学生模型思想、推理思想和抽象思想的途径。

第一节
数学解题的一般方法

一、数学解题的内涵

解题是数学学习的中心,小至一道学生作业中算出答案,大至一项数学技术应用于实际,都叫作解题。数学家的解题通常是创造和发现的过程,教学中的解题则是再创造或再发现的过程,解题教学就是通过典型数学题的学习,去探究解决数学问题的基本规律,学会像数学家那样"思维"。

在数学教学中,解题是一种最基本的活动形式,也是评价学生认知水平的重要手段。[①] 解题的要素包括:定向、控制和调节。定向,是确定思维的意向,即确定思考过程的方向;控制,是控制思维活动内外的信息,删除思维过程中多余和错误的因素;调节,是及时调节思维活动的进程,修改行动的方式和方法,提高思维活动的效率和速度。

二、数学解题的原则和特征

(一)数学解题的原则

解题必须有明确的目的,否则就无法确定解题策略。"如何实现题目的要求"是解题策略的核心。脱离此核心,解题只能漫无目的地"瞎碰乱撞",其策略必然错误,其结果必然失败。

1. 目的性原则

明确的目的性原则,是解题策略应遵循的首要原则。著名数学家希尔伯特曾指出:"没有明确的目的或无目标地去寻求方法,必然是徒劳无益的。"

---

① 李祎.数学教学方法论[M].福州:福建教育出版社,2010.

2. 熟悉化原则

熟悉化原则要求解题策略应有利于把陌生问题定向转化为与之有关的熟悉问题,便于利用我们所熟悉的知识与方法来解决问题。

3. 简单化原则

简单化原则是指解题策略应有利于把较复杂的问题转化为较简单的问题,把较复杂的形式转化为较简单的形式,控制策略的选择,使问题易于解决。

4. 具体化原则

具体化原则要求解题策略能使问题中的各种概念以及概念之间的相互关系具体明确,有利于把一般原则、一般规律应用到问题中,尽可能地将抽象的"式"用具体的"形",或将抽象的"形"用具体的"式"表示,以用于揭示问题的本质来控制策略的选择。

5. 和谐化原则

和谐化原则强调解题策略要利用数学问题的特有性质,如正与反、内与外、分与合等和谐统一的特点,对策略进行恰当的调节,从而建立必要的联系,以利于问题的转化和解决。

6. 全面性原则

全面性原则是指制定解题策略时,针对复杂多变的数学题要多侧面、多角度地分析、思考(包括逆向思维),运用多方面的知识,从各种方案中调节、选取最佳策略。

数学题的构造变化复杂多端,特别是某些综合题,解决问题的思路主线不容易一下就抓住,需要解题者对扑朔迷离的表象进行由表及里、去伪存真的全面审查分析和加工改造,从不同的方向探索,才会顺利解决问题。[1]

(二) 数学解题策略的特征

数学解题策略就是为实现解题目标而采取行动的方式和方法,有助于增强解题效果,提高解题效率。解题策略有四条基本的特征。

第一,普遍的适应性。解题策略的层次较高,适用面较广,并以其全局性的指导意义而区别于具体的解题技巧。

第二,直接的可用性。解题策略是解题思想转化为解题操作的桥梁,完全可以用来求解具体的问题,并以其直接的可用性而区别于抽象的解题思想。

第三,方法的双重性。解题策略介于具体的解题技巧与抽象的解题思想之间。作为方法,一方面它是解题的具体方法;另一方面它又是运用解题方法的方法,寻

---

① 沈文选,杨清桃.数学解题引论[M].哈尔滨:哈尔滨工业大学出版社,2017.

找解题方法的方法,进而创造解题方法的方法。

第四,选择的最优化。如果把解题策略理解为选择与组合的一系列规则,那么这些规则应该具有迅速找到较优解题操作的基本功能,能够减少尝试与失败的次数(或任意性),节省探索的时间,体现出选择的机智和组合的艺术。

解题策略的选择与组合是一种有目的的思维活动,这种活动并不遵循严格的逻辑规则,带有一定程度的猜测性和预见性。但是数学解题策略有其内在规律,包括应遵循的原则、选择与制定的规律及技术摘要等。掌握这些原则及规律,制定恰当的解题策略,就能顺利地、简捷地解题。

三、 数学解题的一般程序

解题程序,是指一个完整的解题过程中应遵循的基本步骤。21世纪伟大的数学教育思想家波利亚,就是围绕"怎样解题""怎样学会解题"来开展数学启发法研究的。他在风靡世界的《怎样解题》一书中给出的"怎样解题表"(见表5-1),运用了"启发法",值得我们借鉴和学习。

表5-1 波利亚的"怎样解题表"

解题阶段	具体做法
弄清问题:你必须弄清问题	① 未知是什么?已知是什么?条件是什么?满足条件是否可能?要确定未知,条件是否充分?是否不充分?是否是多余的?是否是矛盾的? ② 画张图,引入适当的符号。 ③ 把条件的各个部分分开,你能否把它们写下来?
拟定计划:找出已知数与未知数之间的联系。如果找不出直接的联系,你可能不得不考虑辅助问题。你应该最终得出一个求解的计划	① 你以前见过它吗?你是否见过相同的问题而形式稍有不同? ② 你是否知道与此有关的问题?你是否知道一个可能用得上的定理? ③ 看着未知数,试想出一个具有相同未知数或相似未知数的熟悉的问题。 ④ 寻找一个与你现在的问题有关且早已解决的问题。 ⑤ 你能不能利用它?你能利用它的结果吗?你能利用它的方法吗?为了能利用它,你是否应该引入某些辅助元素? ⑥ 你能不能重新叙述这个问题?你能不能用不同的方法重新叙述它? ⑦ 回到定义去。 ⑧ 如果你不能解决所提出的问题,可先解决一个与此有关的问题。你能不能想出一个更容易着手的有关问题?一个更普遍的问题?一个更特殊的问题?一个类比的问题?你能否解决这个问题的一部分?仅仅保持条件的一部分而舍去其余部分,这样对于未知数能确定到什么程度?它会怎样变化?你能不能从已知数据导出某些有用的东西?你能不能想出适合于确定未知数的其他数据?如果需要的话,你能不能改变未知数或数据,或者二者都改变,以使新未知数和新数据彼此更接近? ⑨ 你是否利用了所有的已知数据?你是否利用了整个条件?你是否考虑了包含在问题中的必要的概念?

解题阶段	具体做法
实现计划： 实行你的计划	① 实现你的求解计划，检验每一个步骤。 ② 你能否清楚地看出这一步骤是否正确？你能否证明这一步骤是正确的？
回顾： 验算所得到的解	① 你能否检验这个论证？你能否用别的方法导出这个结果？你能不能一下子看出它来？ ② 你能不能把这一结果或方法用于解决其他的问题？

正如表 5-1 所示，该表就"怎样解题""教师应教学生做些什么"等问题，把"解题中典型有用的智力活动"，按照正常人解决问题时思维的自然过程分成四个阶段：弄清问题、拟定计划、实现计划、回顾，从而描绘出解题理论的一个总体轮廓，也组成了一个完整的解题教学系统。

四个阶段是一个宏观解题程序，其中"实现计划"虽为主体工作，但较为容易完成，是思路打通之后具体实施信息资源的逻辑配置；"弄清问题"是认识问题并对问题进行表征的过程，是成功解决问题的必要前提；"回顾"是最容易被忽视的阶段，波利亚将其作为解题的必要环节而固定下来，是一个有远见的做法；在整个解题表中，"拟定计划"是关键环节和核心内容。

"拟定计划"的过程是在"过去的经验和已有的知识"基础上，探索解题思路的发现过程，波利亚的建议是分两步走：第一步，努力在已知与未知之间找出直接的联系（模式识别等）；第二步，如果找不出直接的联系，就对原来的问题做出某些必要的变更或修改，引进辅助问题。波利亚又进一步建议：看着未知数，回到定义去，重新表述问题，考虑相关问题，分解或重新组合，思考特殊化、一般化、类比等，努力变化问题。这实际上是阐述和应用解题策略并进行资源的提取与分配。

四、数学解题的一般思路

解题思路是指学生通过思考，把内心的想法用准确、规范的数学语言，有根据、有条理地表达出来的一种学习方式。解决数学问题要面对多种数量关系，教师要根据教学内容，对多种数量关系进行对应分析，引导学生快速梳理思路，并在归纳总结和提炼中形成教学启发点。

下面从三种不同的题型入手，分析不同题型中数学解题的一般思路。

（一）选择题

1. 剔除法

利用已知条件和选项所提供的信息，从四个选项中剔除三个错误答案，从而达到正确选择的目的。这是一种常用的方法,尤其是答案为定值,或者有数值范围时,取特殊点代入验证即可排除。

例题5-1:暑假期间,万蔡园的门票八折优惠,现在购买一张需96元,原价每张(　　)元。

A. 120　　　　B. 100　　　　C. 76.8　　　　D. 480

解析:因优惠后门票为96元,原来门票肯定比96元多,排除C选项;因为只是八折优惠,则原门票接近96元,故排除D选项;B选项100元的八折优惠为80元较易计算,故排除B选项;最终筛选出选项A为正确答案。

2. 特殊值检验法

对题目中出现的字母或未知量取具体的数值,代入有关代数式进行计算,快速求出代数式的值。这种方法有独到之处,应对一些不需要计算过程的题目有一定特效。

例题5-2:长方形的长扩大到原来的4倍,宽扩大到原来的3倍,那面积扩大(　　)倍。

A. 4　　　　B. 3　　　　C. 12　　　　D. 7

解析:题目中长方形的长、宽都是未知数,不妨假设长方形原来的长为3,宽为2,此时它的面积是$3×2=6$。长扩大到原来的4倍后由3变成12,宽扩大到原来的3倍后由2变成6,这时它的面积是$12×6=72$。它的面积扩大了$72÷6=12$倍。所以正确答案为C。

3. 等量关系法

等量关系法,即对题干是"××是(或为、占、相当于等)××的几倍(或几分之几)","××比××的几倍(或几分之几)多(或少)××"的题目时,可以将题目中的"是""为""占""相当于""比"等字眼看成"="号,列出等量关系式进行推导。

例题5-3:果园里种了400棵荔枝树,比龙眼树棵数的2倍多50棵,龙眼树有多少棵?设龙眼树有x棵,下面的方程中,正确的是(　　)。

A. $(400-x)×2=50$　　　　B. $2x-400=50$

C. $2x-50=400$　　　　D. $2x+50=400$

解析:该题中将"比"看成"="号,按题意列出等量关系式为荔枝树棵数=龙眼树棵数×2+50,即$400=2x+50$,可马上选出正确答案为D。①

①　黄燕如.小学数学选择题解题技巧方法探讨[J].新课程(中),2019(6):90-91.

4. 顺推破解法

顺推破解法是利用数学定理、公式、法则、定义和题意,通过直接演算推理得出结果的方法。

例题 5-4:从 0、1、2、5、8 中选择三个数字,组成一个最大的三位数,使它既是 2 的倍数,又是 5 的倍数,这个数是(　　)。

A. 520　　　　　B. 852　　　　　C. 851　　　　　D. 850

解析:分析题意,四个选项均是从 0、1、2、5、8 中选择三个数字所组成的三位数,题目中要求组成的三位数既是 2 的倍数,又是 5 的倍数,此数的特点是末位一定是 0。对比四个选项,只有 A 和 D 符合要求,而且要最大,因此对比出正确答案,应选 D。

5. 逆推验证法

逆推验证法是将选项代入题干进行验证,从而否定错误选项而得出正确答案的方法。

例题 5-5:(　　)是方程 $10-2x=7$ 的解。

A. $x=7.8$　　　B. $x=3$　　　C. $x=1.5$　　　D. $x=2.3$

解析:此题涉及 $2x$ 作为减数,是小学生解决简易方程存在的难点,直接解方程,学生容易出错。将选项的四个答案依次代入原题,可得正确答案为 C。亦可先分析题意,因题目中被减数 10 和差 7 均是整数,可判断 $2x$ 应为整数,所以答案应是 B 或 C,依次代入即可得正确答案为 C。

6. 正难则反法

从题的正面解决比较难时,可从选项出发逐步逆推找出符合条件的结论,或从反面出发得出结论。

例题 5-6:用 3 个棱长 2 dm 的正方体拼成一长方体,这个长方体的表面积是(　　)。

A. 48 dm^2　　　B. 68 dm^2　　　C. 56 dm^2　　　D. 72 dm^2

解析:如果用常规思维,需依次计算出拼成长方体的长、宽、高,然后计算出各个面的面积再相加,费时费力。如果采用正难则反法,原来三个正方体有 18 个正方形面,拼成长方体后表面积减少 4 个面,即剩下 14 个正方形面,每个正方形的面积为 4 dm^2,所以 14 个面的面积之和为 56 dm^2,即可选出 C 选项。

7. 数形结合法

由题目条件,做出符合题意的图形或图像,借助图形或图像的直观性,经过简单地推理或计算,从而得出答案。

数形结合的好处就是较直观,甚至可以用量角尺直接量出结果来。

例题 5-7:一个石英钟的分针尖端到钟面中心的距离是 20 厘米。该分针转动一周,它的尖端走过的路程是(　　)厘米。

　　A. 12.56　　　　　B. 1 256　　　　　C. 62.8　　　　　D. 125.6

解析:圆的周长与面积是小学生容易混淆的概念,如果学生能根据题目画出简单示意图(见图 5-1),理解分针尖端走过的路程为半径为 20 厘米的圆的周长,即 $3.14×2×20=125.6$,则可选出正确选项为 D。

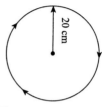

图 5-1　示意图(1)

8. 递推归纳法

通过题目条件进行推理,寻找规律,从而归纳出正确答案的方法。

例题 5-8:将 1,2,3,…,按图 5-2 排列,在"2"处转第一个弯,在"3"处转第二个弯,在"5"处转第三个弯,…,在(　　)处转第十一个弯。

　　A. 37　　　　　　　　　　　　B. 31

　　C. 43　　　　　　　　　　　　D. 30

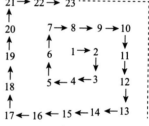

解析:此题属于找规律的题目,观察图中的数字,这些数字围成了一个类似正方形的图形,从里到外,这个图形的每条边的长度依次是 1,1,2,2,3,3,4,4,5,5,…,

图 5-2　示意图(2)

在"2"处转第一个弯,在"2+1=3"处转第二个弯,在"3+2=5"处转第三个弯,在"5+2=7"处转第四个弯,因此可以归纳出在"7+3+3+4+4+5+5+6=37"处转第十一个弯。选出正确选项为 A。

9. 估值选择法

有些问题由于题目条件限制,无法(或没有必要)进行精准运算,此时只能借助估算,通过观察、比较、推算,给出正确判断。

例题 5-9:学校生物园种了 20 棵苹果树,成活了 19 棵,成活率是(　　)。

　　A. 105%　　　　B. 20%　　　　C. 19%　　　　D. 95%

解析:分析题意,易知成活率应是 $\frac{19}{20}$,只有 1 棵苹果树没有存活,估算数值范围应是小于 100%且接近 100%,易得 D 选项为正确答案。

(二) 填空题

1. 直接法

这是解填空题的基本方法,它是直接从题设条件出发,利用定义、定理、性质、公式等知识,通过变形、推理、运算等过程,直接得到结果。

例题 5-10:一个两位数,既是奇数,又是合数,这个数最小是(　　),把这个数分解质因数是(　　)。

解析:解这道题必须要理解"奇数""偶数""质数""合数"的概念,掌握分解质因数的方法,从而得出,既是奇数又是合数的最小两位数是15,分解质因数为 $15＝3×5$。

2. 特殊化法

当填空题的结论唯一或其值为定值时,我们只需把题中的参变量用特殊值(或特殊函数、特殊角、特殊数列、图形特殊位置、特殊点、特殊方程、特殊模型等)代替,即可得到结论。

例题 5-11:已知甲比乙多 25%,则乙比甲少(　　)%。

解析:根据条件"甲比乙多 25%",确定单位"1"是"乙",并且写出等量关系式:甲＝乙＋乙×25%。我们给"乙"一个定值,在这里我们不妨设定"乙＝1",则甲＝1＋1×25%＝1.25。因为甲＝1.25,乙＝1,有(1.25－1)÷1.25＝20%,所以乙比甲少 20%。

3. 数形结合法

借助图形的直观性,通过数形结合,迅速做出判断,文氏图、三角函数线、函数的图像及方程的曲线等,都是常用的图形。

例题 5-12:男生人数占全班人数的 $\frac{4}{9}$,女生人数与男生人数的比是(　　),男生人数是女生人数的(　　)%。

解析:此题可借助线段图更好地理解分析,从图 5-3 中可以清楚看出,男生人数占 4 份,女生人数占 5 份,因此女生人数与男生人数的比是 5∶4,男生人数是女生人数的 $\frac{4}{5}$,即 80%。[①]

---

① 温世勇.认真分析、推理,准确判断、计算——浅谈小学数学综合复习的填空题解法[J].小学教学参考,2008(C4):86.

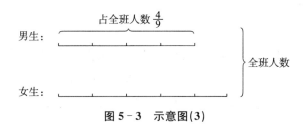

图 5－3　示意图(3)

4. 等价转化法

通过"化复杂为简单、化陌生为熟悉",将问题等价转化成便于解决的问题来得出正确结果。

例题 5－13:一篮鸡蛋有若干个,若两个两个地数,余一个;三个三个地数,余两个;五个五个地数,余四个。篮中至少有(　　　)个鸡蛋。

解析:不妨设想再多放一个鸡蛋,那么原来的问题就转化成另一个问题:"一篮鸡蛋有若干个,若两个两个地数,三个三个地数,五个五个地数恰好都没有剩余。篮中至少有多少个鸡蛋?"这个问题就不难解答,这时篮内至少有 $2 \times 3 \times 5 ＝30$ (个)鸡蛋。去掉设想时放入的一个,则原问题也就解决了,即至少有 $30 － 1 ＝29$ (个)鸡蛋。

(三) 解决实际问题(应用题)

1. 和差问题

已知两个数的和与差,求这两个数的应用题,叫作和差问题。基本关系式是:

　　　(和－差)÷2＝较小数　　　(和＋差)÷2＝较大数

例题 5－14:一个两层书架共放书 72 本,若从上层拿出 9 本给下层,上层还比下层多 4 本,上下层各放书多少本?

解析:因为后来上层还比下层多 4 本,所以上层一共比下层多的本数:$2 \times 9 ＋4 ＝22$ (本),共 72 本,减去上层比下层多的数量,就是上下一样多的本数了:$72 － 22 ＝50$ (本);$50 ÷ 2 ＝25$ (本)。所以下层为 25 本,上层为 $25 ＋22 ＝47$ (本)。

2. 差倍问题

已知两个数的差及两个数的倍数关系,求这两个数的应用题,叫作差倍问题。基本关系式是:

　　　　　　两数差÷倍数差＝较小数

例题 5－15:某班男生比女生多 10 人,如果女生转走 5 人,男生人数正好是女生人数的 2 倍,问该班有男生多少人?

解析:男生比女生多 10 人,如果女生转走 5 人,男生就比女生多 10＋5＝15 (人)。而这时男生是女生的 2 倍,即多出的 15 人正好是女生人数的 1 倍,即现有女生人数就是 15 人,再根据相应条件求出男生人数。列式即 10＋5＝15(人),15× 2＝30(人),因此男生有 30 人。

3. 还原问题

已知一个数经过某些变化后的结果,求原来的未知数的问题,叫作还原问题。还原问题是逆解应用题。一般根据加、减法和乘、除法的互逆运算关系,由题目所叙述的顺序,倒过来逆顺序思考,从最后一个已知条件出发,逆推而上,求得结果。

例题 5-16:某数减去 2,乘以 9,再加上 3,最后除以 4,结果等于 12。求这个数是多少?

解析:通过读题我们可以发现某数经过减去 2,乘以 9,加上 3,除以 4,这四步有序的运算后结果等于 12,要想求出某数,我们只需要将其运算过程从结果开始逆向运算即可。列式:(12×4－3)÷9＋2,算出答案是 7,即这个数是 7。

4. 置换问题

题中有两个未知数,常常把其中一个未知数暂时当作另一个未知数,然后根据已知条件进行假设性运算。其结果往往与条件不符合,再加以适当调整,求出结果。

例题 5-17:20 千克苹果与 30 千克梨共计 132 元,2 千克苹果的价钱与 2.5 千克梨的价钱相等。求苹果和梨的单价各是多少?

解析:2 千克苹果的价钱与 2.5 千克梨的价钱相等,则 20 千克苹果相当于 25 千克梨,这样就把两种数量转化为一种数量了,先计算梨的单价是:132÷(25＋30) ＝2.4(元),其余的计算就容易了。

5. 盈亏问题(盈不足问题)

题目中往往有两种分配方案,每种分配方案的结果会出现多(盈)或少(亏)的情况,这类问题叫作盈亏问题(也叫作盈不足问题)。

解答这类问题时,应先将两种分配方案进行比较,求出由于每份数的变化所引起的余数变化,从中求出参加分配的总份数,然后根据题意,求出被分配物品的数量。其计算方法如下。

(1) 当一次分配有余数,另一次分配不足时:总份数＝(余数＋不足数)÷两次分配中每份数的差。

例题 5-18:给幼儿园小朋友分苹果,若每人分 3 个就余 11 个;若每人分 4 个就少 1 个。问有多少个小朋友? 多少个苹果?

解析:按照"参加分配的总人数=(盈+亏)÷分配差"的数量关系,可以列式先求出有小朋友多少人,即(11+1)÷(4-3)=12(人),再算出有多少个苹果,即 3×12+11=47(个)。

(2) 当两次分配都有余数时:总份数=(较大余数-较小余数)÷两次分配中每份数的差。

例题 5-19:晶晶读一本故事书,原计划若干天读完。如果每天读 11 页,可比原计划提前 2 天读完;如果每天读 13 页,可比原计划提前 4 天读完。求原计划多少天读完?

解析:已知如果每天读 11 页,可比原计划提前 2 天读完,就是说,如果继续读 2 天的话,还可以多读 11×2=22(页);又知如果每天读 13 页,可比原计划提前 4 天读完,就是说,如果继续读 4 天的话,还可以多读 13×4=52(页)。两种情况,虽然都可以多读,但是它们之间有差别。在一定的日期之内,第二种方法比第一种方法多读 52-22=30(页)。为什么能多读 30 页呢? 就是因为每天多读 13-11=2(页)。由于每天多读 2 页,结果一共可以多读 30 页。30÷2=15(天),原计划 15天读完。

(3) 当两次分配都不足时:总份数=(较大不足数-较小不足数)÷两次分配中每份数的差。

例题 5-20:钢笔与圆珠笔每支价格相差 1 元 2 角,小明带的钱买 5 支钢笔差 1元 5 角,买 8 支圆珠笔多余 6 角。问小明带了多少元钱?

解析:此题的关键在于条件转换,要么都转换成钢笔,要么都转换成圆珠笔;买5 支钢笔差 15 角,买 8 支钢笔差 12×8-6=90 角,这是双亏;份数差是 8-5=3(支),总差是 90-15=75(角),就是说多买 3 支钢笔,就多差 75 角;这样可求出 1支钢笔多少钱,继而求出小明带了多少元钱。

钢笔的价钱:[(12×8-6)-15]÷(8-5)=75÷3=25(角)

小明带的钱数:25×5-15=125-15=110(角)=11(元)

6. 年龄问题

年龄问题的主要特点是两人的年龄差不变,而倍数差却发生变化。常用的计算公式是:

(1) 成倍数时小的年龄=大小年龄之差÷(倍数-1);

（2）几年前的年龄＝小的现在年龄－成倍数时小的年龄；

（3）几年后的年龄＝成倍数时小的年龄－小的现在年龄。

例题 5-21：李刚今年 11 岁，他爸爸今年 43 岁，几年后，爸爸的年龄是李刚年龄的 3 倍？

解析：因为李刚与爸爸的年龄差 43－11＝32（岁）不变，所以几年以后可以把李刚的年龄看作 1 的倍数。已知爸爸的年龄是李刚的 3 倍，即可先求出李刚几年后的年龄，再与现在的年龄相减，求出最后问题。列式：(43－11)÷(3－1)，算出答案 16，16－11＝5（年），因此 5 年后爸爸的年龄是李刚年龄的 3 倍。

7. 鸡兔同笼问题

已知鸡兔的总只数和总足数，求鸡兔各有多少只的一类应用题，叫作鸡兔同笼问题，也叫"龟鹤问题""置换问题"。一般先假设都是鸡（或兔），然后以兔（或鸡）置换鸡（或兔）。常用的基本公式是：

（1）（总足数－鸡足数×总只数）÷每只鸡兔足数的差＝兔数

（2）兔子只数＝（总腿数－总头数×2）÷2；

　　　鸡的只数＝（总头数×4－总腿数）÷2；

（3）（兔足数×总只数－总足数）÷每只鸡兔足数的差＝鸡数

例题 5-22：鸡兔同笼，一共有 18 个头，46 只脚，那么鸡有多少只，兔有多少只？

解析：可以用上面所提到的公式（2）快速解题，根据"兔子只数＝（总腿数－总头数×2）÷2"，得到兔子有(46－18×2)÷2＝5（只）；根据"鸡的只数＝（总头数×4－总腿数）÷2"，可以得到鸡有(18×4－46)÷2＝13（只）。

此外，也可以用分析的方法解题。先设全是鸡或者兔，那么 18 个头就是 18 只鸡，一只鸡两只脚，那么就是 18×2＝36 只脚，可是一共是 46 只脚，少了 46－36＝10 只脚，这 10 只脚就是兔子多出来的，一只兔子比一只鸡多 4－2＝2 只脚，那么 10 只脚就是 10÷2＝5 只兔子，那么鸡就是 18－5＝13 只。

8. 公因数、公倍数问题

运用最大公因数或最小公倍数解答的应用题，叫作公因数、公倍数问题。

例题 5-23：一袋糖果，平均分给 8 个小朋友能正好分完，平均分给 10 个小朋友也能正好分完，请问这袋糖果至少有多少颗？

解析："平均分给 8 个小朋友能正好分完"可得出糖果数量是 8 的倍数，"平均分给 10 个小朋友也能正好分完"，可得出糖果数量又是 10 的倍数，因此糖果数量是 8

和 10 的公倍数。"请问这袋糖果至少有多少颗",其实就是求 8 和 10 的最小公倍数。用短除法或列举法得到 8 和 10 的最小公倍数是 40,所以这袋糖果至少有 40 颗。

9. 分数应用题

用分数计算来解答的应用题,叫作分数应用题,也叫分数问题。分数应用题一般分为三类,其中每一类别又分为两种:一般分数应用题和较复杂的分数应用题。

(1) 求一个数是另一个数的几分之几。

例题 5-24:苹果有 5 个,桃子有 7 个,问苹果的个数是桃子个数的几分之几?

解析:列式 $5 \div 7 = \frac{5}{7}$,因此苹果的个数是桃子个数的 $\frac{5}{7}$。

(2) 求一个数的几分之几是多少。

例题 5-25:袋子里有苹果和桃子两种水果,苹果有 15 个,桃子的个数是苹果的 $\frac{1}{3}$,问桃子有多少个?

解析:根据"桃子的个数是苹果的 $\frac{1}{3}$"列式,即 $15 \times \frac{1}{3} = 5$(个),故桃子有 5 个。

(3) 已知一个数的几分之几是多少,求这个数。

例题 5-26:袋子里有苹果和桃子两种水果,桃子有 5 个,桃子的个数是苹果的 $\frac{1}{3}$,问苹果有多少个?

解析:苹果个数的 $\frac{1}{3}$ 等于 5,那么苹果有 $5 \div \frac{1}{3} = 15$(个),因此苹果有 15 个。

10. 工程问题

它是分数应用题的一个特例,是已知工作量、工作时间和工作效率三个量中的两个,求第三个量的问题。解答工程问题时,一般要把全部工程看作"1",然后根据下面的数量关系进行解答。

(1) 工作效率×工作时间=工作量;

(2) 工作量÷工作时间=工作效率;

(3) 工作量÷工作效率=工作时间。

例题 5-27:一项工程,甲单独做 10 天完工,乙单独做 15 天完工,两人合作几天完工?

解析:把这项工程看作"1",列式 $1 \div \left(\frac{1}{10} + \frac{1}{15} \right)$,脱式计算解答,得到答案是 6 天。

11. 过桥问题

从车头上桥,到车尾离开桥,求所用的时间。路程＝桥长＋列车长度,见图 5-4。

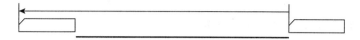

图 5-4 示意图(4)

例题 5-28:以同一速度行驶的一列火车,经过一根有信号灯的电线杆用了 9 秒,通过一座 468 米长的铁桥用了 35 秒,求这列火车的长度是多少?

解析:火车行驶一个车身长的路程用时 9 秒,行驶 468 米长的路程用时 35-9 ＝26(秒),所以火车长 468÷26×9＝162(米)。

12. 流水问题

流水问题是行程问题中比较特殊的一种类型,主要研究船在"流水"中航行的问题。

(1) 船速＋水速＝顺流速度;

(2) 船速－水速＝逆流速度;

(3) 船速＝(顺水速度＋逆水速度)÷2;

(4) 水速＝(顺水速度-逆水速度)÷2。

例题 5-29:甲、乙之间的水路是 234 千米,一只船从甲港到乙港需要 9 小时,从乙港返回甲港需要 13 小时,问船速和水速各为每小时多少千米?

解析:从甲到乙的顺水速度:234÷9＝26(千米/小时);

从乙到甲的逆水速度:234÷13＝18(千米/小时);

船速是:(26＋18)÷2＝22(千米/小时);

水速是:(26-18)÷2＝4(千米/小时)。

13. 线上植树问题,求植树的株数

(1) 在封闭的线上植树时,

路长＝株距×株数;株距＝路长÷株数;株数＝路长÷株距。

例题 5-30:学校圆形花坛周长 36 米,每隔 4 米摆一盆花,一共需要摆多少盆花?

解析:圆形为封闭路线问题,因此列式 36÷4＝9(盆)。

(2) 在不封闭线上植树(两端都植树)时,

路长＝株距×(株数－1);株距＝路长÷(株数－1);株数＝路长÷株距＋1。

例题 5-31：学校一条 36 米长的路的一边要栽树，每隔 4 米栽一棵树，首尾都要栽，一共需要栽多少棵树？

解析：路边为不封闭路线问题，因此列式 $36÷4＋1＝10$（棵）。

14. 面上植树问题，求植树的株数

（1）当长方形土地的长、宽分别能被株距、行距整除时，

行距×株距＝每株植物的占地面积；

土地面积÷每株植物的占地面积＝株数。

例题 5-32：一个长 84 米，宽 54 米的长方形苹果园中，苹果树的株距是 2 米，行距是 3 米。这个苹果园共种苹果树多少棵？

解析：先求出这块地的面积是多少平方米，$84×54＝4\ 536$（平方米）；再算出一棵苹果树占地多少平方米，$2×3＝6$（平方米）；最后求出这块地能种苹果树多少棵，$4\ 536÷6＝756$（棵）。

（2）当长方形土地的长、宽不能被株距、行距整除时，可以按线上植树问题来解题。

例题 5-33：一个长 84 米，宽 55 米的长方形苹果园中，苹果树的株距是 2 米，行距是 3 米，这个苹果园共种植苹果树多少棵？

解析：先求出一行能种多少棵，$84÷2＝42$（棵）；再算出这块地能种苹果树多少行，$55÷3＝18$（行）……1（米）；多余的 1 米×84 米的长方形苹果园里不能种树，只能空着，最后算出这块地共种苹果树 $42×18＝756$（棵）。

如果株距、行距的方向互换，结果相同：$84÷3＝28$（棵），$55÷2＝27$（行）……1（米），多余的 1 米×84 米的长方形里不能种树，只能空着，最后算出这块地共种苹果树 $28×27＝756$（棵）。

第二节
小学常用的数学解题思想

一、模型思想

(一)模型思想的概念

对于数学模型的定义,目前并没有统一的说法。一般来说,我们将用字母、数字、其他数学符号建立等式或不等式、图表、图像、框图等的数学结构表达式叫作数学模型,对数学结构进行数学运算并获得答案的过程即为数学建模。

数学模型思想和数学建模是密切联系在一起的,在实际的小学数学教学中,可以把一些公式、概念、算法、定律等看成数学模型,而建立这些公式、概念、算法、定律等的过程就隐含了模型思想。[①] 教师在数学模型思想的融入过程中,应当注重学生实际能力的提升,引导学生基于现实情况来构建数学模型,激发学生的数学学习兴趣,能够用所学的数学知识切实地解决生活中遇到的问题,真正做到学以致用。[②]

(二)小学数学教学中融入数学模型思想的重要意义

第一,培养数学意识。在数学模型设计时将生活中的实际问题进行归纳与简化,融入课堂教学中,能够在潜移默化中逐渐增强学生善于发现实际生活中各种数学问题的数学意识,增强学生的数学应用能力。

第二,提升数学素养。数学素养是指通过自身的实践活动,掌握数学知识、数学技能的一种综合素质。小学阶段是培养学生数学素养的关键时期。数学建模可以让学生掌握基本技能、思想方法和观念,还能够获得相关的经验,让学生的数学思维素养得到全面提升。

[①]　高锦琴.在小学数学课堂中渗透数学模型思想[J].教学管理与教育研究,2021,6(2):77-78.
[②]　孙彦瑾.数学模型思想融入到小学数学教学的策略研究[J].科学咨询(教育科研),2020(9):288.

第三,增强数学兴趣。运用数学模型可以将生活中的常识简化并与数学知识进行紧密结合,使得抽象的数学知识更加具体化、生动化,让学生明确学习的目标和重要作用,提高学生学习数学的兴趣。

(三) 小学数学教学中培养学生模型思想的主要策略

小学教学的改革力度不断加大,对学生的培养目标也发生了显著变化。小学教师要创新教学法及教学方式,积极运用模型思想,培养学生的逻辑思考及发散性思考,提高学生的学习能力。

1. 创设情境,感知数学模型思想

数学建模时,教师应该深入了解学生的实际特点,根据教材内容和学生生活实际营造相应的情境,让学生将已有的生活体验与数学场景紧密结合,快速将生活问题抽象为数学问题,使实际问题数学化,促进学生数学思维的有效开发。

例如,在讲解"梯形的面积"这一课时,教师可以让学生对生活中常见的梯形进行分析,总结梯形的特点并且说明梯形的具体用途,让学生对知识进行归纳与总结,增强学生学习的主动性和积极性,提高学生归纳总结的能力。

2. 参与探究,主动构建数学模型

构建数学模型应该选择学生比较熟悉的问题进行分析。例如,在讲解"三角形的认识"这一课时,教师就可以让学生从家里带一些三角形的玩具,以小组合作的方式来探究三角形的主要特点,然后根据特点判断三角形的具体特征,在教学时积极引导学生进行自主探究、合作交流,使他们主动参与数学建模。

例如,"认识比"这一课,学生在日常生活中发现足球比赛分数从0∶0到2∶0,当学生了解"比例"的含义时,会知道比例的后项不能为"0",这时就会出现问题。比例的后项不能是0,但为什么足球赛的结果可以是2∶0呢?因为这里的比和数学的比例是不一样的。释义是两队之间得分比较,没有任何比例关系,所以也不存在比例后项不为0的问题。因此,在探究新知识时,教师必须提供给学生提问的机会,让学生思考。

3. 解决问题,拓展应用数学模型

建立数学模型,能够让学生从生活中的问题感受数学模型的价值与乐趣。在讲解"王大叔用22根1米长的木条围一个长方形花圃,怎样围面积最大"这一问题时,教师可以让学生利用抽象归纳的方式去建造数学模型,用小棒摆一摆、围一围。最后得出结论:围出长方形的周长相等但面积却并不相同,而周长相等时长宽数据越接近,则面积也就越大。根据这一规律有效解决生活中的实际问题。在培养学生的数学建模能力时,应当让学生深入感悟数学模型,逐步认识数学模型的工具性。

二、推理思想

(一)推理思想的概念

所谓推理思想就是应用推理去探究问题、分析现象、解决问题。从一个或多个已有的判断获得新的判断的思维形式就是推理。演绎推理与合情推理是推理的两种形式。一般来说,探索思路并获得结论是合情推理,证明结论则需要运用演绎推理。三段论、选言推理、假言推理、关系推理等是演绎推理最常用的几种形式。归纳推理与类比推理则是合情推理过程中最常用的形式。

合情推理,尤其是归纳推理,在小学数学中的应用比比皆是。数、运算、图形等的性质以及规律的认识过程中都会用到归纳推理,为学生创造探索与发现的空间并使学生能够在已有知识、经验、想象力的基础上进行发现与创造,就是合情推理运用的价值所在。

传统教学中,数学教师一般都较重视学生对基础知识的掌握和提升他们的运算能力,但常忽略了培养学生逻辑推理的重要性。很多教师甚至认为逻辑推理这一过程非常难,与小学生能力不相匹配,不用重点关注。这种狭隘的理解限制了学生数学思维的发展。作为新时代的数学教师,我们要走出这种偏见,重新关注学生推理思想的发展。①

(二)三种推理思想

1. 合情推理

合情推理要求学生具备预判与猜测能力,并且敢于探索,使课堂教学氛围活跃性不断增强,全面提升小学数学课堂教学的质量与效率。② 教师在教学过程中,应设计适当的学习活动,引导学生通过观察、尝试、估算、归纳、类比、画图等活动发现规律,猜测某些结论,发展合情推理能力;通过实例使学生逐步意识到,结论的正确性需要演绎推理的确认,可以根据学生的年龄特征提出不同程度的要求。

作为教师该如何培养学生的合情推理能力呢?

(1)创设问题情境,鼓励学生猜想。

问题情境是小学数学常用的教学策略之一,让学生通过思考和猜想对问题进

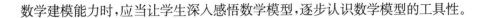

① 杨龙珠.核心素养视角下"推理思想"的教学思考与实践探索[J].考试周刊,2020(34):100-101.
② 苏福源.核心素养背景下小学数学合情推理能力的培养策略分析[J].考试周刊,2021(13):57-58.

行主动探究,从中得到合理假设结论。如"乘法交换律、结合律"这一课是在"加法交换律、结合律"的基础上完成的。教学中,教师需将合理的推理素材提供给学生,然后引导学生对已经学过的加法交换律进行复习,提出如何阐述乘法交换律、如何合理验证自己的猜想等问题。有了问题引导,学生可依据加法交换律的表达,推理出乘法交换律的表达,最后通过问题验证,得到乘法交换律的准确表达。教材中关于此类问题比较多,要求教师创设恰当的问题,培养学生的合理推理能力。

(2)探索与总结数学规律。

生活中充满了数学规律。苏教版四年级下册"找规律"一课中,让学生对教材主题图中的人、物排列规律进行观察,合情推理接下来出现的图像。这需要教师对教材中蕴含的合情推理思想进行深入挖掘,让学生通过合情推理发现数学规律。

在发现数学规律的基础上,还应培养学生总结数学规律的能力。如在"找规律"一课的延伸中,引入"植树问题",可让学生通过观察、类比、猜测,对"种在点上"的规律进行发现,进而对在线段上植树的规律进行探索,掌握树与树之间的间隔、种了几棵树等的关系。在此基础上,可通过锯木头、装路灯等问题,对学生的掌握情况进行考查。这一教学方法的应用,能够让学生参与到问题解决的过程中,通过合情推理对相关规律进行总结。

(3)通过探索活动培养学生的推理能力。

在小学数学教学中,通过探索活动能够使学生获得诸多新的发现,如在讲授实物体积测量方法、圆的周长与面积公式时,可通过探索活动让学生掌握相关知识。如"圆的面积"教学中,教师先对学生进行引导,让学生将圆剪成若干偶数等份,得到多个类似等腰三角形的纸片,再让学生将纸片组一组、拼一拼。通过实践,学生可发现纸片近似长方形、平行四边形等图形,从而利用长方形面积公式,对圆的面积公式进行推理。在实践中,学生通过多途径、多方法,对知识形成的本质过程进行探索,能够使其合情推理能力得到培养。①

2. 归纳推理

归纳推理亦称或然推理。波利亚在《怎样解题》中说:"归纳是通过观察和组合特殊的例子来发现普遍规律的过程。""观察"是感知事物的直观操作方式,"组合"是对内在思想的组合,是进行数学发现或发明的基本方式。史宁中教授这样描述归纳推理的定义:"从经验和概念出发,按照某些法则进行的、前提与结论之间有着

---

① 王建永.小学生数学合情推理能力培养的教学策略探究[J].新课程,2020(40):208.

或然联系的推理。"①

数学知识内部本身存在很多规律、性质,有着很多奥秘。我们在教学过程中要善于引导学生观察、猜想、验证、推理,让学生发现自己未掌握的知识。教学中恰当地运用归纳推理,探索解题规律,有利于培养学生的创造能力,提高学生解决问题的能力。②

(1) 在分析学习中初步培养归纳推理能力。

归纳推理能力的培养不是刻意的教学行为,而是有机地渗透在一些合适的数学内容的教学之中。其既需要教师结合实际教学内容,有意识地渗透归纳推理思想,也需要教师创设合适的学习情境,让学生把大量的感性知识、学习表象等抽象出规律,形成数学概念。

教师应提供丰富的实例学习,让学生在实例分析思考中初步培养归纳推理能力。比如,在一年级"100 以内数的认识"教学中,教师就可以创设一些有趣味的训练题,引导学生在分析解决问题中发现数学规律。

1, 3, 5, 7, 9, (　　), (　　)……

2, 4, 6, 8, 10, (　　), (　　)……

首先,指导学生自主观察这两行数列,努力探寻隐藏在数列中的数学规律。其次,引导学生交流自己的学习感思,分享自己对两行数列构成的理解。有的学生认为,第一行数是单数,第二行数是双数。所以第一行接着写下去是 11,13,15 等,第二行接着写下去是 12,14,16 等。还有学生认为可以把两行数连在一起看:上面 1,下面 2,再转过来上面是 3,下面是 4……所以 10 转过来上面是 11,下面是 12,再接着上面 13,下面 14;上面 15,下面 16……

案例中,学生应用自己的知识经验,从不同的角度解读这两行数,让这个练习多了一些趣味,也释放出理性的光芒。

此外,教师还应引导学生进行必要的观察分析,并在此基础上对数学对象进行分类,从而发现特点,探寻出规律。

观察下面的 3 个算式,找出规律,再仿照写出 3 个算式。

23－14＝　　　　35－26＝　　　　65－56＝

第一步,指导学生进行对应的口算,让他们从计算结果中发现规律:这些减法

---

① 宗丽颖.归纳推理的内涵价值及教学策略[J].课程教育研究,2020(16):238-239.

② 郭祥兴.小学数学教学中归纳推理例谈[J].小学数学教育,2014(9):24,32.

算式的差都是 9。第二步,引导学生解析每一个算式,探索算式的内在规律。学生会在计算与比较分析中发现,它们都是 100 以内的数相减,其中被减数十位上的数字比减数十位上的数字大 1,被减数个位上的数字比减数个位上的数字小 1。学生在发现这一特点的同时,归纳推理也就完成了。他们依此规律,就能很容易地推理出更多的符合这一特点的算式。

当学习到这里,学生对于归纳推理思想的掌握就已初见成效。要发展孩子们的归纳推理能力,就要让他们在不同层面的实战中学会分析,学会比较,学会思考,最终能在解答实际问题中接受归纳推理数学思想的熏陶,并将其逐步发展成为自己的学习能力。

(2)在问题解决中逐步深化归纳推理意识。

一是创设具有挑战性的问题情境,让学生在分析思考中学习初步的归纳与推理。比如,为帮助学生更好地提炼出"一部分量＋另一部分量＝总休的量"这一数量关系,教师要引导学生在一个个实例训练中积累感知,最终使之成为一种数学思维模型,成为解决相关问题的有效武器。

学校图书室运来了新图书 8 包和零散的书 10 本,每包 25 本。现在把这些图书平均分发给六年级 7 个班的学生,每个班级可以领到多少本图书?

这个问题对于小学三年级的学生来说有一定难度,需要教师善于设计问题情境,引发学生积极的学习思考。"看到问题,你想到的数量关系是什么?"学生会根据学习的体会,明白平均每个班级得到的图书应该等于图书的总本数除以班级数,而图书的总本数应该等于 8 包图书的本数加上零散的 10 本。学生就会自觉地联想到"部分＋部分＝整体"的模型,使整个问题的研究有了突破。

二是创设具有探究性的学习情境,让学生在探究活动中感悟归纳与推理数学思想对解决问题的巨大帮助,从而使归纳推理的意识得到强化。比如,教学中为深化"鸡兔同笼"数学模型的建构,教师可以创设一些模仿性的问题情境,引导学生运用所学知识、经验等去分析思考并形成固定的推理数学模型,以实现学习的突破。

阅览室中有 4 条腿的书桌和 3 条腿的圆凳共 20 张,书桌和圆凳的腿一共有 65 条。请问,阅览室中书桌和圆凳各有多少张?

这道题目是鸡兔同笼问题的改编题,在教学中教师应引导学生建立一种最为便捷的解决问题的模型。此题解题思路与鸡兔同笼问题类似,可以用类比策略解答。在鸡兔同笼问题中已知总头数和总脚数,可以把所有鸡假设成兔子:鸡数＝(兔脚数×总头数－总脚数)÷(兔脚数－鸡脚数),兔数＝总头数－鸡数。这里已知书桌和圆凳的总张数和总腿数,可以把所有圆凳假设成书桌:圆凳数=(书桌腿数×总张数－总腿数)÷(书桌腿数－圆凳腿数),书桌数=总张数－圆凳数。因此先假设全是书桌,那么圆凳有(4×20－65)÷(4－3)=15(张),再求出书桌有 20－15=5(张)。

(3) 在知识建构中稳步深化归纳推理意识。

数学教学的终极目标就是让学生在学得归纳推理数学思想后,还能运用这一思想去研究问题、解决问题,以促进学生数学思维素养不断提升。例如,在六年级"长方体的体积计算公式推导"教学中,教师就应重视归纳、推理思想在教学中的辅助作用,促使学生把大量的数学感思归纳推理为规则。

第一,引导猜想。一方面,指导学生拿出自己的长方体学具,如文具盒、数学书等,测量出它的长、宽、高,并引导学生猜想"文具盒的体积与你测量的数据有关系吗"等,从而把学习的焦点聚集到一起。另一方面,引导学生猜想文具盒的体积,并要求他们说出自己的思考,使整个学习的视角得以扩展,也让学生在倾听中进行思维碰撞。

第二,组织学习验证。"刚才仅仅是我们的学习猜想,那你准备用什么方法来证明自己的思考是有道理的呢?"该问题会诱发学习创新,学生们便会用若干个 1 立方厘米的小正方体进行拼图,拼成不同的长方体,进而逐步归纳推理出长方体的体积与它的长、宽、高是有关系的这一结论,并且在观察中感悟到"长×宽×高"的积等于小正方体的个数,也就是长方体的体积。

要在小学数学课程的教学中发展学生的归纳推理意识,教师就要为学生感悟这一思想搭建适合的学习研究平台;同时,教师还得引导学生灵活地运用归纳推理的意识,使他们的归纳推理的应用能力不断攀升。[①]

3. 类比推理

类比推理是由两个或两类思考对象在某些属性上的相同或相似点,推出它们在另一属性上相同或相似点的一种推理方法。其逻辑形式如下:因为 A 对象具有属性 a、b、c、d,B 对象具有属性 a、b、c,所以 B 对象也可能具有属性 d。这是一种由特殊到特殊的推理方法,也是一种较为简单的、注重形式的推理形式。

(1) 探究新知规律,揭示数学本质。

在探究新知形成规律时,渗透类比推理思想可以为学生揭示数学规律、数学概念的本质属性,为学生对新知的建构搭建思维立足点。以苏教版小学数学教材为

---

① 郭向菲.随机渗透归纳推理思想 助推数学学习理性化[J].数学教学通讯,2020(7):63－64.

例,很多章节的导入和展开都采用了问题情境的形式,特别是在有关计算原理、计算方法的教学内容中,往往是用多个例题来强化学生学习印象,引导学生比较其中的相同点和不同点,利用多组素材的过程和结果类比推理出一般性计算方法。

例如,讲解"运算律"时,苏教版教材用 28 个男生跳绳、17 个女生跳绳、23 个女生踢毽子的配图作为教学导入素材。教师展示情境图后设置了两个问题:跳绳的有多少人?女生有多少人?随后教师让四位学生分别展示自己的算式。发现第一个问题有"28+17=45(人)"和"17+28=45(人)"两种算式,第二个问题同样有"17+23=40(人)"和"23+17=40(人)"两种算式。教师组织学生进行演示,找出不同的算式作为新课讲授素材,组织学生进行类比推理。相比于教师繁复的语言叙述,这种方式更能体现学生主动性,培养学生类比推理意识。

（2）挖掘解题切点,发散问题思维。

类比推理思想是学生解决数学问题的具体手段。教师启发学生将问题与生活实际或已有认知体系进行类比,能够使学生迅速抓住解决问题的关键点。

例如,教学"平行四边形的面积"时,教师先出示平行四边形的图片,让学生观察平行四边形和什么图形相似。学生很快联想到三年级学习的长方形的面积计算方法,教师引导学生根据长方形的面积计算方法类比推理平行四边形的面积计算方法。最后,教师让学生拿出提前准备好的长方形纸片,让学生折一折、剪一剪、拼一拼,一一验证猜想的正确性,记录总结探究学习结果。教师展示平行四边形图片,联系与之相似的长方形,为学生明确类比推理的探究方向。用自制教具创设动手操作活动,培养学生的探究学习意识和能力,使学生将类比推理内化为数学学习和问题解决的常用方法。

（3）梳理知识联系,构建认知动机。

小学数学教材每一册的教学内容都涵盖了不同类型的数学知识,教师可以结合课时教学内容特点,引导学生回顾相关的旧知识,组织学生在观察、类比、分析中辨析新旧知识,建立完整、全面的数学认知体系。

例如,讲解"多边形的内角和"时,多边形内角和的一般推理过程是将多边形分成若干个三角形,借助三角形内角和为 $180°$,计算多边形的内角和。教师在课堂导入环节组织学生回顾思考三角形内角和,激活学生已有认知。接着展示四边形、五边形、六边形等多边形,引导学生思考:如何计算这些多边形的内角和?学生积极投入小组内的交流讨论中,在旧知的启发下,很快得出了多边形可根据边数 n,分割成 $(n-2)$ 个三角形,内角和即为 $(n-2)×180°$ 的结论。"多边形的内角和"这课时的教学内容与旧知识有着紧密联系,教师以旧知回顾设计课堂导入,引导学生将其类比推理到新知识的探究学习中,明确了学生探究思维的方向性,能够帮助学生准确完成新知建构,形成完整、系统的多边形知识网络。

三、抽象思想

(一) 抽象思想的概念

抽象是人类认识世界的科学方法和思维活动。数学抽象是指从实物中抽象出一般规律和结构,用数学符号、术语予以表征;也指以数与数量关系、图形与图形关系为对象,经由逐步抽象,形成数学理论的过程。数学抽象是数学学科发展的基础,任何数学概念、公理、定理、法则等都是抽象、概括的结果。数学抽象也是沟通数学与现实的桥梁。

小学数学抽象思想的应用是基于现实的对象与关系上的抽象,对现实数量进行抽象并得到"数",是经常用到的,比如在"5 个苹果"中抽象出"5"这个数。"多"和"少"是数量关系本质上的体现,对其继续抽象即转化为数学内部的"大"和"小"的体现,"大小关系"这一本质得到抽象后,又可以对"序的关系"进行抽象。也使得加法在"大小关系"的基础上产生,自然数与加法因此成为数学最基本的内容。

长方形的窗户、地板砖、毛巾等都是小学生生活中经常见到的物体,"图形"就是在这些现实物体形状上的抽象,点、线、面由此成为几何内容中最为基本且重要的图形。[①]

抽象思想在数学中无处不在。例如,在讲解"10 的认识"时,多数教师会结合计数器、小棒等教具使学生直观地认识到 9 添上 1 是 10,再进一步学习 10 的组成及加减法。这里实际上隐含一个非常重要的思想方法——数学抽象,它比 8 和 9 的抽象水平更高,因为 10 不仅是对任何数量是 10 的物体的抽象,而且进一步说,它已经不再用新的数字计数了,而是采用了十进位值制计数原理。[②]

(二) 抽象思想的渗透意义

1. 发展抽象思维能力

抽象思维是指在思维过程中以概念、判断、推理的形式来反映事物本质属性和内在规律的思维。学生通过学习数学培养的抽象能力,对于学习其他学科,对于研

---

① 朱菊芳.不同视角下的小学数学思想[J].数学教学通讯,2019(22):87-88.
② 王永春.小学数学核心素养与数学思想方法[J].今日教育,2016(Z1):74-76.

究解决其他领域的问题,主动进行舍去次要因素、提取主要因素的分析活动,都能够产生有效迁移。

2. 发展数学建模能力

模型思想建立的本质,就是使学生体会和理解数学与外部世界的联系。学生在学习过程中,从相对简单到相对复杂,从相对具体到相对抽象,逐渐形成运用模型进行数学思维的习惯。在建构模型能力的发展中,比如数概念的模型、运算模型、方程模型等,都需要以抽象思想为前提。

3. 提升学科思维素养

数学是研究数量关系和空间形式的科学,除了学习抽象的知识,更要学习抽象概括的方法。抽象的思想无论在今后的数学学习还是生活中,对人的发展和进步都有着不可或缺的作用。[①] 这也是提升数学思维素养的关键。

(三) 培养学生抽象思想的策略

1. 以生为本,把握抽象素养培育的时机

从小学数学的角度看,抽象主要包括数与数量关系的抽象、图形与图形关系的抽象。学生的发展具有阶段性,需要教师把握时机,让学生的抽象能力能够在他们不同的阶段适当发展。

比如,学生在低年级学习 11~20 时,就有抽象的思想。因为这些数相比 1~9 来说较为复杂,虽然都用了 0~9 这些数字符号进行组合,但意义截然不同,需要教师通过简单化、条理化的表述引导学生理解。

再比如,学生在中年级学习长方形和正方形时,遇到这样一个问题:有两个长方形,长都是 4 厘米,宽都是 2 厘米,你会把它们拼成长方形或者正方形吗? 拼成的图形周长是多少?

这道题目可以先让学生用准备好的两个大小完全一样的长方形拼一拼,发现会拼成两种不同的图形,一个是长方形,一个是正方形。让学生去计算一下拼成的两个图形的周长,发现长方形的周长是 32 厘米,而正方形的周长是 16 厘米。

师:为什么都是用两个同样大小的小长方形拼成的图形,但是周长却不相同呢?

(同桌交流思考)

生 1:因为它们拼成的图形不一样。

---

① 牛德芳. 对小学数学抽象素养培育的思考和探究[J]. 数学学习与研究,2017(8):130-131.

生2：我觉得它们拼成的图形周长不一样，是因为长方形的周长实际上是 4 个原长与 2 个原宽的和，而正方形的周长是 4 个原宽与 2 个原长的和，肯定是长方形的周长大于正方形的周长。

师：能说得再清楚点吗？

生2：那我在黑板上写一写吧。（学生写下了下面的式子，见图 5-5）

长方形的周长＝4 个原长＋2 个原宽
＝2 个原长＋2 个原长＋2 个原宽
正方形的周长＝4 个原宽＋2 个原长
＝2 个原宽＋2 个原宽＋2 个原长

图 5-5 板书式子

生2：那么 2 条长肯定比 2 条宽要长，所以长方形的周长大于正方形的周长。

师：同学们，这名同学的做法一目了然。我们还可以将长方形的周长中相同的部分划去，最后，发现就拿 2 个原长和 2 个原宽做比较，更加一目了然。

新课程理念中，教师应鼓励学生有多样化的想法。这名学生的想法属于符号阶段的思路，他能够用代数的方法来解决这个问题，具有抽象性，教师应顺应学生的想法，搭建抽象能力提升的平台。

2. 正确处理直观与抽象的关系，重视抽象要求的体现

在教学中，我们要正确衡量直观与抽象的关系。例如，学生在认识分数时，教师一般会通过大量的操作，帮助学生理解直观与抽象之间的联系，让学生把长方形、圆等，平均分成若干份，取其中的一份或几份进行观察，接着在大量具体分数的基础上，概括出分数的定义。这样的完整过程有助于学生逐步形成抽象概括的能力。

3. 厘清抽象本质，助力学生抽象能力的提升

根据小学生的心理特点和规律，小学数学的教学往往重视操作和直观，但是操作和直观是教学的手段而非目的，要抓住适当的时机进行适度的抽象。数学抽象在数学知识及教学过程中无处不在，对于发展学生的抽象思维能力和认识数学的本质大有好处。

 课堂互动

围绕"水果店有一批苹果，一共 80 筐，卖掉 20 筐共计 400 千克，照这样计算，剩下的苹果还有多少千克？"这一小学数学题目，小组讨论并思考下面的问题：

（1）这个题目有几种解法？

（2）每种解法分别运用了哪些解题程序？

（3）每种解法分别运用了哪个解题思路？

（4）每种解法分别对应着哪个数学解题思想？

思考与练习

1. 满足下式的填法共有（　　）种？

2. 在足球表面有五边形和六边形图案（见图5-6），每个五边形与5个六边形相连，每个六边形与3个五边形相连。那么五边形和六边形的最简整数比是（　　）。

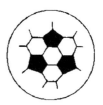

3. 用方格纸剪成面积是4的图形，其形状只能有以下7种：　　图5-6

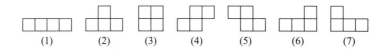

如果用其中的四种拼成一个面积是16的正方形，那么，这四种图形的编号和的最大值是（　　）。

附本章思考与练习答案： 1. 4 905 种　　 2. 3：5　　 3. 19

拓展与探究

研读下面二维码中的文献，根据《学生数学解题能力考量表》，选择数学解题大赛试题中的一个问题，小组合作讨论数学解题与数学思维素养的关系。

"数与代数"领域的核心数学思维素养

 本章内容概述

　　"数与代数"是义务教育阶段数学课程的四个领域之一,也是小学数学各领域学习的重要基础。本章结合《义务教育数学课程标准(2022年版)》的理念与要求,对小学数学"数与代数"领域的核心数学思维素养进行解读,多角度分析具体教学设计案例,在展示教学设计案例的同时,亦为教学实践中如何有效培养数学思维素养提供参考。

📖 **本章内容结构图**

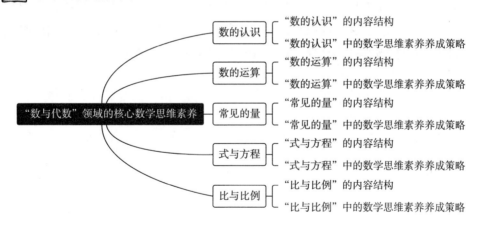

🎓 **本章学习目标**

◆ 熟悉"数与代数"领域的内容要求和学业要求,熟悉"数的认识""数的运算""常见的量""式与方程""比与比例"等相关知识。

◆ 掌握小学"数与代数"领域的核心数学思维素养,理解它们在小学数学教学中的地位及价值。

◆ 能在新课标理念指导下对"数与代数"领域的具体内容进行教学设计,组织相关内容的教学,发展学生的数感,并能有效训练学生的数学思维。

《义务教育数学课程标准(2022年版)》指出,"数与代数"是义务教育阶段学生数学学习的重要领域,在小学阶段包括"数与运算"和"数量关系"两个主题。学段之间的内容相互关联,由浅入深,层层递进,螺旋式上升,构成相对系统的知识结构。

"数与运算"包括对整数、小数和分数的认识及其四则运算。数是对数量的抽象,数与运算之间有密切的关联。学生经历由数量到数的形成过程,理解和掌握数的概念;经历算理和算法的探索过程,理解算理,掌握算法;初步体会数是对数量的抽象,感悟数的概念本质上的一致性,形成数感和符号意识;感悟数的运算以及运算之间的关系,体会数的运算本质上的一致性,形成运算能力和推理意识。

"数量关系"主要是用符号(包括数)或含有符号的式子表达数量之间的关系和规律。学生经历在具体情境中运用数量关系解决问题的过程,感悟加法模型和乘法模型的意义,提高发现和提出问题、分析和解决问题的能力,形成模型意识和初步的应用意识。

基于上述内容,我们将"数与代数"领域的核心数学思维素养概括为:数感、量感、运算能力、模型思想、数学猜想、数学推理、数形结合思想、结构化学习、批判性思维等,以下分别从"数的认识""数的运算""常见的量""式与方程""比与比例"出发,阐述"数与代数"领域的课标内容结构与数学思维素养养成策略。

第一节
"数的认识"中的数学思维素养

一、"数的认识"的内容结构

"数的认识"内容主要包括对整数、小数和分数的认识,还包括与数的理解和数的特征有关的数的整除性方面的内容。这部分内容的重点在于,数的概念的形成过程,数感的建立。《义务教育数学课程标准(2022 年版)》中,"数的认识"的内容要求共计 12 条,学业要求共计 9 条,三个学段均有相关要求(见表 6-1)。其中,第一学段有 4 条具体内容要求,2 条具体学业要求;第二学段有 6 条具体内容要求,4 条具体学业要求;第三学段有 2 条具体内容要求,3 条具体学业要求。主要可以分为以下几个方面的内容:整数的认识;分数、小数的认识;数的整除性相关的内容;数的简单应用。与《义务教育数学课程标准(2011 年版)》不同的是,《义务教育数学课程标准(2022 年版)》突出强调了数与运算之间的联系,体现了数学的应用意识和价值。

表 6-1 "数的认识"的课标学段要求

学段	内容要求	学业要求
第一学段	1. 数与运算 (1) 在实际情境中感悟并理解万以内数的意义,理解数位的含义,知道用算盘可以表示多位数。 (2) 在解决生活情境问题的过程中,体会数和运算的意义,形成初步的符号意识、数感、运算能力和推理意识。	1. 数与运算 　能用数表示物体的个数或事物的顺序,能认、读、写万以内的数;能说出不同数位上的数表示的数值;能用符号表示数的大小关系,形成初步的数感和符号意识。

学段	内容要求	学业要求
第一学段	2. 数量关系 (1) 在简单的生活情境中,运用数和数的运算解决问题,能解释结果的实际意义,形成初步的应用意识。 (2) 探索用数或符号表达简单情境中的变化规律。	2. 数量关系 　　能在熟悉的生活情境中运用数和数的运算,合理表达简单的数量关系,解决简单的问题。
第二学段	1. 数与运算 (1) 在具体情境中,认识万以上的数,了解十进制计数法;探索并掌握多位数的乘除法,感悟未知到已知的转化。 (2) 结合具体情境,初步认识小数和分数,感悟分数单位;会同分母分数的加减法和一位小数的加减法。 (3) 会运用数描述生活情境中事物的特征,逐步形成数感、运算能力和初步的推理意识。 2. 数量关系 (1) 在实际情境中,运用数和数的运算解决问题;在解决实际问题的过程中,能结合具体情境,选择合适的单位进行简单估算,体会估算在生活中的作用。 (2) 能在具体情境中了解等量的等量相等。 (3) 能解决生活中的简单问题,并能对结果的实际意义做出解释,经历探索简单规律的过程,形成初步的模型意识和应用意识。	1. 数与运算 (1) 能结合具体实例解释万以上数的含义,能认、读、写万以上的数,会用万、亿为单位表示大数。能计算两位数乘三位数。 (2) 能直观描述小数和分数,能比较简单的小数的大小和分数的大小,会进行同分母分数的加减运算和一位小数的加减运算。形成数感、符号意识。 2. 数量关系 (1) 能在简单的实际情境中,运用四则混合运算解决问题,能选择合适的单位通过估算解决实际问题,形成初步的应用意识。 (2) 能在真实情境中,合理利用等量的等量相等进行推理,形成初步的推理意识。
第三学段	1. 数与运算 (1) 知道 2,3,5 的倍数的特征,了解公倍数和最小公倍数,了解公因数和最大公因数,了解奇数、偶数、质数(或素数)和合数。 (2) 结合具体情境探索并理解小数和分数的意义,感悟计数单位;会进行小数、分数的转化,进一步发展数感和符号意识。	1. 数与运算 (1) 能找出 2,3,5 的倍数。在 1~100 的自然数中:能找出 10 以内自然数的所有倍数,10 以内两个自然数的公倍数和最小公倍数;能找出一个自然数的所有因数,两个自然数的公因数和最大公因数;能判断一个自然数是否是质数或合数。 (2) 能用直观的方式表示分数和小数,能比较两个分数的大小和两个小数的大小;会进行小数和分数的转化(不包括将循环小数转化成分数)。能在实际情境中运用小数和分数解决问题,进一步发展符号意识和数感。 2. 数量关系 　　能解决较复杂的真实问题,形成几何直观和初步的应用意识,提高解决问题的能力。

二、"数的认识"中的数学思维素养养成策略

小学阶段主要学习整数、小数、分数等数的概念,在现实情境中理解数的意义,建立数感。根据"数的认识"的课程标准要求,结合学生的身心发展特点,"数的认识"中的核心数学思维素养养成策略主要如下:第一,建立数与实际生活的联系,让学生在具体的情境中认识数,在数学活动中形成数感,使抽象的数具体化,利用具体事物和自己的经历赋予数具体的含义,用自己独特的方式理解和表征数。第二,找准知识的生长点,利用知识迁移,建立概念之间的联系。理解数值、数位,理解十进制计数规则,理解相同数字在不同数位上的不同含义;用多种方式表征数,能判断两个数的相对大小,并在此基础上进行简单的推理。第三,理解与表征数的个性化、多样化,用自己的语言来表述数,用数来描述现实世界中的数量关系,培养学生的数感。

案例 6-1:分数的初步认识①

一、复习旧知,拓展数系

1. 说整数

师:今天我们来认识数。学数学离不开"数"。关于"数",数学家华罗庚爷爷说了这样一句话,"数起源于数"。(展示课件 1)谁来读一读?

出示正确读音,让学生再读,"数(shù)起源于数(shǔ)"。

师:"数起源于数"是什么意思呢?请看,老师带来了你们喜欢吃的什么?(月饼)

2. 数数

师:你们会数数吗?请看这是什么,一起数一数。

师:如果一个都没有就用数字 0 来表示。

师:像这样的数还有吗?再说几个。这样的数通常用来表示物体的个数,在数学上我们叫作"整数"。

3. 平均分——引出"分数"

(1)师:现在老师要将这 4 块月饼平均分给两个人,每人分得(   )块。你们用击掌的方式告诉大家。

---

① 沈淑蓉,邵爱珠.围绕核心问题创设灵动课堂——《分数的初步认识》教学实录与解读[J].小学教学设计(数学),2016(12):25-27.

（学生击掌两下）

（2）师：两个月饼平均分给两个人，每人分得（　　）个。（学生击掌1下）

（3）师：一个月饼平均分给两个人，每人分得（　　）块。（学生未击掌）

教师采访：怎么回事呢？学生会说半个不好表示。

二、动手操作，初步感知

1. 分学习材料

师：每个小组都有一些水彩笔，要把这些水彩笔公平地分给小组里的同学，该怎么分呢？（学习小组有2人组、3人组、4人组）

生：平均分。

师：每个小组里还有一张形状不同的纸片，如果要把这张纸片平均分给小组内的同学，可以怎么分呢？

生：可以折一折。

师：那就请你们折一折，并把你分到的一份用水彩笔涂上颜色。

（学生操作）

2. 认识分数

师：如果一张纸用"1"来表示，那么你得到的那一份可以用怎样的数来表示呢？

生：半个，分数 $\frac{1}{2}$。

师：同学们的数学知识真丰富。确实，这样的一份不能用我们熟悉的数来表示了，要用一种新的数——分数来表示！这一张纸中的一部分，的确可以用分数来表示。2人组的涂色部分可以用 $\frac{1}{2}$ 表示，猜一猜，3人组的涂色部分可以用什么数表示？4人组的呢？

生：$\frac{1}{3}$，$\frac{1}{4}$。

（教师根据学生的回答板书 $\frac{1}{2}$，$\frac{1}{3}$，$\frac{1}{4}$）

师：那你们每个组的这个分数是怎么创造出来的？能不能上来介绍一下？

（分别请2人组、3人组、4人组的代表上台展示汇报）

3. 读写认识

师：现在我们已经认识 $\frac{1}{2}$，$\frac{1}{3}$，$\frac{1}{4}$ 表示什么了，那该怎么读，怎么写呢？

（师生合作完成分数的读法和写法，指出各部分的名称，并板书）

4. 辨析理解

师：（指着黑板上表示 $\frac{1}{2}$ 的作品）这些图形的形状、大小都不一样，为什么它们的涂色部分都能用 $\frac{1}{2}$ 表示？

生：都是把一个图形平均分成了两份，涂色部分都能用 $\frac{1}{2}$ 表示。

师：（从学生作品中拿出两个相同的圆形）那么这两个图形的形状、大小是一模一样的，为什么一个圆的涂色部分用 $\frac{1}{2}$ 表示，而另一个圆的涂色部分却用 $\frac{1}{4}$ 表示？

生：两个圆平均分的份数是不一样的。

师：通过这两个讨论的话题，你有什么想说的？

生：要看一个图形被平均分成了几份，如果是3份就是 $\frac{1}{3}$，4份就是 $\frac{1}{4}$。

师：是啊，几份中的一份就是几分之一。

三、巩固练习，加深理解

1. 基本练习

师：下面这些图形中，哪些涂色部分可以用分数表示，请你写一写。

（学生在练习纸上独立完成）

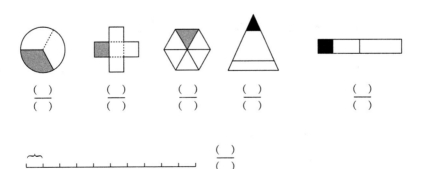

师:为什么第四个图形和第五个图形不能用$\frac{1}{3}$表示?

生:因为没有平均分。

2. 变形巩固

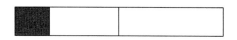

师:涂色部分不是$\frac{1}{3}$,请你估一估,可以用什么分数来表示呢?

生:(七嘴八舌)

师:如果让你借助屏幕上的最后一根线段,你现在能判断吗? 说说理由。

生:是$\frac{1}{6}$。可以将长方形平均分成 6 份,涂色部分是其中的一份,用$\frac{1}{6}$表示。

3. 加深理解

师:如果表示这条线段的这部分,可以用什么分数来表示呢?

生:$\frac{1}{10}$。

师:(继续移动大括号)这时可以用什么分数来表示? 你有什么发现?

生:只要是这条线段上的任意一段,都可以用$\frac{1}{10}$表示。

师:为什么每一段都可以用$\frac{1}{10}$来表示呢?

生1:因为这条线段被平均分成了 10 份,每份就是$\frac{1}{10}$。

生2:我还知道无论这个大括号放在这条线段的哪个位置,都可以用$\frac{1}{10}$表示。

四、辨析提高,拓展延伸

1. 基本练习

师:如果请你吃这块巧克力,你想吃这块巧克力的几分之一呢? 请你圈一

圈,写一写。

(学生在练习纸上独立完成)

师:把写的结果跟小组内的同学交流,说说每个分数分别表示什么。

2. 比较 $\frac{1}{2}$,$\frac{1}{4}$,$\frac{1}{8}$ 的大小

师:看图,你能比较出 $\frac{1}{2}$,$\frac{1}{4}$,$\frac{1}{8}$ 的大小吗?

生 $\frac{1}{2}>\frac{1}{4}>\frac{1}{8}$。

3. 想象,加深理解

师:如果我要吃的巧克力比 $\frac{1}{8}$ 还要少,你猜猜我会吃这块巧克力的几分之一?

生:$\frac{1}{16}$,$\frac{1}{32}$,…

师:那你知道到底是多大一块巧克力吗?

生:……

师:原来,$\frac{1}{16}$ 比 $\frac{1}{8}$ 要小,$\frac{1}{32}$ 比 $\frac{1}{16}$ 还要小,你有什么发现吗?

生:我发现分母越大,分数却越来越小了。

师:真是了不起的发现! 分得份数越多,我们能吃到的一份巧克力就越小。

4. 课堂小结

"分数的初步认识(一)"单元是学生第一次接触分数,主要认识一个物体、一个图形的几分之一和几分之几。[1] 学习本单元之前,学生已经学习了表内乘除法,积累了比较丰富的平均分物体的经验,知道平均分与除法之间的关系,但是学生对

---

[1] 小学数学分两段教学分数的概念:第一学段是"分数的初步认识"(各版教材一般安排在三年级),第二学段是"分数的意义和性质"(各版教材一般安排在五年级)。

分数却几乎没有任何了解,在生活中也很少接触分数。学生对分数的生活经验匮乏,分数对学生来说是抽象的、难以理解的。学生习惯在整数范围里计数、计算和解决问题,把认数向新的领域扩展,需要强烈的动机来支撑。下面,我们结合案例6-1,分别从情境创设、操作探究、模型建构等方面,说明"数的认识"中的数学思维素养的养成策略应如何实施。

第一,情境创设自然,引发新的认知需求。《义务教育数学课程标准(2022年版)》指出:教学活动应注重启发,激发学生学习兴趣,引发学生积极思考,鼓励学生质疑问难,引导学生在真实情境中发现问题和提出问题。所以,情境创设是否有效,关键看是否指向数学知识的实质,而不是看外在的情境创设是否花哨,本末不可倒置。

案例6-1中,教师创设了分月饼等多个生活中的情境,这样的情境对学生认识分数是非常有价值的,它既具有现实性,又使学生感到亲切有趣。分数是怎么来的? 分数离不开"分",是平均分来的。分数对于学生来说是全新的,如何将这一全新的知识内化为学生自身的知识,找准学生学习的"最近发展区"是重要的,它是促使学生从"实际发展水平"向"潜在发展水平"过渡的桥梁,学生的思维从已知世界自然而然滑向未知领域。从学生熟悉的"半个"入手,明确半个是怎么分的,引导学生用击掌表示,而当学生发现无法击掌表示,一个月饼的"一半"无法用整数表示的时候引入分数。这样,分数出现的实际需要就能够凸显,从而使学生对分数产生深刻印象。

第二,加强操作探究,多种方式理解分数。数学思维素养的养成离不开学生的体验,只有学生主动参与、积极共生的课堂才是有生命张力的。教师能把握数学学习的核心,从知识的本质与联系出发,设计有效的数学活动,使学生在"做"中经历对知识的探究、发现、归纳、概括与完善的过程,发展了学生的数学思维,帮助学生建立了数学模型,感受了数学的思想方法,从而达到了完善认知结构、提升研究能力的目的。

案例6-1中,教师遵循儿童思维发展的规律,关注学生所接触的数学现实,引导学生在直觉思维的基础上适度抽象,有效培养思维能力,提高抽象思维的水平。在生活中,学生最先接触到的是整数和小数,分数则较少出现。由于分数相对比较抽象,学生对分数的意义并不十分了解,而"等分"这个重要前提也容易被学生忽视。三年级的学生在数学领域学习中第一次接触分数这个概念,在此之前,学生已经有过等分的经验,知道用整数表示等分的结果,但是如何把一个物体进行等分,结果不足整数时该怎么表示,学生并没有亲身的经验。因此,有必要在课堂上让学生借助具体的操作活动来认识分数的含义,并通过观察比较和分层练习,不断加深对分数意义的理解。

第三,聚焦思维过程,建构模型发展数感。案例6-1中,教师在引导学生探究发现阶段,重视学生探究的过程,重视学生的自主学习,采用引导探究、加强体验、组织讨论等方法最大限度地给予学生自主探索的时间和空间,让学生去探索、发现、理解分数的内涵。"图形不同,却能用同一个分数表示""相同的图形,涂色部分不同,用不同分数表示",通过体验知识的形成过程,发展学生的数学思维,建构起分数的概念。聚焦学生的思维过程,发展学生的数学思考能力,让学生清晰把握分数的三个要点:平均分、分成几份、表示几份。抓住了分数的本质,分数的模型在层层深入的学习中建构起来。学生在直观感知的基础上,步步深入,层层递进,最终完成"几分之一"概念的建构。

第二节
"数的运算"中的数学思维素养

一、"数的运算"的内容结构

"数的运算"内容的学习贯穿于三个学段,对于数的运算,首先要使学生理解为什么要运算,学会选择不同的运算方式和理解不同的精度要求。教学中应当重视学生对算理的理解和掌握,重视估算的理解运用,鼓励学生用自己的方法去尝试运算,选择合适的方法进行运算,理解常见的数量关系,并用常见的数量关系解决问题。在《义务教育数学课程标准(2022 年版)》中,"数的运算"的内容要求共计 16条,学业要求共计 10 条(见表 6-2)。其中,第一学段有 7 条具体内容要求,3 条具体学业要求;第二学段有 5 条具体内容要求,4 条具体学业要求;第三学段有 4 条具体内容要求,3 条具体学业要求。

表 6-2 "数的运算"的课标学段要求

学段	内容要求	学业要求
第一学段	1. 数与运算 (1) 了解符号<,=,>的含义,会比较万以内数的大小;通过数的大小比较,感悟相等和不等关系。 (2) 在具体情境中,了解四则运算的意义,感悟运算之间的关系。 (3) 探索加法和减法的算理与算法,会整数加减法。 (4) 探索乘法和除法的算理与算法,会简单的整数乘除法。 (5) 在解决生活情境问题的过程中,体会数和运算的意义,形成初步的符号意识、数感、运算能力和推理意识。	1. 数与运算 　能描述四则运算的含义,知道减法是加法的逆运算、乘法是加法的简便运算、除法是乘法的逆运算;能熟练口算 20 以内数的加减法和表内乘除法,能口算简单的百以内数的加减法;能计算两位数和三位数的加减法。形成初步的运算能力。

续　表

学段	内容要求	学业要求
第一学段	2. 数量关系 (1) 在简单的生活情境中,运用数和数的运算解决问题,能解释结果的实际意义,形成初步的应用意识。 (2) 探索用数或符号表达简单情境中的变化规律。	2. 数量关系 (1) 能在熟悉的生活情境中运用数和数的运算,合理表达简单的数量关系,解决简单的问题。 (2) 能在解决问题的过程中,体会解决问题的道理,解释计算结果的实际意义,感悟数学与现实世界的关联,形成初步的模型意识、几何直观和应用意识。
第二学段	1. 数与运算 (1) 会同分母分数的加减法和一位小数的加减法。 (2) 在解决简单实际问题的过程中,理解四则运算的意义,能进行整数四则混合运算。 (3) 探索并理解运算律(加法交换律和结合律、乘法交换律和结合律、乘法对加法的分配律),能用字母表示运算律。 2. 数量关系 (1) 在实际情境中,运用数和数的运算解决问题;在解决实际问题的过程中,能结合具体情境,选择合适的单位进行简单估算,体会估算在生活中的作用。 (2) 能借助计算器进行计算,解决简单的实际问题,探索简单的规律。	1. 数与运算 (1) 会进行同分母分数的加减运算和一位小数的加减运算。形成数感、符号意识和运算能力。 (2) 能描述减法与加法的关系、除法与乘法的关系;能进行整数四则混合运算(以两步为主,不超过三步),正确运用小括号和中括号。 (3) 能说出运算律的含义,并能用字母表示;能运用运算律进行简便运算,解决相关的简单实际问题,形成运算能力。 2. 数量关系 　能在简单的实际情境中,运用四则混合运算解决问题,能选择合适的单位通过估算解决实际问题,形成初步的应用意识。
第三学段	1. 数与运算 (1) 结合具体情境理解整数除法与分数的关系。 (2) 能进行简单的小数、分数四则运算和混合运算,感悟运算的一致性,发展运算能力和推理意识。 2. 数量关系 (1) 根据具体情境理解等式的基本性质。 (2) 在解决实际问题的过程中,会选择合适的方法进行估算。	1. 数与运算 　能进行简单小数和分数的四则运算和混合运算(不超过三步),并说明运算过程。能在较复杂的真实情境中,选择恰当的运算方法解决问题,形成运算能力和推理意识。 2. 数量关系 (1) 能在解决实际问题中运用恰当的方法进行估算,并能描述估算的过程。 (2) 能解决较复杂的真实问题,形成几何直观和初步的应用意识,提高解决问题的能力。

二、"数的运算"中的数学思维素养养成策略

小学阶段"数的运算"主要内容包括整数、小数、分数的加减乘除四则运算和运算律。运算能力是指不仅会根据法则、公式等正确地进行运算,而且理解算理,能够根据题目条件寻找正确的运算途径。"数的运算"中的数学思维素养养成策略主要如下:第一,找准知识的生长点,基于实现理解与迁移开展教学,打通知识之间的联系,以达成运算教学的整体性为目标,促进意义理解与迁移应用,发展学生数学思维素养。第二,对接生活实际,借助直观模型,经历观察、比较、分析、画图、想象、归纳、概括等运算的推理过程,关注算理,深入理解数学思想方法,实现算理与算法的有机融合,注重算法的优化总结,并能运用数学知识解决生活中的问题,培养运算能力。第三,以有效的问题驱动学生思维,引导学生能用规范的数学语言表达规律,培养抽象、概括的思维能力,促进学生理解知识的本质,从培养学生能算、会算发展到能根据不同情况融会贯通地选择简洁合理的算法。

案例 6－2:乘法分配律 ①

【教学目标】

(1)引导学生通过观察、比较、分析、画图、想象、归纳、概括等方式,从乘法的意义深刻理解乘法分配律的内涵。

(2)经历建构乘法分配律加减模型的探索过程,运用乘法分配律解决实际问题。

(3)让学生感悟数形结合的数学思想方法,体验乘法分配律的价值,增强学习数学的兴趣和自信。

【教学重点】

能从乘法的意义上理解乘法分配律的内涵。

【教学难点】

通过观察、比较、抽象、归纳、概括建构乘法分配律模型。

【教学过程】

一、解决实际问题,收集素材

1. 用两种方法解决实际问题,收集相关联的算式

分别出示:

---

① 刘正松.《乘法分配律》教学设计[J].教学与管理,2012(6):56－57.

短袖衫每件 32 元,裤子每条 40 元,夹克衫每件 70 元。买 5 件夹克衫和 5 条裤子,一共要付多少元?

大米每袋 30 千克,上午卖出 12 袋,下午卖出 16 袋。一共卖出多少千克?

让学生分别用不同的思路列式,将两种方法并排板书。

2. 观察两组算式左右两边的特征

3. 验证算式左右两边是否相等,组成等式

(1) 师生共同口算验证第一组算式并组成等式。

(2) 引导学生用乘法的意义验证第二组算式并组成等式。

二、探索规律,全面理解乘法分配律的内涵

(1) 引导学生观察第一组等式左右两边的联系,类推到第二组。

(2) 师生合作写一组与上面等式有相同特征的等式,尝试从不同的角度解释相等。

(3) 学生独立举例。

要求:先写两道符合规律的算式,再验证两边是否真的相等,最后在小组内交流自己写的算式。

(4) 在学生汇报交流的基础上,引导他们用字母表示出规律,揭示课题。

(5) 交换算式的位置,让学生进一步感受乘法分配律的含义,完善认识。

三、回顾旧知,深化学生对乘法分配律的认识

出示:二年级"口算 14×2"和三年级"长方形的周长计算"的教学内容。师生共同回顾旧知。

四、数形结合,再度理解乘法分配律

用不同方法求面积,得出:$(a+b) \times c = a \times c + b \times c$。

五、简单运用与初步拓展,丰富学生对乘法分配律的认识

(1) 运用规律填空。逐一出示:

$(42+35) \times 2 = 42 \times \square + 35 \times \square$

$27 \times 12 + 43 \times 12 = (27 + \square) \times \square$

$15 \times 26 + 15 \times 14 = \square \bigcirc (\square \bigcirc \square)$

$(25-12) \times 4 = \square \bigcirc \square \bigcirc \square \bigcirc \square$

(2) 初步拓展到两个数的差与一个数相乘。

引导学生根据 $(25-12) \times 4 = \square \bigcirc \square \bigcirc \square \bigcirc \square$,大胆猜测并举例验证。

（3）再次拓展到三个数或更多的数的和与一个数相乘。

教师抛出话题，学生自主选择验证并集体交流。

（4）初步体会应用乘法分配律可以使一些计算简便。分别出示：

$(30+4)\times25$

$30\times25+4\times25$

比一比，两道题有什么联系？如果让你选择，你愿意选择哪道题目？为什么？通过交流明确：有时我们应用乘法分配律可以使计算简便。

六、总结：通过今天的学习，你有哪些收获

"乘法分配律"是在学生学习加法、乘法的交换律与结合律基础上进行教学的，将为应用乘法分配律进行简便计算打下基础，教学重点应放在引导学生发现规律、理解含义上。由于学生已初步具有探索、发现运算律并应用运算律简便计算的经验，本节课可以按照"解决问题—发现规律—交流规律—表达规律"的逻辑顺序来呈现。下面结合案例6-2，分别从数学猜想、模型建构、数学语言等方面，说明"数的运算"中如何实施数学思维素养的养成策略。

第一，对接生活实际，提出数学猜想。数学猜想，是指人们根据已知的某些数学知识和某些事实，对数学的某些结论、方法等提出一些猜测性的推断。案例6-2主要是在引导学生已经理解并掌握了乘法的意义与加法/乘法的交换律和结合律，积累了相关学习经验并能应用加法/乘法的交换律和结合律进行一些简便计算的基础上进行教学的。学生在前面的学习中已初步学会猜想的思维方法，案例6-2中让学生解决实际问题，观察几组算式，由数学事实得出初步猜想："两个数的和与一个数相乘，可以把它们分别与这个数相乘，再相加。"培养学生观察探究能力和归纳猜想能力。这部分内容不仅有利于发展学生的简便计算的能力，同时也为初中阶段"合并同类项"的学习奠定坚实的计算基础。

第二，重视理解和沟通，建构乘法分配律的模型。案例6-2是在学生已经学习掌握了乘法交换律、结合律，并能初步应用这些定律进行一些简单计算的基础上学习的。不仅要使学生学会什么是乘法分配律，更要让学生经历探索规律的过程，进而培养学生分析、推理、抽象、概括的思维素养。学生能够借助之前积累的学习经验进行主动的观察、比较、抽象、概括、类比和归纳等活动过程，发展数学思考。根据合理的猜想，学生经历举例验证、数形结合关联、乘法意义明理三个层次的思维过程，经历了从不完全归纳到完全归纳，从完全归纳到演绎推理的思维过程，建构了知识之间的本质联系，培养了数学推理能力和科学探究精神。

（1）举例求证验猜想。在学习乘法分配律之前，学生已经学习了乘法、加法的交换律和结合律，并能应用这些运算律进行简便计算。这些学习经验的积累对于乘法分配律的学习是一种正向的迁移、类比。让学生充分经历"猜想—举例—验证"的思维活动过程，培养学生大胆猜想、严谨求证的思维方式，逐步提升自主学习力。

（2）数形结合寻关联。乘法分配律的形式与长方形的面积计算有内在的联系，其实质可以看作是两个等宽的长方形面积之和的简便计算。用"形"来解释"数"，学生真切地感受到了乘法分配律的应用价值。在解决问题时，借助几何直观，通过两种不同的算法表示长方形的面积，从具体到抽象，可以使学生形成乘法分配律的图形表象，对乘法分配律的算理有了更直观的理解，多维度地促进推理和表达。

（3）追本溯源明内理。乘法的意义是学习乘法分配律的前置知识，而乘法分配律是对乘法的意义的延伸和拓展。二年级时学生已经能够从乘法的意义——"几个几相加"可以用"几乘几"表示的角度理解乘法的意义，在笔算乘法中也会运用到乘法的意义。乘法分配律要立足乘法的意义这一起点，即 $ac+bc=(a+b)c$，勾连前后知识，帮助学生加深对乘法分配律本质的理解。

第三，启发学生语言表述，抽象概括规律。语言与思维有着密切的联系，启发学生有条理地、清晰地阐述自己的观点，可以加深学生对乘法分配律的理解，形成数学模型。学生在学习乘法分配律之前已经能够抽象归纳出乘法/加法交换律和结合律的结构模型，积累了相关的经验，这为乘法分配律的教学作好了准备。乘法分配律与之前学过的四则运算定律的模型存在着明显的区别，教学时教师要在对比中引导学生运用数学语言合乎逻辑地多维度表述乘法分配律，明晰乘法分配律的结构模型，加深对这一模型内涵的理解。

第三节
"常见的量"中的数学思维素养

一、"常见的量"的内容结构

"常见的量"的概念教学主要集中在第一学段和第二学段,第三学段主要是对量感的综合培养。与几何测量有关的单位都安排在"图形与几何"的内容中,"数与代数"领域中涉及的都是与数量运算有关的计量单位,主要有货币单位"元、角、分",质量单位"吨、千克、克",时间单位"年、月、日、时、分、秒"等。与《义务教育数学课程标准(2011 版)》将"常见的量"的内容要求在"数与代数"领域单独列出不同,《义务教育数学课程标准(2022 年版)》中"常见的量"的内容要求基本都在"综合与实践"领域中,以主题活动的形式进行具体要求的阐述;在"数与代数"领域没有明确提及具体内容,但体现在数学应用意识和几何直观的培养要求中。

"数与代数"领域中"常见的量"相关的内容要求共计 5 条,学业要求共计 3 条(见表 6-3)。其中,第一学段有具体内容要求 2 条,具体学业要求 1 条;第二学段有具体内容要求 2 条,具体学业要求 1 条;第三学段有具体内容要求 1 条,具体学业要求 1 条。

表 6-3 "常见的量"的课标学段要求

学段	内容要求	学业要求
第一学段	1. 数与运算 　　在解决生活情境问题的过程中,体会数和运算的意义,形成初步的符号意识、数感、运算能力和推理意识。 2. 数量关系 　　在简单的生活情境中,运用数和数的运算解决问题,能解释结果的实际意义,形成初步的应用意识。	1. 数量关系 　　能在解决问题的过程中,体会解决问题的道理,解释计算结果的实际意义,感悟数学与现实世界的关联,形成初步的模型意识、几何直观和应用意识。

续　表

学段	内容要求	学业要求
第二学段	1. 数与运算 　　会运用数描述生活情境中事物的特征，逐步形成数感、运算能力和初步的推理意识。 2. 数量关系 　　在实际情境中，运用数和数的运算解决问题；在解决实际问题的过程中，能结合具体情境，选择合适的单位进行简单估算，体会估算在生活中的作用。	1. 数量关系 　　能在简单的实际情境中，运用四则混合运算解决问题，能选择合适的单位通过估算解决实际问题，形成初步的应用意识。
第三学段	1. 数量关系 　　能运用常见的数量关系解决实际问题，能合理解释结果的实际意义，逐步形成模型意识和几何直观，提高解决问题的能力。	1. 数量关系 　　能解决较复杂的真实问题，形成几何直观和初步的应用意识，提高解决问题的能力。

二、"常见的量"中的数学思维素养养成策略

在观察和研究周围的事物时，常常要比较或测定它们的长短、大小、轻重等，这些可以比较或测定的事物的性质就是量。小学阶段学习的量包括：货币单位、时间单位和质量单位。长度、面积与体积（容积）等计量单位被安排在"图形与几何"领域。显然，"常见的量"内容板块的学习正是基于学生已有的知识经验，在观察中充分感知，建立表象，在操作活动中明晰概念，沟通知识之间的关系，逐步建立量感的过程。故而，根据"常见的量"的课程标准要求，结合学生的身心发展特点，"常见的量"中的数学思维素养养成策略主要如下：第一，找准知识的生长点，探寻知识发展的脉络，教师要巧妙运用迁移规律，追本溯源，将碎片化的知识纵横关联，形成整体的知识脉络，培养学生的结构化思维。第二，在现实生活与数学知识之间建立起联系，激活学生的生活经验，丰富学生的感性认识。第三，设计丰富的活动，重视知识形成的过程，让学生在操作中体验与建构，通过活动丰富学生的实践体验，帮助学生建立量感。

案例 6 - 3：年、月、日 ①

【教学目标】

（1）通过"观察年历卡"的活动，学生认识时间单位年、月、日，知道一年有12 个月，分为大月、小月和二月，大月有 31 天，小月有 30 天，二月有 28 天或

---

① 王亚妹.《年、月、日》教学设计[J].教学与管理，2003（5）：76 - 77.

29 天；在观察和探索活动中促使学生主动发现大月、小月的排列规律，并利用规律来记住一年中哪几个月是大月、哪几个月是小月，知道一年可能是 365天，也可能是 366 天。

（2）让学生经历观察、分析、简单归纳等过程，自主完成对知识的建构，培养学生自主探究、合作交流等学习能力。

3. 通过在年历卡上查找、交流一些有纪念意义的日子等活动，让学生感受数学与生活的联系，提高解决简单实际问题的能力，培养学生学习数学的兴趣，渗透德育。

【教学重点】

有关年、月、日的知识。

【教学难点】

正确辨认大月和小月的月份。

【教学过程】

一、创设情境，揭示课题

师：我们已经学过哪些时间单位？它们的关系是什么？

（播放歌曲《祝你生日快乐》）

师：这首歌好听吗？这些小朋友在做什么？他们讲到生日时都说到了月、日。如果要知道你的出生日期，应在生日前加什么？看来呀，年、月、日与我们每个人的生活都有关系，你想不想知道关于年、月、日的知识呢？

二、自主探究，合作交流

1. 认识各月的天数

（1）师：你已经知道有关年、月、日的哪些知识？（指名回答，教师板书）

（2）师：请同学们拿出课桌上的年历卡，年历卡中还有许多有关年、月、日的知识，仔细观察，找一找，看谁发现的秘密多。（学生观察、小组讨论、互相交流）

（3）学生汇报。（各小组派代表说说发现了什么）

师：哪个小组来汇报一下？

生：一年有 12 个月。

师：你们同意吗？一下子就发现了年和月之间的关系。还有什么发现？

生：有些月份有 30 天，有些月份有 31 天。

师：哪些月份有 31 天，哪些月份有 30 天呢？

生：31 天的有 1、3、5、7、8、10、12 月；30 天的有 4、6、9、11 月。

师:她刚刚有一个很好的习惯,读数按照从小到大的顺序,这样有序地观察才能做到不重复,不遗漏,非常值得表扬!

师:我们一般把有 31 天的月份叫作大月,不管哪一年,大月总是哪几个月?

师:有 30 天的月份叫作小月。小月总是哪几个月? 请大家将大月涂上红色,小月涂上绿色。

师:还有什么发现,谁来补充?

生:二月有时 28 天,有时 29 天。

师:是的,二月比较特殊,它既不是大月,也不是小月。除此之外,还有别的特殊之处吗?

师:数一数大月有几个? 小月有几个? 还有一个什么? 一共多少个月? 从计算的角度验证了一年有 12 个月,没有重复,没有遗漏。

(课件播放)为什么是 7 个大月,4 个小月呢? 我们的年历还隐藏着一个有趣的历史故事。

(4) 怎样才能记住每月的天数? 你能想出好办法吗?

① 记 31 天的月份:7 前单月是 31 天,7 后双月是 31 天。

② 左拳记法。(学生互相教后,再集体数)

③ 儿歌记:一、三、五、七、八、十、腊,三十一天永不差。

(5) 练习。

2. 计算全年天数

(1) 师:大家都知道了一年有 12 个月和每个月的天数,那么你能计算出全年的天数吗?(小组讨论并计算)

(2) 学生汇报。

师:为什么有的年份是 365 天,而有的年份是 366 天呢?(学生思考后说出原因)

师:二月份是 28 天的这一年,人们把它叫平年(板书),平年全年有 365 天。二月份是 29 天的这一年,人们把它叫闰年(板书),闰年全年有 366 天。平年、闰年的问题下节课我们再研究。

三、巩固应用,拓展新知

师:下面老师想来考考大家,给你们准备了三关,敢不敢接受挑战? 准备好,知道答案马上说出来就可以。

1. 第一关:抢答题

(1) 一年有( )个月。

(2) 一年中有( )个大月,( )个小月。

(3) 每年都是 365 天,对吗?

2. 第二关:认真思考

(1) 4 月 30 日的后一天是几月几日?

为什么呢? 因为 4 月是小月……

(2) 8 月 30 日的后一天是几月几日?

为什么呢? 因为 8 月是大月……

(3) 11 月 1 日的前一天是几月几日?

3. 第三关:终极闯关

请看:小明在舅舅家连续住了两个月,正好是 62 天,你知道是哪两个月吗?

(学生答出 7 月和 8 月)

还有其他可能吗?(12 月和 1 月。哪一年的 12 月,哪一年的 1 月。)

4. 生活拓展

你知道哪些重要的节日?

生活中还有很多关于年、月、日的知识。请举例。

白天黑夜交替出现形成了"日",月亮的阴晴圆缺形成了"月",四季的变化形成了"年"。

我们一起来看小明同学从出生,到上幼儿园、上小学等成长变化的时间轴,板书"日积成月,月累成年"。

四、全课小结,总结收获

"年、月、日"是义务教育数学教科书苏教版三年级下册、人教版三年级下册的内容。它是进一步探索学习时间单位及时间单位换算的基础,能帮助学生更好地解决生活中的实际问题。三年级学生已经掌握了"时、分、秒"等相关的时间知识,并在生活实际中积累了一定的关于"年、月、日"的感性经验。下面结合案例 6-3,分别从概念建构、结构化学习、量感培养等方面,说明"常见的量"中如何实施数学思维素养的养成策略。

第一,联系实际生活,有效建构概念。"年、月、日"的教学应以学生已有生活经验为基础,从学生感兴趣的生活事物出发,以凸显数学生活化,促进学生主动参与,激发学习数学的兴趣。学生在学习本课内容时,已经对年、月、日有一定的认识,但还没上升到一定的高度,所以本节课的教学任务是将学生原有的零碎知识上升为系统的知识。同时,"年、月、日"的有关知识是日常生活中应用最广泛的知识之一,学生在学习和生活中不同程度地积累了一些年、月、日的知识,所以我们要引导学生独立发现问题、解决问题,充分培养学生学习的自主性,让数学活动在学生已有的生活经验和知识基础上充分展开。有效的教学活动,不能靠单纯的依赖模仿与记忆,动手实践、自主探索与合作交流也是学生学习数学的重要方式。

案例6-3中,教师让学生以小组为单位,通过观察、统计、交流,探索与年、月、日有关的知识,让每一位学生都参与新知的探究过程,真正成为学习的主人。先让学生观察,用列举的方法提出12个月中31天的为大月,30天的为小月,还有个特殊月;再让学生涂色,大月涂红色,小月涂绿色,凸显出大月、小月的排列规律,促使学生主动发现大月、小月的规律。让学生感受到数学来源于生活,从而提高数学学习的兴趣。在学生了解了年、月、日的相关知识以后,老师再通过生活中一些例子,如国庆日、建党日、儿童节、爱眼日等,让学生感受数学与生活的紧密联系。

第二,结构化学习,丰富认知结构。奥苏伯尔认为,一切有意义的学习都是建立在原有认知结构的基础上的。学生的数学认知结构不是知识、法则的简单罗列学习,而是一个前后贯通、纵横交汇、紧密联系的知识网络。教学中要避免浅表知识的灌输,应善于提取数学知识的本质,抓住思维的灵魂——结构化学习。教师要巧妙运用迁移规律,追本溯源,将碎片化的知识纵横关联,形成整体的知识脉络。

在实际教学中,一些概念课容易过分强化知识的被动接受,单纯的记忆式教学导致学生知其然而不知其所以然,学生未能经历丰富的思考过程,思维的深度得不到提升。课堂上,教师要丰富学生的认知模型结构,激活学生的经验,使其经历高阶思维的过程,帮助学生厘清知识之间的联系,将零碎的概念组建成系统的结构性的认知。"年、月、日"这节课涉及的知识点比较多,学生在低年级已经学习了"时、分、秒"这些相对比较短的时间单位,对时间单位有了一定的认知,在生活中也接触了一些重要节日,粗略了解了一些年、月、日的知识。因此,在学习新知识前让学生思考:已经学过哪些时间单位? 它们的关系是什么? 帮助学生打通前后知识的关联,知道数学知识是有逻辑体系的,这样学生就会自然建构起"年、月、日、时、分、秒"等时间单位之间的内在联系。

第三,动态体验过程,深度培养量感。案例6-3中,教师在课堂教学中巧妙结合历法的形成过程,围绕"一年有多少天"这个核心问题,关注知识的生成获取,让学生经历思考、计算、推理、比较、抽象、概括的过程,自主探究问题,变"年、月、日"静态知识的接受为动态体验的过程。此外,关注学生的生活经验与数学知识间的本质联系,实现知识体系的整体建构。通过动态建立自己哪一年出生,到哪一年上幼儿园、上小学等成长变化的时间轴,感知"日积成月,月累成年",丰富的认知活动与动态的思维体验让学生对时间概念及关系有了清晰深刻的感知和领悟。学生经历动态知识建构的过程,由记忆为主的被动学习向理解为主的探究学习转变,进一步架构知识模型,完善认知结构,从而实现由低阶思维向高阶思维的发展。

第四节
"式与方程"中的数学思维素养

一、"式与方程"的内容结构

"式与方程"的内容在第二学段开始正式引入,学习用字母表示数和简易方程是学生数学学习的又一次抽象,从数到代数,是数学表征的一次飞跃。对于小学生来说,在具体的情境中感知字母表示数的含义,并了解这种表示方法的作用,进而初步体验符号在数学表示中的作用,初步建立符号意识和代数思想是他们思维的一次新发展。在《义务教育数学课程标准(2022年版)》中,"式与方程"的内容要求共计7条,学业要求共计6条(见表6-4)。其中,第二学段有具体内容要求4条,具体学业要求3条;第三学段有具体内容要求3条,具体学业要求3条。

表6-4 "式与方程"的课标学段要求

学段	内容要求	学业要求
第二学段	1. 数与运算 　　探索并理解运算律(加法交换律和结合律、乘法交换律和结合律、乘法对加法的分配律),能用字母表示运算律。 2. 数量关系 　　(1) 在具体情境中,认识常见数量关系:总量=分量+分量、总价=单价×数量、路程=速度×时间;能利用这些关系解决简单的实际问题。 　　(2) 能在具体情境中了解等量的等量相等。 　　(3) 能解决生活中的简单问题,并能对结果的实际意义做出解释,经历探索简单规律的过程,形成初步的模型意识和应用意识。	1. 数与运算 能说出运算律的含义,并能用字母表示;能运用运算律进行简便运算,解决相关的简单实际问题,形成运算能力。 2. 数量关系 (1) 能在真实情境中,发现常见数量关系,感悟利用常见数量关系解决问题;能借助计算器进行计算,并解释计算结果的实际意义;形成初步的模型意识、几何直观和应用意识。 (2) 能在真实情境中,合理利用等量的等量相等进行推理,形成初步的推理意识。

续　表

学段	内容要求	学业要求
第三学段	1．数量关系 (1) 根据具体情境理解等式的基本性质。 (2) 在具体情境中，探索用字母表示事物的关系、性质和规律的方法，感悟用字母表示的一般性。 (3) 能运用常见的数量关系解决实际问题，能合理解释结果的实际意义，逐步形成模型意识和几何直观，提高解决问题的能力。	1．数量关系 (1) 能在具体问题中感受等式的基本性质。 (2) 能在具体情境中，用字母或含有字母的式子表示数量之间的关系、性质和规律，感悟用字母表示具有一般性。 (3) 能解决较复杂的真实问题，形成几何直观和初步的应用意识，提高解决问题的能力。

二、"式与方程"中的数学思维素养养成策略

根据"式与方程"的课程标准要求，结合学生的身心发展特点，"式与方程"中的数学思维素养养成策略主要如下：第一，利用日常生活中学生熟悉的且能够经常接触到的，数量关系较为简单的实际问题情境，帮助学生理解如何用字母表示数，逐步培养学生用字母表示数的习惯，使学生掌握用非具体的、含有字母的式子表示具体的数量，进而掌握根据等量关系列出方程的方法，培养学生的符号意识和代数思想。第二，小学高年级学生的思维水平处于具体思维向抽象思维过渡的阶段，教师要引导学生经历从特殊到一般、由具体到抽象的抽象和概括的过程，理解用字母表示数的意义和基本方法，掌握常用的找等量关系的方法，感受方程法的优势，会用方程法解决实际问题，培养学生的数学应用意识。

案例 6－4：用字母表示数①

【教学目标】

(1) 在情境中体会用字母表示数的意义与价值，会用字母与含有字母的式子表示数量、数量关系和计算公式，学会含有字母的乘法算式的简便写法。

(2) 经历用含有字母的式子表达实际问题的抽象过程，体会用字母表示数的概括与简洁，发展符号意识，提高抽象概括能力，感悟符号表示的思想与代数思想。

(3) 在学习过程中体会数学的魅力，激发数学学习的兴趣与热情，增强对数学学科的学习情感。

---

① 许卫兵.整体建构 简教深学——"用字母表示数"教学简介[J].小学教学(数学版),2020(7－8):64－69.

【教学重点】

学会用字母表示数,用含有字母的式子表示数量或简单的数量关系。

【教学难点】

理解字母和含有字母的式子表示的实际意义,形成符号意识。

【教学过程】

一、课前谈话,做好铺垫

师:有人说,数学是让人变聪明的学科。学数学的人都有这样的本领——

(出示)把复杂的事情变得( ),把简单的事情变得( )。

(学生回答"简单""更简单"后,老师用成语"化繁为简"来概括)

二、直观操作,引出话题

(老师用小棒在黑板上摆三角形,边摆边让学生观察三角形的个数和小棒的根数,摆好四个三角形后——)

师:能摆完吗?

师:摆不完,咋办?

生:用省略号。

(板书:……)

师:孩子们,一个省略号,就把所有没摆出来的情况都包括进去了。这就是把复杂的事情——

生:变得简单!

师:这么一来,我想到一个问题。(出示)

填一填:摆( )个三角形要( )根小棒。

师:你觉得难吗?

生:不难。

师:说不难,有时也难。说难有时也不难。动笔填一填吧,看看谁填的水平高。

三、展示交流,聚焦概括

1. 展示一:摆(1)个三角形用(3)根小棒

师:这个孩子填的是1和3,同意吗?

(板书:1   3)

2. 展示二:摆(5)个三角形用(15)根小棒

师:这个孩子填的是 5 和 15,同意吗? 评价一下他的水平。

生1:我同意他的填法,数字大了,水平高了。

师:哦,你的想法是,谁写的数字大,谁的水平就高。如此想来,还有水平在这两个孩子之间的啦?

生:2、6;3、9;4、12。

(在"1,3"与"5,15"之间补上板书:2   6;3   9;4   12)

师:我好想看看有没有谁填写的数超过 15 的。

生:我填的是 2 000、6 000。

3. 展示三:摆(2 000)个三角形用(6 000)根小棒

师:同意吗?(学生齐:同意!)你这水平太高了! 好了,孩子们,你发现了吗,这道题到底有多少种填法?

生:无数种。

师:那你说,我有必要写下去吗?

生2:没有必要,用省略号。

(板书:……)

师:小小省略号,作用无限大。

师:(指板书)你们觉得现在把答案写全了吗?

生:写全了。

师:刚才大家都认为,数字写得大,水平就高。现在有什么想说的?

生:数字大,水平固然高,但是,写全了水平更高。

4. 展示四:摆(n)个三角形用($n \times 3$)根小棒

师:这位同学用了英文字母 n,请说一说,你这个 n 想表示谁?

生3:(上台指着1、2、3、4…)n 表示这里所有的数。

师:你的意思是说,写这么多数,还要加省略号才能把它写全,太麻烦了,我直接写个 n 不就好了。

(生点头)

师:孩子们,这种想法有没有道理啊? 那你想想看,他后面写的是什么?

生4:$n \times 3$。

师:$n \times 3$ 啥意思? 有人能看懂吗?

生 4:因为 1 个三角形要用 3 根小棒来摆,所以 n 个三角形就要用 $n \times 3$ 根小棒来摆。

师:(问生 5)你是这么想的吗?

生 5:是的。

师:好玩了,请问你怎么知道是乘 3 的? 刚才咱们碰到乘 3 的情况了吗?

生 5:碰到了。

师:哪里用上了? 比如,6 怎么来的?

生 5:2×3。

师:请问,$n \times 3$ 代表哪些数呢?

生 6:3、6、9、12…

师:俗话说,千金难买回头看。我们回过头来看看,我们一开始解决这个问题的时候,大家脑子里总是先想到什么呢?

生:数据。

师:是一种情况一种情况的具体数据。我们以前研究的数学就是这样的,要用具体数据来解决问题。对不?

(生点头)

师:这些情况我们可以称之为"具体"情况。比如说,第一位同学想到的是哪一种具体情况?

(板书:具体)

生 7:摆 1 个三角形,用 3 根小棒。

师:第二组数据讲的是哪一种具体情况?

生 8:摆 2 个三角形,用 6 根小棒。

师:第三个呢?

生 9:摆 3 个三角形,用 9 根小棒。

师:对! 对! 对! 这一组一组的两个数,都是在说一种一种的具体情况。我们从一年级到现在,是不是都这么玩过来的?

(生点头)

师:跟一个个具体情况相比,这位同学的写法(指"n""$n \times 3$")有什么最大的不同?

生 10:这个 n 和 $n \times 3$ 把所有的情况都包括进来了。

师:(双手做包围的动作)一网打尽了,是吧。

（生哈哈大笑）

师：跟具体情况相比，这位同学的创意，你觉得叫作什么呢？找个词来表达一下，考考你们的语文水平。

生11：可以叫用字母代替数字。

师：你再说一遍，我把它写下来。改一个词，用字母表示数，一共6个字。就是用字母来代替所有的情况。

（板书：用字母表示数）

师：数学要把复杂的事情变得简单，那这6个字能用一个词把它的意思表达出来吗？

生12：字母代数。

师：变成4个字了。

生：大概。

师：大概情况，那叫具体情况，这叫大概情况。孩子们，顺着他的想法，我给一个词好不好？

（板书：概括）

生：概括。

师：上面的是具体情况，这就叫概括情况。也就是说，我们一开始都是习惯去想一个一个的具体情况，但是想到最后能把这些情况想完吗？想不完，就用省略号表示。这位同学用了字母概括以后就把所有情况都包括进来了。

是啊，这位同学带给我们一个新的世界，就是让我们从具体走向了什么？

生：概括。

师：那我问问大家，你觉得这个 n 可以代表谁？举个例子。

生：1、2、3…

师：也就是说这个 n 就是代表着这里的1、2、3…

（在"具体"和"概括"之间加上双箭头）

师：孩子们，有一句话是这么讲的：聚是一团火，散是满天星。从具体走向概括，一个字母就可以搞定了，好比——

生：（齐）聚是一团火！

师：但是，用字母概括后又能回到所有的具体情况，好比——

生：（齐）散是满天星！

师：无论是具体情况还是概括情况，它们之间有什么联系吗？

生:倍数关系没变。

师:是啊,二者的数量关系是不变的。难怪有人说,数学很奇妙,关系最重要;不比不知道,一比有玄妙。

生(重复):数学很奇妙,关系最重要;不比不知道,一比有玄妙。

师:咱们以前有见过这么填答案的吗?(学生摇头)以前我们都是只填一个结果,所以像这种情况,它有字母有符号还有数,我们一般把它叫作字母式。所以,它(指着"n")是用字母来代表三角形的个数,它(指着"n×3")就是用字母式来代表小棒的根数。我们是不是应该好好谢谢这位同学?

四、变换情境,加深体验

师:(拿出一瓶饮料)这瓶饮料有 300 毫升,如果我们喝去一部分,就会剩下一部分。我们什么时候遇到过这样的问题呢?

(板书:330 毫升饮料,喝去____毫升,还剩____毫升)

师:咱们一年级就学啦,比如,我有 5 个饼,吃去 2 个饼,还剩——

师:你喝去(   )毫升,还剩(   )毫升。

生 13:我用 x 表示,我喝去 x 毫升,因为我们没有测量到底喝了多少。

师:剩下的谁来填?

生 14:喝去 x 毫升,还剩 x 毫升。

生 15:应该是用其他的字母,比如 y 表示。

生 16:我认为应该是 $300-x$。

师:哪个答案更好?

生:$300-x$。

师:为什么?我觉得 y 也蛮好的。

生 17:因为 y 没有能表示出它们之间的关系。

师:是的,孩子们。数学很奇妙——

生:关系最重要。

师:我们以前也是这么减的。只是以前减的时候,都是用具体数减出一个具体的结果,今天,用了字母代替数,就只能用字母或字母式来代替答案了。

(板书:字母式)

师:请问这里的 x 可以代表什么?

生:300 以下的数。

师:假若使 x 等于 20,剩下多少?

生：280。

师：假若使 x 等于 50 毫升——

生：还剩 250。

师：假若使 x 是 0，说明什么？

生：说明他没喝。

师：x 要是 300 呢？

生：全部喝完了。

师：对比一下，哪些是概括的情况，哪些是具体的情况。

生：$300-x$ 是概括的情况，$300-20=280$、$300-50=250$、$300-0=300$、$300-300=0$ 都是具体的情况。

师：谁再来喝一口？你要比刚才的那个男孩喝的多一点。（生喝完）

[出示：300 毫升饮料，第一次喝去 x 毫升，第二次喝去 y 毫升。

两次一共喝了（　　）毫升。

剩下（　　）毫升。

第二次比第一次多（　　）毫升]

师：会解决吗？

生：两次一共喝了 $(x+y)$ 毫升。

生：还剩下 $(300-x-y)$ 毫升。

生：第二次比第一次多喝了 $(y-x)$ 毫升。

师：简单吗？为什么简单？

生：因为有字母代替。

生：因为数量关系没有变。

师：数学很——

生：数学很奇妙，关系最重要！

师：经过刚才的学习，我们发现今天的学习好像要翻篇了。因为字母的引入，使得我们解决数学的问题一下子变得怎么样？

生：简单。

师：这就叫把复杂的问题变得简单，下面还有一句话是怎么讲的？

生：把简单的问题变得更简单。

......

170

　　"用字母表示数"单元是在学生掌握了四则运算的意义、常见数量关系、运算律、周长与面积计算等知识的基础上安排的。通过字母表示数,更能概括地理解、表达和应用这些知识,并为以后进行有关方程的知识教学作必要的准备。以下结合案例6-4,分别从高阶思维、深度教学、数学语言、数学文化等方面,说明在"式与方程"中如何实施数学思维素养的养成策略。

　　第一,有效建构,培养高阶思维。"用字母表示数"是小学生第一次接触代数知识,是数学学习由"具体"向"概括"的跨越。对此,教师遵循数学学科的特点和儿童学习数学的规律,紧扣"整体建构",改变课堂上零散化、碎片化、割裂式的教学,将分散的知识凝聚在"简化—概括"中,在整体建构中把握数学知识的联系与变化,让学生结构化地学习新知。案例6-4教学中将学生的探索有序呈现(见图6-1),用向下的箭头,聚焦概括,帮助学生实现"从具体走向概括";又用向上的箭头,诠释概括,引导学生"用概括来表达具体"。上下两个箭头,相互映照,让学生轻松地构建起完整的认知结构。

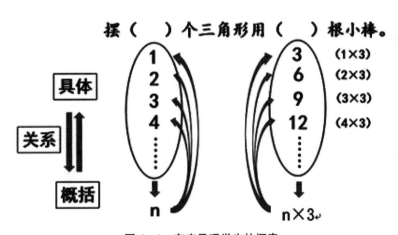

图6-1　有序呈现学生的探索

　　第二,简教深学,深化知识内涵。"用字母表示数"的教学内容简约明晰,注重体现上下贯通的深刻思维。例如,案例6-4通过创设"喝饮料"的简约情境,引导学生深入思考。喝去的饮料,从未知的 x 到已知的20,这是"用概括表达具体"的应用;x 的取值范围,从中间的数到两边的极端数0和300,这是"从一般到特殊"的扩充;两次分别喝去 x 和 y 毫升,这是"从一元到多元"的跨越。这些教学活动,融合了学生已有的知识经验,深化了知识的内涵,使学生理解了字母和含有字母的式子表示的实际意义,激活了思维,形成了符号意识。

第三,诗意数学,渗透思想方法。"把复杂的事情变得简单,把简单的事情变得更简单""千金难买回头看""数学很奇妙,关系最重要;不比不知道,一比有玄妙""最美的风景总是在远方"等,课堂中诗一般的语言,渗透了浓郁的数学思想,给学生留下了深刻的印象。

第四,深度拓展,感受数学文化。数学文化是实现学科育人的重要载体,数学文化拓展从古埃及人用"堆"表示特定的数,到丢番图用字母表示数,再到"代数学之父"韦达有意识、有系统地用字母表示数,跨越了五六千年漫长的代数发展史。在数学文化的传承中学生的思维得到了拓展,数学学科素养也得到了提升。

第五节
"比与比例"中的数学思维素养

一、"比与比例"的内容结构

在小学数学"数与代数"内容中,"比和比例"是一个重要的组成部分,是在学生掌握了一些常见的数量关系、拥有了解决稍复杂问题的能力及学习了简易方程的基础上进行学习的。"比与比例"这部分内容的学习主要出现在第三学段,这一模块主要学习比、比例以及正比例的意义及性质等知识,并应用这些知识解决按比例分配、比例尺、图形放大与缩小以及正比例等方面的实际问题,是函数思想在小学的体现。在《义务教育数学课程标准(2022 年版)》中,"比与比例"的内容要求共计 3 条,学业要求共计 3 条(见表 6-5)。值得注意的是,相较于《义务教育数学课程标准(2011 年版)》,《义务教育数学课程标准(2022 年版)》删去了对于"反比例"的要求。

表 6-5 "比和比例"的课标学段要求

学段	内容要求	学业要求
第三学段	1. 数量关系 (1) 在实际情境中理解比和比例以及按比例分配的含义,能解决简单的问题。 (2) 通过具体情境,认识成正比的量;能探索规律或变化趋势。 (3) 能运用常见的数量关系解决实际问题,能合理解释结果的实际意义,逐步形成模型意识和几何直观,提高解决问题的能力。	1. 数量关系 (1) 能在具体情境中判断两个量的比,会计算比值,理解比值相同的量,能解决按比例分配的简单问题。 (2) 能在具体情境中描述成正比的量,能找出生活中成正比的量的实例;能根据给出的成正比关系的数据在方格纸上画图,了解 $y=kx$ $(k\neq 0)$ 的形式,能根据其中一个量的值计算另一个量的值。 (3) 能解决较复杂的真实问题,形成几何直观和初步的应用意识,提高解决问题的能力。

二、"比和比例"中的数学思维素养养成策略

《义务教育数学课程标准(2022年版)》的"比和比例"内容要求中提出"在实际情境中理解比及按比例分配的含义,能解决简单的问题;通过具体情境,认识成正比的量;能探索规律或变化趋势"。根据"比和比例"的课程标准要求,结合学生的身心发展特点,"比和比例"中的核心数学思维素养养成策略主要如下:第一,把握整体,善用迁移。比和比例知识是除法、分数、比、方程、图形等知识的综合与提升。把新知识纳入知识体系中,并联系生活实际,引导学生从具体到抽象、从特殊到一般,形成比和比例的概念。第二,引导学生经历思维的过程,培养学生分析、综合、抽象、概括的能力,引导学生形成批判性思维,加强概念的对比,避免概念混淆,帮助学生灵活掌握并运用比和比例知识,逐步掌握符号思想和函数思想。

案例6-5:比的认识①

【教学目标】

(1)学生在具体情境中理解比的意义,掌握比的读写方法,知道比的各部分名称,会求比值。

(2)学生经历探索比与分数、除法关系的过程,初步理解比与分数、除法的关系,明白比的后项不能为0的道理,体会使用比的价值。

(3)在活动中培养学生分析、综合、抽象、概括能力,在解决实际问题的过程中,体会数学与生活的联系,感受数学学习的乐趣。

【教学重点】

比的意义和求比值的方法。

【教学难点】

理解比表示的意义。

【教学过程】

片段一

师:既然比与除法、分数有那么多的联系,那么为什么还要选择比来表示这里的关系?下面就让我们带着这个疑问来继续学习吧!

师:这是刚才的一杯糖水,它有10克糖,90克水。如果再加入37克咖啡粉,就成了一杯咖啡。现在你能表达出这三个数量之间的关系吗?

---

① 王卫东,潘淑芬. 在追问中逼近数学的本质——《认识比》的教学片段与评析[J]. 教学与管理,2013(2):47-49.

生1：水的质量最多，糖的质量最少。

生2：糖的质量是水的 $\frac{1}{9}$ ，是咖啡粉的 $\frac{10}{37}$ 。

生3：糖、咖啡粉、水的质量比是 $10：37：90$。

……

师：工地需配制一种混凝土，王师傅用 1 吨水、2 吨水泥、3 吨黄沙、5 吨石子很快就配制好了。怎样更简洁地表示这种混凝土中四种量之间的关系呢？

生：水、水泥、黄沙、石子的质量比是 $1：2：3：5$。

师：你为什么不用除法、分数来表示数量间的关系，反而会选择比呢？

生1：用比表示数量间的关系可以更简洁。

生2：对，特别是数量比较多的时候，用比来表示它们之间的关系更简明、更方便。

片段二

师：同学们说得很有道理！大家看，前面我们在学习比的时候，知道了两个数的比表示两个数相除，这里提及的是两个数之间量的关系，但这里(糖、咖啡粉、水的质量比是 $10：37：90$,水、水泥、黄沙、石子的质量比是 $1：2：3：5$)却出现了三个、四个数量之间的关系，这种说法矛盾吗？

（学生讨论）

生：不矛盾。

师(启发)：难道这里面也藏有两个数量的比？

生1：这里面也有两个数量的比，如水和水泥的质量比就是 $1：2$。

生2：水和黄沙的质量比是 $1：3$,水泥和石子的质量比是 $2：5$,黄沙和石子的质量比是 $3：5$……

生3：水和混凝土的总质量比是 $1：11$。

……

师：大家观察得真仔细！看来这里的说法与前面的说法并不矛盾。通过比较，我们不难发现，原来难以表述的复杂关系，现在只用三个数的连比、四个数的连比就可以轻松地表达出来了。看来，用比表示它们之间的关系确实更简洁、更明确、更方便啊！

片段三

师：除此之外，比的价值还有哪些呢？

（出示芭蕾舞演员踮脚的图片）

175

师：怎么样？很美吧！你知道芭蕾舞演员表演时，为什么要踮起脚尖呢？

生：我听美术老师说过，这里面有黄金比呢！

师：你说得非常好，这里面确实藏有黄金比的知识。那到底什么是黄金比呢？下面我们一起来了解了解吧。

（出示课本中的"你知道吗？"，介绍黄金比）

师：现在你知道芭蕾舞演员表演时为什么要踮起脚尖了吧！黄金比是美的化身，它在生活中有着广泛的应用，下面我们一起来欣赏吧！

（出示建筑、绘画中的黄金比）

师：瞧，比还"创造"了生活中的美！其实，比的价值还不止这些。

（出示：比例尺、正反比例……）

师：刑侦电影中，我们经常会看到警察测量犯罪嫌疑人留下的脚印，因为人们已经发现人体中脚的长度和身高的比大约是1∶7，这可以帮助警察推断出嫌疑人的身高。原来比还可以帮助我们推理出看不见的事实！比的威力真大！

片段四

师：比的后项可以是0吗？

（师生讨论，总结出比的后项不能为0）

生1：老师，我觉得你讲得不对，在排球比赛中，甲队3∶0战胜乙队，所以比的后项可以是0。

师：比赛中的比和数学中的比相同吗？

生2：我认为比赛中3∶0的比分中，这两个数是并列的，只是起到一个比较大小的作用。比分中的两个数可以都是0，也可以有一个为0。

生3：今天学习的比是表示两个数之间的除法关系，如3∶1可以写成3÷1，而比分中的3∶0则不能写成3÷0，所以比的后项不能为0。比分不表示除法关系，所以比分可以为0。

生4：我同意这两位同学的发言。在篮球赛中，甲队∶乙队＝73∶86，这里是比分，不是今天学习的比，这里的比分是固定的，不可以根据比的基本性质进行变化，而我们今天学习的比是可以变化的。

"比的认识"是义务教育数学教科书人教版六年级下册、苏教版六年级上册的知识，包括两个课时的内容，案例6-5属于第一课时，主要内容是理解比的意义、能正确读写比、会求比值，它建立在分数乘除法的意义与应用、分数与除法的关系等教学内容的基础上。从教材的编排意图上不难看出，本课的教学任务是使学生理解比的意义、比与除法的关系,不仅要丰富学生对现实生活中数量关系之间的认识,进一步完善认知结构,体会数量之间的内在联系,还要为以后的进一步学习奠定基础。以下结合案例 6-5,分别从问题驱动、批判思维、数学文化等方面,说明"比与比例"中如何实施数学思维素养的养成策略。

第一,问题驱动扣重点,深度学习破难点。问题驱动式教学法是从西方国家传入中国的,起源于"项目式学习(PBL)"中的重要过程——问题式学习。"问题驱动"教学法也称为 PBL,其关键在于如何根据学生的心理智力发展情况以及实际问题精心设问,使课堂教学更加人性化、趣味化、高效化。"问题驱动"教学法有利于提高学生的动手能力和培养学生的创新精神,是目前教育改革所提倡的一种教学模式,旨在利用精心设计的问题,引导学生独立思考、主动探索、合作探究,让学生真正达到深度学习。

案例 6-5 中,教师运用精心设计的问题,驱动学生在数学学习时发展思维,学会知识融合,对知识结构进行架构,使其在知识迁移应用、解决实际问题等方面的能力得到提升,引导学生一步步发现问题、提出问题,并在探究中解决问题。通过一些关键问题,如"这种说法矛盾吗?""除此之外,比的价值还有哪些呢?"等,在教师的问题驱动下,学生通过讨论交流进行深度学习,经历探索比与分数、除法关系的过程,建立新旧知识之间的联系,一方面明晰了比的意义,另一方面也体验到了比的价值,从而构建起合理、完善的认知结构。

第二,批判思维解疑惑,去伪存真寻本质。批判性思维是一种基于深度学习的倾听、质疑、矫正的理性思辨的过程,是学生必备的高阶思维能力和素养,它具有以问题为导向进行讨论探究、推理论证、反思助学的特征,从而使学生理性、自主、开放、多元地研究问题、分析问题和解决问题,其终极目标是追寻数学的本质。

案例 6-5 中,"比的后项可以是 0 吗?"教师面对学生的思维疑点,既没有简单粗暴地否定学生的疑问,也未直接告知学生比赛中的比和数学中的比是两个不同的概念。而是在课堂上,教师机智地变"意外生成"为"思维绽放",变"扼杀问题"的教学为"暴露思维"的教学,通过思想共振,让更多学生豁然开朗,实现了从"形式上的比"不断逼近比的本质,深刻理解比的意义。教师将学生的思维引向纵深,从聚焦学生浅层的表现力到关注学生深层的思维力,让批判性思维内化为品格和素养。

第三,联系生活明价值,数学文化拓视野。数学知识来源于生活,应用于生活。"认识比"是在学生已经学过除法的意义、分数的意义以及分数与除法的关系的基础上学习的。有的学生在生活中已经接触或使用过比,并有一些相关的活动经验。但学生对比的理解仅仅停留在形式上,要理解比的意义往往比较困难。密切联系学生现有的生活经验和学习经验,引发学生交流和思考,从而体会比的意义和价值是本节课的重点,也为今后学习比的应用,以及比例的知识奠定基础。

案例6-5中,教师在教学中联系生活实际来拓宽学生的视野,让学生体会到比的价值不仅仅是表达的简洁,通过了解"侦探利用比的知识破案"体会比的更深层次的价值,通过生活中的黄金比体会比的美学价值,再从整体建构的层面初步渗透比例尺、正反比例等数学知识。学生在认识比的价值的同时,体会到知识的萌发、生长与拓展,深层次地培养了数学文化素养。

 课堂互动

以人教版《数学》中"1-10的认识"(一年级上册)一课为主题,完成一个10分钟的活动设计。和你的小组成员一起讨论:

(1) 该活动培养的核心数学思维素养的目标是什么?

(2) 为了实现上述目标,可以采用哪些方法?

思考与练习

1. 在"数的认识"板块,任选一课,完成一个活动设计。要求写出该活动培养的核心数学思维素养的目标、过程。

2. 在"数的运算"板块,任选一课,完成一个活动设计。要求写出该活动培养的核心数学思维素养的目标、过程。

3. 在"常见的量"板块,任选一课,完成一个活动设计。要求写出该活动培养的核心数学思维素养的目标、过程。

4. 在"式与方程"板块,任选一课,完成一个活动设计。要求写出该活动培养的核心数学思维素养的目标、过程。

5. 在"比和比例"板块,任选一课,完成一个活动设计。要求写出该活动培养的核心数学思维素养的目标、过程。

拓展与探究

研读以下著作,并思考:数学核心素养与核心数学思维素养一样吗? 你如何理解?

马云鹏,吴正宪. 深度学习:走向核心素养(学科教学指南·小学数学)[M]. 北京:教育科学出版社,2019.

"图形与几何"领域的核心数学思维素养

 本章内容概述

"图形与几何"是小学数学课程四个领域之一,主要涉及空间和平面图形的形状、大小、位置关系及其变换。"图形与几何"领域的学段具体内容分为两个主题:"图形的认识与测量"和"图形的位置与运动"。空间观念与"图形与几何"领域密切相关,其中学习图形以及图形的关系等内容应注重学生空间观念的发展。同时,要结合"图形与几何"的学习培养学生的应用意识和创新意识。

本章内容结构图

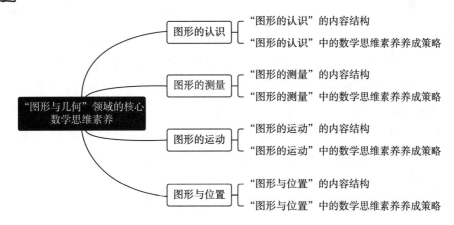

本章学习目标

◆ 理解"图形与几何"领域的内容要求与学业要求,熟悉"图形的认识与测量"和"图形的位置与运动"相关知识。

◆ 理解"图形与几何"领域培养学生空间观念、几何直观、推理意识、模型思想、应用意识和创新意识等相关核心数学思维素养的教学方法。

◆ 掌握"图形与几何"领域的教学方法,能组织相关内容的教学,发展学生的空间观念,培养他们应用模型思想等解决问题的能力。

《义务教育数学课程标准(2022年版)》指出,"图形与几何"是义务教育阶段学生数学学习的重要领域,在小学阶段包括"图形的认识与测量"和"图形的位置与运动"两个主题。学段之间的内容相互关联,螺旋式上升,逐段递进。

"图形的认识与测量"包括立体图形和平面图形的认识、线段长度的测量,以及图形的周长、面积和体积的计算。

图形的认识主要是对图形的抽象。学生经历从实际物体抽象出几何图形的过程,认识图形的特征,感悟点、线、面、体的关系;积累观察和思考的经验,逐步形成空间观念。图形的认识与图形的测量有密切关系。图形的测量重点是确定图形的大小。学生经历统一度量单位的过程,感受统一度量单位的意义,基于度量单位理解图形的长度、角度、周长、面积、体积。在推导一些常见图形周长、面积、体积计算方法的过程中,感悟数学度量方法,逐步形成量感和推理意识。

"图形的位置与运动"包括确定点的位置,认识图形的平移、旋转、轴对称。学生结合实际情境判断物体的位置,探索用数对表示平面上点的位置,增强空间观念和应用意识。学生经历对现实生活中图形运动的抽象过程,认识平移、旋转、轴对称的特征,体会运动前后图形的变与不变,感受数学美,逐步形成空间观念和几何直观。

在"图形与几何"的学习中,应帮助学生建立空间观念。空间观念是指根据物体特征抽象出几何图形,根据几何图形想象出所描述的实际物体;能够想象出空间物体的方位和相互之间的位置关系;根据语言描述或通过想象画出图形等。

直观与推理是"图形与几何"学习中的两个重要方面。几何直观是指利用图形描述几何或者其他数学问题、探索解决问题的思路、预测结果。在许多情况下,借助几何直观可以把复杂的数学问题变得简明、形象。几何直观不仅在"图形与几何"的学习中发挥着不可替代的作用,并且贯穿在整个数学学习中。

推理是数学的基本思维方式,也是人们在学习和生活中经常使用的思维方式。小学数学中涉及的推理思维素养一般包括合情推理和演绎推理。合情推理是从已有的事实出发,凭借经验和直觉,通过归纳和类比等推测某些结果,是由特殊到一般的过程。演绎推理是从已有的事实(包括定义、公理、定理等)出发,按照规定的法则(包括逻辑和运算)验证结论,是由一般到特殊的过程。在解决问题的过程中,合情推理有助于探索解决问题的思路、发现结论;演绎推理用于验证结论的正确性。

基于上述内容,我们将"图形与几何"部分的核心数学思维素养概括为:空间观念、几何直观、推理意识、应用意识、创新意识。下面分别从"图形的认识""图形的测量""图形的运动""图形与位置"出发,对"图形与几何"领域的课标内容结构与核心数学思维素养养成策略进行阐述。

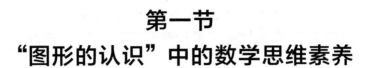

第一节
"图形的认识"中的数学思维素养

一、"图形的认识"的内容结构

在《义务教育数学课程标准(2022 年版)》中,"图形的认识"的要求共计 22 条(内容要求共计 12 条,学业要求共计 10 条),包括了第一学段、第二学段和第三学段(见表 7 - 1)。

第一学段共有 4 条具体要求,其中,内容具体要求 2 条,学业具体要求 2 条。以立体图形和平面图形的初步认识为主,这些内容主要包括认识长方形、正方形、三角形和圆形,也有辨认长方体、正方体、圆柱和球等几何体的要求,但这一阶段只是通过实物、模型或结合生活实际去进行图形的直观辨认,先认识立体图形,再认识平面图形。

第二学段共有 9 条具体要求,其中,内容具体要求 5 条,学业具体要求 4 条。主要包括对平面图形的认识,如点、线段、面、角、圆,以及四边形(长方形、正方形、梯形、平行四边形)。相对于第一学段而言,对图形的抽象性、概括性的要求有所提高,例如,提出了认识线段、射线、直线,了解平面上两条直线的平行和相交(包括垂直)关系等。

第三学段共有 9 条具体要求,其中,内容具体要求 5 条,学业具体要求 4 条。主要包括对平面图形和立体图形特征的认识,对学生思维抽象性和概括性的要求有了明显的提高。如对三角形边与角的特点探索,长方体、正方体、圆柱和圆锥的特征探究等。

表7-1 "图形的认识"的课标学段要求

学段	内容要求	学业要求
第一学段 (1～2年级)	1. 图形的认识与测量 (1) 通过实物和模型辨认简单的立体图形和平面图形,能对图形分类,会用简单图形拼图。 (2) 在图形认识与测量的过程中,形成初步的空间观念和量感。	1. 图形的认识与测量 (1) 能辨认长方体、正方体、圆柱、球等立体图形,能直观描述这些立体图形的特征;能辨认长方形、正方形、平行四边形、三角形、圆等平面图形,能直观描述这些平面图形的特征。能根据描述的特征对图形进行简单分类。 (2) 会用简单的图形拼图,能在组合图形中说出各组成部分图形的名称;能说出立体图形中某一个面对应的平面图形。形成初步的空间观念。
第二学段 (3～4年级)	1. 图形的认识与测量 (1) 结合实例认识线段、射线和直线;体会两点间所有连线中线段最短,知道两点间距离;会用直尺和圆规作一条线段等于已知线段;了解同一平面内两条直线的位置关系。 (2) 结合生活情境认识角,知道角的大小关系。 (3) 认识三角形和四边形,会根据图形特征对三角形和四边形进行分类。 (4) 能根据具体事物、照片或直观图辨认从不同角度观察到的简单物体。 (5) 在图形认识与测量的过程中,增强空间观念和量感。	1. 图形的认识与测量 (1) 能说出线段、射线和直线的共性与区别;知道两点间所有连线中线段最短,能在具体情境中运用"两点之间线段最短"解决简单问题;能辨认同一平面内两条直线是否平行或垂直;能辨认从不同角度观察简单物体所对应的照片或直观图。形成空间观念和初步的几何直观。 (2) 会比较角的大小;能说出直角、锐角、钝角的特征,能辨认平角和周角;会用量角器测量角的大小。 (3) 会根据角的特征对三角形分类,认识直角三角形、锐角三角形和钝角三角形;能根据边的相等关系,认识等腰三角形和等边三角形。 (4) 能说出长方形、正方形、平行四边形、梯形的特征;能说出图形之间的共性与区别。形成空间观念和初步的几何直观。
第三学段 (5～6年级)	1. 图形的认识与测量。 (1) 知道三角形任意两边之和大于第三边;知道三角形内角和是180°。 (2) 认识圆和扇形,会用圆规画圆;认识圆周率。 (3) 认识长方体、正方体和圆柱,了解这些图形的展开图。	1. 图形的认识与测量 (1) 探索并说明三角形任意两边之和大于第三边的道理;通过对图形的操作,感知三角形内角和是180°,能根据已知两个角的度数求出第三个角的度数。

学段	内容要求	学业要求
第三学段 (5~6年级)	(4) 对于简单物体,能辨认不同方向(前面、侧面、上面)的形状图。 (5) 在图形认识与测量的过程中,进一步形成量感、空间观念和几何直观。	(2) 能描述圆和扇形的特征;知道圆的周长、半径和直径,认识圆周率。 (3) 认识长方体、正方体和圆柱,能说出这些图形的特征,能辨认这些图形的展开图;认识圆锥,能说出圆锥的特征。 (4) 对于简单物体,能辨认不同方向(前面、侧面、上面)的形状图,能把观察的方向与相应形状图对应起来,形成空间观念。

二、"图形的认识"中的数学思维素养养成策略

"图形的认识"内容领域的学习是基于学生的空间想象力,基于几何图形的现实直观性,逐步建立空间观念的过程。故而,根据课程标准要求,结合学生的身心发展特点,"图形的认识"中的数学思维素养的养成策略主要如下:第一,找准知识的生长点,处理好"曲与直""内与外""动与静""有限与无限"的关系,培养学生的抽象能力。第二,将现实空间与语言表达建立起联系,培养学生的空间观念。第三,理顺图形中的"用字母表示数"及其之间的关系,让几何直观与符号意识的培养融为一体,为将来学习解析几何奠定知识基础。以下以圆的认识为例,说明"图形的认识"中如何实施数学思维素养的养成策略。

案例 7-1:圆的认识[①]

一、极限想象,引入新课

(课件逐步出示)

师:同学们,老师在作业本上画一个点,再画一个点,连接起来是什么?

生:线段。

师:在这条线段上有多少个点呢?

生:无数个点。

师:再给你一个点,但与前两个点不在一条直线上,然后顺势连接,可以得到什么图形?

[①] 义务教育教科书《数学》(苏教版)五年级下册,练习十三1-3题。执教人:泰州市海光中心小学竺学根老师。

生：三角形。

师：当三边相等时，是什么图形？

师：如果像这样，给你四个点，然后顺势连接，可以得到什么图形？

师：像这样，给你五个点呢？

……

师：请大家闭上眼睛，展开想象的翅膀，如此下去，最后会变成什么样的图形？

生：圆形。

（课件出示：由许多点围成的一个圆）

师：随着多边形的边数变得越来越多，我们可以想象一下，最后图形的形状越来越接近于一个圆。

师：圆，对于我们来说可是老朋友了，可是你真正了解圆吗？ 今天，你还想进一步研究圆的什么问题？

生：……

师：好的，让我们一起走进圆的世界。

二、联系生活，充分感知

师：在生活中，我们经常看到许多圆形的物体。让我们一起来欣赏几位同学完成的课前学习单，看看他们在哪儿找到的圆。

（呈现静态与动态的圆，比较球与圆的区别）

师：你还能找到圆吗？ 看来圆在我们身边无处不在，我们的生活也离不开圆。

师：除了圆，我们还学过哪些平面图形？（一一出示课件）如果老师把它们都装进一个口袋里，你觉得你最容易先摸到哪个图形？

生：圆形。因为圆是由曲线围成的平面图形，其他的都是由线段围成的平面图形。（板书：曲线图形）

三、动手实践，加强认识

（一）自主探索画圆

师：看了这么多的圆，说了这么多的圆，你们想不想动手画一个？ 让我们来分享一下下面几个同学课前是怎样画圆的。

（拷贝法、绳绕法、圆规法。学生交流反馈。边演示边介绍）

师：圆规，它有一个柄，还有两个脚，一个脚是针尖，另一个脚是铅笔芯。

(介绍圆规的同时,重点介绍用圆规画圆的方法)

(学生尝试用圆规画圆)

师:请同学们在作业纸上再用圆规画一个圆。

师:(展示画得不太好的圆)画圆时,有什么要注意的地方?

生:定点不能移动,定长不能改变,用力要均匀,圆规要稍微倾斜……

师:(展示学生画得大大小小的圆)看来圆的大小和谁有关呢?

生:圆规两脚间的距离。

师:全班画一个一样大的圆,圆规两脚间的距离是3厘米。

师:那如果老师想把这儿的圆画到黑板的另一侧,怎么办呢? 看来圆的位置又和谁有关呢?

生:针尖。

(二) 认识圆的各部分名称

1. 观看微视频

师:其实圆的各部分也有自己的名称,你们想知道吗? 请观看微视频。

师:都看明白了吗?

师:(点名)在黑板上画出圆的圆心、半径和直径,并标出相应的字母。

其余同学在自己刚画出的圆上画出圆心、半径和直径,并标出相应的字母。

2. 检查汇报

师:画圆时,针尖固定的一点是——(圆心),通常用字母——(O)来表示。

(板书:圆心 O)

师:刚才说针尖决定了圆的位置,也就是说——(圆心)决定了圆的位置。

师:连接圆心到圆上任意一点的线段,是圆的——(半径),通常用字母——(r)表示。

(板书:半径 r)

师:① 半径是一条直线还是线段? ② 两个端点在哪儿?

(相继介绍圆外、圆内)

师:看来圆的大小与圆规两脚间的距离有关,其实就是跟圆的——(半径)有关。

师:通过圆心并且两端都在圆上的线段是圆的——(直径),通常用字母——(d)表示。(板书:直径 d)

师：① 直径是一条直线还是线段？ ② 两个端点在哪里？ ③ 还要通过——（圆心）。

3. 找圆心

师：（出示没有圆心的小圆片）老师这里也有一个圆，你能想办法找出它的圆心吗？

四、合作交流，深入探究

师：我们刚刚认识了圆的圆心、半径、直径。如果让我们再深入地研究一下圆，你想研究圆的什么问题呢？

师：下面请各小组合作探究圆的特征。

生：（读要求）

探究工具：直尺、圆规和圆片等。

探究方法：画一画、量一量、比一比、折一折等。

探究内容：

（1）一个圆里有多少条半径，长度都相等吗？

（2）一个圆里有多少条直径，长度都相等吗？

（3）在同一个圆里，直径（d）和半径（r）的长度有什么关系？

（4）圆是轴对称图形吗？ 它有几条对称轴？

……

两点小建议：

（1）把你们的发现以及发现的方法都记录在研究单上。

（2）也可以提一些探究过程中的想法或问题。

（学生小组活动）

生：一个圆里有无数条半径，长度都相等。

师：怎么发现的？

（板书：无数条一样长）

生：画的、量的、折的、推想的……

师：如果直接说，"所有半径的长度都相等，所有直径的长度都相等"对吗？

生：……

师：（拿两个相同的圆）同圆或等圆。

（板书：同圆或等圆）

生：在同一个圆里，直径的长度是半径的 2 倍或半径的长度是直径的一半。

师：你是怎样知道的？

生：观察到的、量的、折的……

师：你会用含有字母的式子表示它们的关系吗？

（板书：$d = 2r$　$r = d \div 2 = \dfrac{d}{2}$）

师：如果直接说，"$d = 2r$　$r = \dfrac{d}{2}$"对吗？

生：同圆或等圆。

练习"填一填"：

表 7-2　填一填

半径(r)	20 厘米		7 厘米		3.9 米
直径(d)		6 米		0.24 米	

生：圆是轴对称图形，有无数条对称轴。

师：你是怎样发现的？

（学生对折演示）

师：还有其他发现吗？（所有的直径都相交于一点；直径是圆内最长的线段；圆的半径与圆的周长、面积的关系……）

4. 总结

刚才大家通过自己的努力又发现了这么多圆的特征，看来只要善于观察，善于动手，善于探索，就会有意想不到的收获。

5. 拓展：圆是最美的解释

师：古希腊数学家毕达哥拉斯曾经说过："在一切平面图形中，圆是最美的。"同学们，你们觉得美在哪儿呢？

师：投篮比赛的队形，怎么才算公平？（——出示正三角形、正方形、圆形）

师：其实，圆真正的美并不是它的外表，而是它的内在美。美就美在从圆心到圆上任意一点的线段都相等。

（出示课件，介绍"一中同长"）

师：其实，早在 2 000 多年前，我国古代就有对圆的精确记载，战国时期的墨子，在他的一部著作中有这样的描述："圆，一中同长也。"通过今天的学习，你知道"一中""同长"各表示什么意思吗？

师：这一发现要比西方整整早 1 000 多年，同学们，你们有什么想法吗？

187

五、全课总结,课后延伸

师:我们通过什么方法发现和探究出圆的特征呢?

生:观察、画、量、比、折、推理……

师:短短的一节课就要结束了,这节课我们初步认识了圆。如果继续深入,你还想研究圆的什么问题呢?

师:让我们下一节课继续探索圆的这些奥秘,好吗?

案例7-1的设计主题是"圆的认识"。这是"图形的认识"领域中第二学段的内容,是在学生已经学习了直线图形的认识、周长和面积计算,以及对圆有了初步的感性认识的基础上教学的。从直线图形的知识,到曲线图形的知识,不论是内容本身,还是研究问题的方法,都有所变化。教材通过对圆的研究,使学生初步认识到研究曲线图形的基本方法,渗透了曲线图形与直线图形的关系。因此,通过对圆的认识研究,不仅能加深学生对周围事物的理解,提高解决简单实际问题的能力,也为今后学习圆的周长、面积以及圆柱、圆锥的知识打好基础。

基于上述理解,本节课应达成如下教学目标:① 学生在观察、画图、操作等活动中感受并发现圆的有关特征;知道什么是圆的圆心、半径和直径;能借助工具画圆,能用圆规画指定大小的圆;会用圆的知识解释一些日常生活现象。② 学生在活动中进一步积累认识图形的学习经验,增强空间观念,发展数学思考。③ 学生进一步体验图形与生活的联系,感受平面图形的学习价值,感受圆之美,提高数学学习的兴趣和学好数学的自信心。根据本节课的教学目标,在教学活动设计中应从以下几个方面培养和提高学生的数学思维素养。

第一,操作体验是学生想象思维的起点,案例7-1以刘徽割圆术导入新课。刘徽在形容他的割圆术时说:"割之弥细,所失弥少;割之又割,以至于不可割,则与圆合体,而无所失矣。"即通过圆内接正多边形细割圆,并使正多边形的周长无限接近圆的周长,进而求得较为精确的圆周率。这里的重点不在圆周率,而在圆的"由直到曲"的产生过程。这里引导学生从一个点引申到无数个点,让学生的思维插上想象的翅膀,从有限到无限。

随后,教师设计了与学生生活实际密切相连的"学习单"环节,让学生充分感知圆的存在。即采用学习单的方式,布置学生课前搜集生活中的圆形的物体的任务,让学生体会到圆在我们身边无处不在,我们的生活离不开圆。如果说由图形到实物是想象的话,这里由实物到平面图形就是抽象。这样的设计,巧妙地培养了学生的抽象和想象能力。而建立在线段基础上的射线、直线的学习也是特别抽象的,因为它们都可以无限延长,这种无限是超出人类目光所及的,也是超出学生的生活实际的。所以,帮助学生理解无限的概念的过程,就是帮助学生建立空间观念的过程。

第二,在空间观念训练方面,案例 7-1 设计了合作交流、深入探究环节,凸显学生的学习主体地位,让学生运用工具画一画、量一量、比一比、折一折,然后就活动中的发现进行全班交流。在交流过程中,老师适时和学生对话,巧妙地点拨,用"你怎么发现的?""你会用含有字母的式子表示它们的关系吗?"等问题,引导学生加深对半径、直径以及半径与直径之间的关系的理解,挖掘概念的内涵。

语言是思维的"外壳",对现实空间的感受用数学语言表达出来,依据语言描述,想象出现实空间并画出图形,建立现实空间与语言表达的联系,有利于培养学生的空间观念。现实空间与语言表达建立联系的过程表现在两方面:一方面,经历了现实空间影印在头脑中形成概念的过程;另一方面,根据语言表达,想象出空间形式并画出图形。将现实空间与语言表达建立起联系也是实现数学课程标准所阐述的空间观念中"依据语言描述画出图形"的基础。同时,在探究的过程中,学生通过画、量、比、折以及说一说,调动多种感官参与学习,更好地建立了圆的表象,从而精准、全面地掌握圆的特征。

第三,《义务教育数学课程标准(2022 年版)》指出,符号意识主要是指能够感悟符号的数学功能,知道符号表达的现实意义;能够初步运用符号表示数量、关系和一般规律;知道用符号表达的运算规律和推理结论具有一般性;初步体会符号的使用是数学表达和数学思考的重要形式。符号意识是形成抽象能力和推理能力的经验基础。案例 7-1 中,通过交流,学生得出同一圆的半径与直径关系的结论后,老师启发学生:"如果用 r 表示圆的半径,d 表示圆的直径,你会用含有字母的式子表示它们之间的关系吗? $d=2r$(同一个圆里,直径是半径的两倍),$r=d\div2$(同一个圆里,半径是直径的一半)。如果直接说 $d=2r$,$r=d\div2$ 对吗?"同时强调必须是同圆或者等圆,注意知识表达的严密性。同一个圆的半径和直径之间的关系,用字母表示后,既方便记忆,又为知道半径求直径或知道直径求半径提供了便利。

第二节
"图形的测量"中的数学思维素养

一、"图形的测量"的内容结构

图形的测量包括图形的分类和度量,"测量"是为了从数量上刻画图形;主要内容是学习图形的周长、面积和体积。测量内容的重点有两个方面:一是认识测量单位,二是掌握基本图形周长、面积和体积的测量方法或公式。"测量单位的认识"中要通过丰富的活动使学生了解建立测量单位的必要性,认识基本的测量单位和统一测量单位的方法。这既是完成测量目标所必需的,也有助于学生建立数感、量感和空间观念。

《义务教育数学课程标准(2022年版)》中,"图形的测量"的学段要求共计21条,其中,具体内容要求共计12条,具体学业要求共计9条。第一学段、第二学段和第三学段均有相应要求(见表7-3)。

第一学段共有3条具体要求,其中,内容具体要求2条,学业具体要求1条。第二学段共有9条具体要求,其中,具体内容要求5条,具体学业要求4条。第三学段共有9条具体要求,其中,具体内容要求5条,具体学业要求4条。

表7-3 "图形的测量"的课标学段要求

学段	内容要求	学业要求
第一学段	1. 图形的认识与测量 (1) 结合生活实际,体会建立统一度量单位的重要性,认识长度单位米、厘米。能估测一些物体的长度,并进行测量。 (2) 在图形认识与测量的过程中,形成初步的空间观念和量感。	1. 图形的认识与测量 感悟统一单位的重要性,能恰当地选择长度单位米、厘米描述生活中常见物体的长度,能进行单位之间的换算;能估测一些身边常见物体的长度,并能借助工具测量生活中物体的长度。初步形成量感。

学段	内容要求	学业要求
第二学段	1. 图形的认识与测量 (1) 会用直尺和圆规作一条线段等于已知线段。 (2) 会用量角器量角,会用量角器或三角板画角。 (3) 认识长度单位千米,知道分米、毫米;认识面积单位平方厘米、平方分米、平方米;能进行简单的单位换算;能恰当地选择单位估测一些物体的长度和面积,会进行测量。 (4) 结合实例认识周长和面积;探索并掌握长方形、正方形的周长和面积的计算公式。 (5) 在图形认识与测量的过程中,增强空间观念和量感。	1. 图形的认识与测量 (1) 会用量角器测量角的大小,能用直尺和量角器画出指定度数的角;会用三角板画 30°,45°,60°,90°的角。 (2) 能描述长度单位千米、分米、毫米,能进行长度单位之间的换算;能在真实情境中选择合适的长度单位。能通过具体事例描述面积单位平方厘米、平方分米、平方米,能进行面积单位之间的换算。 (3) 经历用直尺和圆规将三角形的三条边画到一条直线上的过程,直观感受三角形的周长,知道什么是图形的周长;会测量三角形、长方形和正方形的周长;会计算长方形、正方形的周长和面积。 (4) 在解决图形周长、面积的实际问题过程中,逐步积累操作的经验,形成量感和初步的几何直观。
第三学段	1. 图形的认识与测量 (1) 会用圆规画圆;探索圆的周长和面积计算公式,能解决简单的实际问题。 (2) 知道面积单位平方千米、公顷;探索并掌握平行四边形、三角形和梯形的面积计算公式;会估计不规则图形的面积。 (3) 通过实例了解体积(或容积)的意义,知道体积(或容积)的度量单位,能进行单位之间的换算;体验不规则物体体积的测量方法。 (4) 探索并掌握长方体、正方体和圆柱图形的体积和表面积的计算公式,认识圆锥并探索其体积的计算公式,能用这些公式解决简单的实际问题。 (5) 在图形认识与测量的过程中,进一步形成量感、空间观念和几何直观。	1. 图形的认识与测量 (1) 探索并说明三角形任意两边之和大于第三边的道理;通过对图形的操作,感知三角形内角和是 180°。 (2) 会用圆规画圆。 (3) 会计算长方体、正方体和圆柱的体积和表面积;会计算圆锥的体积;能用相应公式解决简单的实际问题,形成空间观念和初步的应用意识。 (4) 能说出面积单位平方千米、公顷和体积单位平方米、平方分米、平方厘米,以及容积单位升、毫升,能进行单位换算,能选择合适单位描述实际问题。

二、"图形的测量"中的数学思维素养养成策略

根据"图形的测量"的课程标准要求,结合学生的身心发展特点,"图形的测量"中的核心数学思维素养养成策略主要如下:第一,从生活中的直观现象入手,帮助

学生形成图形的具体表象,随后抽象为几何图形,促进抽象思维的发展。第二,引导学生把数学图形的相关知识应用到实际生活中,让学生感受图形的应用价值,培养学生用数学的眼光观察、分析生活现象,发展学生的数学思维素养。第三,图形的测量要注意避免材料准备不充分的问题。下面以"角的度量"为例,说明"图形的测量"中的数学思维素养养成策略的实施要点。

案例 7-2　角的度量①

一、情境引入

投篮小游戏:吸管吹小球游戏(见图 7-1),可调角度。

(学生分组游戏)

师:说一说,同学们调整了吸管的什么,最后能准确地击中目标?

生:调整了吸管的角度。

(板书:角度)

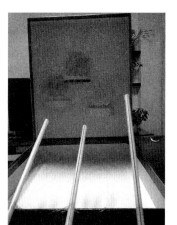

图 7-1　吸管吹小球游戏

师:像游戏中一样,角度在生活、学习、工作中有着非常重要的作用。那么精确的角度怎么来的呢? 这就是我们今天这节课要研究的问题。

(板书:角的度量)

二、自主探究量角方法

1. 比较两个角的大小,引发认知需求

从游戏图片中抽象出"吸管与桌面的夹角"。

课件演示夹角变大、变小。

提问:角的大小与什么有关呢?

(角的大小与两条边叉开的大小有关)

设疑:这两个角谁更大一些? 你怎么知道这个角大呢? 仅凭眼睛看,有时不能得到一个正确的结论,我们可以用什么方法比较呢?

生:可以用活动角比。

(学生操作)

师:怎么比?

---

① 义务教育教科书《数学》(人教版)四年级上册第二单元。执教人:泰州市大浦中心小学倪艳执教。

根据学生回答,教师板书:点重合 边重合

归纳小结:看来角是有大小的,有的角大,有的角小。角的大小有固定的数值,角的大小是可以度量的。

谈话:叉开的程度怎么度量呢,这需要统一的计量单位和度量工具了。

2. 出示量角器,引导学生自主探索

师:这就是角的度量工具——量角器。你有什么想问的吗?

生1:量角器为什么做成半圆的?

生2:量角器上的角在哪里?

提问:角有一个顶点两条边,你能在量角器上找到角吗?

(小组讨论在量角器上找角)

生1:量角器是半圆形的,没有顶点,我怎么找不到角?

生2:量角器所有的线都集中在一个点上,这个点可以当作角的顶点。

师:同学们观察得很仔细!量角器上的一条条线叫作刻度线,这些刻度线共同对着一个点,这个点叫作量角器的中心。

(课件演示)

生3:量角器上有好多角,把中间的一个点当作顶点,任意两条线之间就是角。

提问:观察一下,你发现这些小刻度线把半圆平均分成了多少份?

生:180等份。

师:这些刻度线把半圆平均分成了180份,每一份所对的角就是1度的角。

课件演示:在量角器图上依次演示几个1°的角。

介绍:"度"是计量角的单位,用符号"°"来表示,如1度记作1°。

(师板书,示范指导书写)

(让学生在量角器上指出1°角的顶点和两条边)

生4:我找到90°的角了,把量角器平均剪成两半,一半就是直角。

请学生到前面比画90°的角。

师:大家看看这个角的顶点在哪里? 这个角的顶点就是量角器的中心点。

(板书:中心点)

这条边上有一个"0",所以这条线叫作0°刻度线。

(板书:0°刻度线)

他刚才指的另一条边就是90°刻度线。

师：量角器上有一些刻度数，这些刻度数用来表示角的度数。为了读数方便，量角器上标有内、外圈刻度数。

（师分别指出内、外圈零度刻度线）

（学生在量角器上，从右边起，沿内圈刻度线依次指出 0°、50°、75°、90°、145°、180°的刻度线；再从左边起，沿外圈刻度线依次指出这些度数的刻度线）

现在你明白量角器为什么要做成半圆的吗？

生：从0°一直旋转到平角180°，旋转的过程正好和量角器上的度数吻合，所以量角器就做成半圆形了。

三、尝试量角

师：我们刚才在量角器上看到若干个大小不同的角。那怎么用量角器来量角呢？想一想，试着量量∠1是多少度。

（学生尝试量角）

生1：我量的这个角，从里圈看是110°，从外圈看是70°。

师：你是怎样量这个角的？

生1：用量角器的中心对着角的顶点，用量角器上指向零的这条线对着角的一条边，再看另一条边指向的是量角器上的哪个刻度，就得出这个角的度数了。

师：他说这个角从外圈看是70°，从里圈看是110°，究竟是多少度呢？

生2：应该是70°。因为角的一条边对着量角器左边的零刻度线，所以要从外圈那个0往后面数，数到70°。

师：你认为应该从外圈的0往上数。

生3：我也认为应该从外圈的0往上数。因为角的一条边是对着量角器外面的那圈的0，所以应该从外面的0往上数到中间，看到是几度，这个角就是几度。

生4：∠1是锐角，不可能超过90°，所以应该是70°。

生5：从右边数应该看里圈的数，从左边数就应该看外圈的数。

（全班交流，总结量角的方法和步骤。先把量角器的中心点和角的顶点重合；角的一条边和量角器的零刻度线重合，也就是边重合；只要看角的另一条边指着刻度几，把它读出来就行了）

师：（强调）读刻度时要注意什么呢？

一定要分清是读内圈刻度还是外圈刻度。

四、练习巩固量角方法

1. 完成"想想做做"第 1 题

点名让学生说说量角的过程。

2. 完成"想想做做"第 2 题

测量每块三角板三个角的度数。

算一算：每块三角板上三个角度数的和是多少？

（每块三角板上三个角度数的和是 180°）

3. 完成"想想做做"第 3 题

要求：先估计一下，三个角的大小一样吗？

提问：你有什么发现？

小结：角的大小与两条边的长短无关，与两条边叉开的大小有关。

4. 拓展延伸

课件出示一张有磨损的角。（没有角的顶点）

提问：这个角的度数是多少？请你估一估，你能测量出它吗？

分组讨论测量，汇报方法。

五、体会量角的应用价值

同学们会量角了，那量角在生活中有什么用呢？（出示"你知道吗？"）。

放风筝比赛时，可以利用角度确定谁是最终的胜利者。

国际标准化组织建议：最轻松的写字角度是 15°；最舒适的阅读角度是 45°。

椅子的靠背总是向后倾斜的。用于学习的椅子靠背向后倾斜 8°；用于吃饭的椅子靠背向后倾斜 9°；沙发靠背一般向后倾斜 11°左右。

滑梯的角度在 40°~50°之间比较合适。

"角的度量"是人教版小学《数学》教科书四年级上册第二单元的内容，主要学习的是抽象出角的各个特征。这节课的基础是二年级上册的"角的认识"，二年级的学习重点在于让学生在具体的生活情境中初步感知角的组成，角的大小跟角的边长的长短无关，而与角的两边叉开的大小有关。四年级正是学生从形象思维过渡到抽象思维的转折点，所以本单元重点学习直线、射线，从而知道角是由两条射线组成的，并在此基础上认识量角器，进一步学习角的测量，会用度数来表示角的大小。下面，我们结合案例 7-2，分别从抽象思维、数学眼光、科学态度等方面，说明"图形的测量"中的数学思维素养的养成策略应如何实施。

第一,在抽象思维训练方面,案例7-2从生活中学生喜闻乐见的吸管吹小球游戏导入,不仅明确了精确角度的重要性,让学生在脑中形成了角的表象,而且通过分组游戏,使学生兴致盎然,激发了学生数学学习的热情与兴趣,使学生自然地进入到新知的探究中,为了成功,学生们要不断地调整吸管的角度,加深了他们对角度的直观感知,培养了学生的抽象能力。

第二,在用数学眼光分析生活现象方面,案例7-2用比较角的大小引入课题的目的是找准知识的生长点,引发学生的认知需求;其次是利用活动角重合比较的方法,渗透度量的方法,为下面的学习做好铺垫。所以,案例7-2采用了具有一定可推广性的教学环节:① 认识量角器各部分的名称。② 引导学生按照"点重合"—"边重合"—"读刻度"的方法进行量角。③ 加强不同方向变化角的练习,熟练掌握量角技能。

实际教学中,学生在量角时往往容易忽视量角器的双刻度线,导致读角时内外刻度不分,如把130°读成50°,所以,案例7-2在对量角器的认识上花了较多时间和精力,教学中把重点放在全面认识量角器的构造上,让学生在量角器上找出大小不同的角,并能很快地读出量角器上大小不同的角。课上先是有学生找到了直角,进而发现量角器上有好多角,把量角器中间的一个点当作顶点,任意两条线之间就是角。学生发现了量角器上众多的角,并理解了因为角的开口不同,有的向左,有的向右,为了测量方便,所以有两圈刻度。这个过程中,"全面认识量角器的构造"看似花费了多余的时间,实际上则是起到了"磨刀不误砍柴工"的效果。认识量角器,到量角器上找角,认识量角器上一个个1°的角和不同角度的角,让学生在观察比较中发现,同一条刻度线对应着不同的两个角度,知道为了方便量角,量角器有内圈和外圈,读哪一圈要看角的一条边对应着哪一条零度刻度线。在量角读数的过程中,深深地培养了学生的数感。

第三,促进学生分析、比较、概括的思维品质和严谨的科学态度的形成。在图形的测量活动设计方面,案例7-2中,执教教师在教学过程中曾发现这样一个问题:不规范的量角器会给学生测量角造成干扰。例如,有的量角器上卡通图案多,看不清刻度,有的量角器上的刻度线不全,有的量角器中心点是一个圆洞,学生在将其与角上对应点重合时会发生很大的误差。执教教师反思后认为,主要问题出在学生对量角器没有充分的认识上。

学生在学习角的度量前具有的测量经验主要是用直尺测量长度。课前执教教师也曾在学生中进行了调查,当时有很多学生提出了疑问:量角器为什么是半圆的? 角的两条边不是直的吗? 为什么在曲边上有刻度? 这同时也反映出部分学生对角的大小与边的长短无关这一概念理解的模糊。还有学生提出:为什么量角器上有两个"0"刻度线? 两圈刻度? 因此,执教教师认为,把在量角器上找角作为学习量角器的突破口很有必要。案例7-2中,教师把教学重点放在全面认识量角器的构造上,让学生在量角器上找出大小不同的角,并能很快地读出量角器上大小不同的角。在课堂教学活动中,先是有学生找到了直角,进而发现量角器上有好多角,把量角器中间的一个点当作顶点,任意两条线之间都可以形成角。学生发现了量角器上众多的角,并理解了因为角的开口不同,有的向左,有的向右,为了测量方便,所以有两圈刻度。课前的疑惑迎刃而解,学生深刻理解了量角时怎样把要测量的角和量角器上的角重合,读数变得轻松多了。

可见,针对"量角时出现的内外刻度不分"的问题,引导学生观察角的一边对的是哪一圈的"0"刻度线,就看哪一圈的刻度;或者以直角为标准,看角的度数是锐角还是钝角,用"和直角比较大小"的方法检验结论的正确性,不仅有效降低了量角、画角的难度,更能促进学生分析、比较、概括的思维品质和严谨的科学态度的形成。

第三节
"图形的运动"中的数学思维素养

一、"图形的运动"的内容结构

《义务教育数学课程标准(2022 年版)》中,"图形的运动"的要求共计 8 条(内容要求共计 5 条,学业要求共计 3 条),其教学集中在第二学段和第三学段(见表 7 - 4)。第二学段共有 3 条具体要求,其中,具体内容要求 2 条,具体学业要求 1 条。第三学段共有 5 条具体要求,其中,具体内容要求 3 条,具体学业要求 2 条。

第二学段主要包括图形的平移、旋转和轴对称的"直观"特征,主要活动是观察、辨认和操作,这个部分更注重几何直观思维的培养。第三学段的主要活动是运用方格纸画出轴对称图形,将简单图形进行平移、旋转,并运用平移、旋转和轴对称进行图案设计。显然,第三学段对学生的空间想象能力、几何直观能力和动手能力均有明确要求。可见,"图形的运动"是为了帮助学生进一步认识图形的特征,理解不同图形之间的关系。

表 7 - 4 "图形的运动"的课标学段要求

学段	内容要求	学业要求
第二学段 (3~4 年级)	1. 图形的位置与运动 (1)结合实例,感受平移、旋转、轴对称现象。 (2)在感受图形的位置与运动的过程中,形成空间观念和初步的几何直观。	1. 图形的位置与运动 能在实际情境中,辨认出生活中的平移、旋转和轴对称现象,直观感知平移、旋转和轴对称的特征,能利用平移或旋转解释现实生活中的现象,形成空间观念。
第三学段 (5~6 年级)	1. 图形的位置与运动 (1)了解比例尺,能利用方格纸按比例将简单图形放大或缩小。 (2)能在方格纸上进行简单图形的平	1. 图形的位置与运动 (1)能在方格纸上描述图形的位置,能辨别和想象简单图形平移、旋转后的图形,画出简单图形沿水平或垂直方向平移后

学段	内容要求	学业要求
第三学段 (5~6年级)	移和旋转;认识轴对称图形和对称轴,能在方格纸上补全简单的轴对称图形。 (3) 能从平移、旋转和轴对称的角度欣赏生活中的图案,能借助方格纸设计简单图案,感受数学美,形成空间观念。	的图形,以及旋转90°后的图形;能借助方格纸,了解图形平移、旋转的变化特征。知道轴对称图形的对称轴,能在方格纸上补全轴对称图形,形成推理意识。 (2) 对给定的简单图形,能用平移、旋转和轴对称的方法,在方格纸上设计图案,并能说出设计图案与简单图形的关系。

二、"图形的运动"中的数学思维素养养成策略

"图形的运动"中的数学思维素养养成策略以"数形结合"为核心。华罗庚先生曾说:"数缺形时少直观,形少数时难入微。"一语道破了数形结合的重要性。数学问题尤其是图形的运动问题,从数与形相联系的角度入手,有助于激发学生的问题意识,从而透彻地认识问题的本质。因此,数形结合就是通过"以形助思"或"以数解形",把抽象的数学语言与直观的图形结合起来思考,从而让复杂问题简单化,抽象问题具体化,促成抽象思维与形象思维的融合。下面以"轴对称"为例,说明上述策略的实施要点。

案例 7-3:轴对称①

【教学目标】

(1) 在观察、操作等活动中,进一步认识轴对称图形及其对称轴,体会轴对称图形的特征和性质,并能在方格纸上补全一个轴对称图形的另一半。

(2) 在探索的过程中进一步增强动手操作能力,发展空间观念。

(3) 在学习活动中培养学生的审美观念和学习数学的兴趣。

【教学重点】

掌握画图的方法和步骤。

【教学难点】

能在方格纸上画出轴对称图形的另一半。

【教学过程】

一、复习激趣,感知规律

1. 操作复习

---

① 义务教育教科书《数学》(人教版)四年级下册,执教人:泰州市大浦中心小学倪艳老师。

师:同学们,现在我们一起来做一个折纸的游戏吧。

(课件演示与教师的实物演示同步进行)

(1)折一折:先出示一张长方形纸,然后将长方形纸进行对折。

(2)画一画:在折后的纸上画一棵树的一半。

(3)剪一剪:将画的这个图形剪下来。

(4)猜一猜:同学们,请你猜一猜,这个图形沿折痕展开后会是一个什么图形?这样的图形是我们学过的什么图形?

(板书:轴对称图形)

师:什么是轴对称图形?完全重合是什么意思?这条折痕叫作轴对称图形的什么?

2. 丰富表象

(课件呈现现实生活中常见的轴对称图形)

师:你还见过哪些轴对称图形?

3. 作对称轴

师:折一折,画一画,看能画出几条对称轴。

师:每个小组内准备有长方形、正方形、正三角形各一个,请小组同学分工合作,很快画出它们的对称轴,然后在小组内说一说,你是怎么做的,做了几条。

4. 理解对称点

(1)作品展示。

师:谁来展示一下你画的对称轴?怎么判断你画得对不对?

(2)观察理解。

在轴对称图形中,对称轴两边互相重叠的部分是完全对称的,也就是说,左边某一部分,在右边一定有一部分与它对称;同样的,互相重叠的两个点就叫作对称点。下面请同学们将你的轴对称图形中某一线段的端点标上字母,然后找一找它们的对称点。

5. 导入新课

师:以正三角形为例,请分别找出各顶点的对称点。

师:对称轴不同,同一点的对称点就不同,看来,对称点与对称轴之间还存在一定的关系。今天我们就来进一步研究一下轴对称图形。

二、合作探究,发现规律

1. 引导

师:为了研究方便,我们请来一位助手。(出示方格图)将这个轴对称图形(前面剪好的松树图)放到方格图上来观察。

思考:为了找到对称点与对称轴之间的关系,你准备从哪里入手进行观察?

2. 小组研究

师:请将你们的松树图放到方格图上,找到几组对称点并标上字母,然后仔细观察,看一看,数一数,你们发现了什么?

3. 汇报交流

师:你们发现了什么? 谁来与大家分享一下你们的成果?

4. 验证推广

师:通过刚才同学们的认真研究,发现这个轴对称图形上两个对称点到对称轴的方格数是相等的。是不是所有轴对称图形都有这个特征呢? 怎么验证?

将刚才画好对称轴的图形放到方格图上验证一下,看看是否都有这样的特征?

教师小结:轴对称图形上两个对称点到对称轴的方格数(距离)相等。

三、自主尝试,运用规律

1. 情境设置

师:妈妈准备给儿子绣一颗红五角星,她现在在方格图上画出了五角星的一半,你能帮妈妈补全这个五角星图吗?

2. 激发思考

师:要想顺利地画出另外一半图形,你有什么办法? 根据是什么?

3. 操作尝试

师:怎样画得又好又快?

4. 作品展示

师:谁能来展示一下你画出的轴对称图形的另外一半? 并说说你是怎样画得又好又快的。

教师小结:总结利用对称轴补全轴对称图形的方法,一"找",找出图形上每条线段的端点;二"定",根据对称轴确定每一个端点的对称点;三"连",依次连接这些对称点。

四、操作实践,巩固规律

师:我们不仅发现了轴对称图形对称点的特征,而且还根据这个特征找到了补全轴对称图形的方法,现在我们来练一练吧。

(1) 补一补:将课前剪下的课本附页上的脸谱,补到课本第 84 页第 2 题的空白处。

(2) 画一画:课本第 83 页"做一做"第 2 题,画出下面这个轴对称图形的另一半。

(3) 比一比:课本第 84 页第 4 题,分别画出下面两个轴对称图形的另一半。

(分两大组完成,每组做一个,意在体验找对称点时,要找全所有的关键点)

(4) 试一试:课本第 85 页第 6 题,你能画出下面图形的另一半吗?

(5) 说一说。

师:通过今天的学习,你对轴对称图形有了哪些新的认识? 又有什么收获?

【达标检测】

1. 下图中是轴对称图形的在下面的( )里画"√",并画出所有的对称轴。

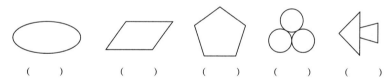

(　　)　　　　(　　)　　　　(　　)　　　　(　　)　　　　(　　)

2. 填写下表。

表 7-5　认识对称轴

图形对称轴	长方形	正方形	等腰三角形	正三角形	等腰梯形
条数					

3. 填空。

(1) 方格中的图形是(　　)图形。

(2) 点 D 的对称点是(　　),它们到对称轴的距离都是(　　)小格。

(3) 点 A 与点(　　)到对称轴的距离相等,都是(　　)小格。

(4) 点(　　)和点(　　)到对称轴的距离都是 5 小格。

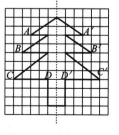

图 7-2　认识图形

4. 根据对称轴,补全下面的轴对称图形。

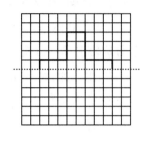 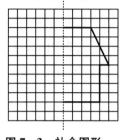 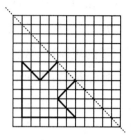

图 7-3　补全图形

"轴对称"是《义务教育数学课程标准(2022 年版)》"图形与几何"领域中"图形的运动"的重要内容。案例 7-3 对应的是义务教育教科书《数学》(人教版)四年级下册第 82 页、83 页的内容。① 这是自二年级下册初步认识轴对称图形后的再次学习,要求学生在操作中理解"轴对称图形的对称点到对称轴的距离相等"这一特点,并利用这个规律找到每一个端点的对称点后补全轴对称图形,为后面"平移、旋转"的教学奠定了基础。

方格图是小学数学中典型的"数形结合"的模型之一,是学生学习轴对称的重要工具,它为学生建立方位感、感受距离提供了有力的参照。同时,方格图有大小相同、整齐排列的方格相衬,"距离"自然而然地被学生接受和认可。所以,教材在编排时,先通过呈现现实生活中常见的一些轴对称图形来唤起学生已有的生活经验,复习关于轴对称图形的知识,然后借助方格图,让学生进一步认识轴对称图形的对称点与对称轴之间的关系。教材这样的设计,既尊重了学生的认知基础,顺应了学生的认知需求,又有效地帮助学生建立了方位感和距离感,发展了学生的空间观念。所以在教学中,我们要充分借助方格图,组织学生看一看、找一找、数一数、画一画等,使学生明白轴对称图形上两个对称点到对称轴的方格数(距离)相等,加深对轴对称图形特征的认识。

案例 7-3 中,教师充分发挥学生的主体作用,借助方格图,让学生动手操作,在操作中发现"轴对称图形的对称点到对称轴的距离相等"这一特征,并让学生根据这一特征尝试探索补全一个轴对称图形的方法,使学生进一步理解这一特征。

案例 7-3 从数形结合思想出发,围绕"初步感知—探索发现—尝试运用—操作实践"四个环节组织教学活动。首先,组织一个折纸的游戏,让学生再次见证轴

---

① "平移、旋转和轴对称"是苏教版《数学》三年级上册的内容。

对称图形形成的过程,唤起学生的已有经验,使学生进一步理解轴对称图形及其对称轴的知识,并从中理解对称点,初步感知规律。再借助方格图,让学生通过看一看、数一数的活动,探索发现轴对称图形的对称点与对称轴之间的关系。然后,根据探索的规律让学生尝试补全轴对称图形,寻找根据对称轴补全一个轴对称图形的方法。最后,让学生进行实践运用,通过补一补、画一画、比一比、试一试、说一说等活动,让学生在练习中熟悉和巩固规律,并理解这一规律的本质特点。在整个活动中,学生经历"做"的过程,在操作中理解规律,感受知识间的联系,寻找补全轴对称图形的方法,体验了数学学习的乐趣,这一过程极大地激发了学生学习数学的主动性,培养了学生良好的数学学习习惯,最终促进学生数学核心素养的发展。

第四节
"图形与位置"中的数学思维素养

一、"图形与位置"的内容结构

《义务教育数学课程标准(2022年版)》中,"图形的运动"的要求共计7条(内容要求共计4条,学业要求共计3条),包括了第二学段和第三学段(见表7-6)。第二学段共有1条具体内容要求。第三学段共有6条具体要求,其中,具体内容要求3条,具体学业要求3条。

第二学段应在感受图形的位置与运动的过程中,帮助学生形成空间观念和初步的几何直观。第三学段的主要活动是运用方格纸和数对表示位置、确定位置,绘制并描述简单的路线图,运用比例尺进行图上距离与实际距离的换算。显然,第三学段对学生的空间想象能力、几何直观能力均有明确要求。可见,"图形与位置"是为了进一步认识和运用图形解决问题。

表7-6 "图形与位置"的课标学段要求

学段	内容要求	学业要求
第二学段 (3~4年级)	1. 图形的位置与运动 在感受图形的位置与运动的过程中,形成空间观念和初步的几何直观。	
第三学段 (5~6年级)	1. 图形的位置与运动 (1)能根据参照点的方向和距离确定物体的位置;会在实际情境中,描述简单的路线图。 (2)能用有序数对(限于自然数)表示点的位置,理解有序数对与方格纸上点的对应关系。 (3)了解比例尺,能利用方格纸按比例将简单图形放大或缩小。	1. 图形的位置与运动 (1)能根据指定参照点的具体方向和距离描述物体所处位置;能在熟悉的情境中,描述简单的路线图,形成几何直观。 (2)能在方格纸上用有序数对(限于自然数)确定点的位置,理解有序数对与对应点的关系,形成空间观念。

学段	内容要求	学业要求
第三学段 (5~6年级)		(3)认识比例尺,能说出比例尺的意义;在实际情境中,会按给定比例进行图上距离与实际距离的换算;能在方格纸上,按给定比例画出简单图形放大或缩小后的图形,形成空间观念和推理意识。

二、"图形与位置"中的数学思维素养养成策略

"图形与位置"中的数学思维素养养成要以发展学生的空间观念、推理能力与应用意识为核心,从学生已有的生活经验出发,把"看图描述"与"动手操作"有机结合,突出数学知识和方法的内在联系,重视不同知识和方法的综合应用,在掌握基础知识、形成必要技能的基础上,体验数学学习过程,感悟数学基本思想,形成数学思维素养。下面以"用数对确定位置"为例,说明上述策略的实施要点。

案例7-4:用数对确定位置[①]

【教学目标】

(1)在具体情境中认识行、列,初步理解数对的含义,会用数对表示物体的位置,能在方格纸上用数对确定位置。

(2)经历探索用数对确定物体位置的过程,学会确定位置的方法,渗透坐标思想及数形结合思想,发展学生的空间观念。

(3)在具体情境中感受数对与生活的密切联系,体会数学的价值,感受数学的简洁美。

【教学重点】

会用数对表示具体情境中物体的位置,能在方格纸上用数对确定位置。

【教学难点】

理解"0"既是列的起点也是行的起点,能把生活中对位置的认识与表述过渡到数学上。

【教学过程】

一、用数对确定具体情境中的位置

师:今天我们从一个新的角度研究确定位置的方法。

---

① 义务教育教科书《数学》(人教版)五年级上册,执教人:吴正宪小学数学教师工作站王彦伟老师。

（板书课题：用数对确定位置）

（一）创设情境，描述位置

1. 在小组中确定位置（一维空间）

（1）谈话：这里是我们班几位同学的照片，其中包括这学期转走的李萱泽，你能介绍一下她的位置吗？

（出示照片，学生交流汇报）

（2）师：都是描述一个人的位置，为什么一会儿是第 3 个，一会儿是第 4 个呢？

师：看来为了便于交流，首先要统一数数的方向。

（3）师：横排时我们通常从左往右数，现在有了这样的规定，该怎样描述李萱泽的位置？

2. 在全班中确定位置（二维空间）

（1）师：从一排中你们用一个数就能确定李萱泽的位置，如果要把她放在整个班级中，你们还行吗？

请你设法表示她的位置，并写在纸的上方。

（2）学生活动：写一写，并汇报交流。

学生可能的回答如下：

（1）从上往下数第 3 排，从左往右数第 3 个。

（2）从左往右数第 3 组，从下往上数第 5 个。

（3）从左往右数第 3 组，从上往下数第 3 个。

（4）从右往左数第 4 组，从上往下数第 3 个。

设问 1：李萱泽的位置没有动，为什么我们描述却变了呢？

设问 2：这么多种说法，你有什么感觉？

小结：为了便于交流，需要把表述方法统一。

（二）认识数对，形成概念

1. 导入

师：第几列第几行还是有点麻烦，能不能把这种方法再简化一下？

2. 小组活动：学生创造

板书：3 5 ↑，(5,3)，(3,5)，三 5……

师：同学们真了不起，这么短时间内就创造了这么多种不同的表示方法。

师：观察这些确定位置的方法，你发现什么了吗？

（都用了3和5两个数）

师：3和5各表示什么意思？

师：只给你第3列，能确定班中李萱泽的位置吗？只给第5行呢？

小结：看来在整个班级中介绍李萱泽的位置时，列数和行数缺一不可。

3. 建立概念

像这样用列数和行数组成的一对数，叫数对。（板书：数对）认识了数对就可以用数对确定位置。

用数对表示位置时，先写第几列，再写第几行，中间用逗号隔开，同时用小括号括起来，共同表示一个位置。

4. 有序性

教师引导：为了便于观察和思考，用方格表示每个人的位置。

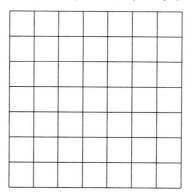

李萱泽的好朋友的位置是(5,3)，指出他坐哪儿。你怎么知道的？

师：(3,5)，(5,3)这两个数对都有5和3，它们表示的位置为什么不同呢？

小结：在(3,5)，(5,3)这两个数对中，数的顺序不同，表示的位置也就不同。看来数对中两个数是有顺序的，这对确定位置很重要。

（板书：顺序）

5. 数对在现实情境中的应用

同学们都学会了用数对表示位置，回到上课的现场，你能用数对表示你在教室中的位置吗？

二、用数对确定方格图上的位置

（一）认识原点(0,0)

师：回头再看我们的座位图，如果把每个人看成平面上的点，把列想成竖线，把行想成横线，就成了这样的方格图。我们在方格图上研究新的问题。

师:你能用数对表示熊猫馆的位置吗?

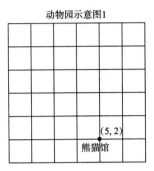

动物园示意图1

【学情预设】此时学生不会用行和列表示物体位置,教师可追问:没有行和列就不能用数对表示熊猫馆的位置,怎么办?

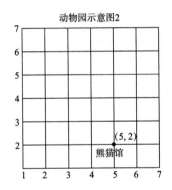

动物园示意图2

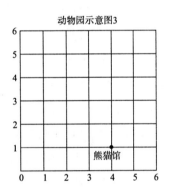

动物园示意图3

师:(出示方格图)现在你能用数对表示熊猫馆的位置吗?

师:熊猫馆这个点的位置没变,为什么相应的数对却发生变化呢?

(方格开始的数不同,同一个点的位置用不同的数对来表示)

师:看来统一的规定里,除了方向和顺序,还少不了起点呢。

(板书:起点)

小结:"0"既是列的起始,又是行的起始。

(二)巩固练习

大门在(3,0),在图中画出它的位置;商品部在(,   )。

设计猴山和狮虎山所在的位置。先填空,猴山在(,   ),狮虎山在(,   ),再

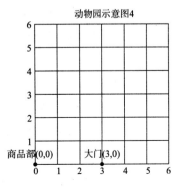

动物园示意图4

在图中画出它的位置。

小结：设计的数对不同，图中场馆的位置不同。

动物园扩建，还能用数对表示这两个场馆的位置吗？

小结：别小看这一小小的突破，我们确定了观察的起点位置(0,0)后，平面上所有点的位置都可以用数对表示。反过来，只要有一个数对，就能在平面上找到它的对应点。

（板书：点——对应数对）

三、理解概念，简单应用

（一）画图加深理解

师：今天学习的用数对确定位置的方法，不仅可以解决生活问题，在数学研究中也非常有用。

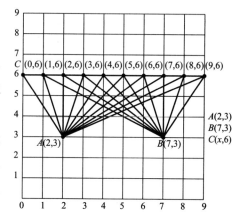

师：在三角形 ABC 中，你能用数对表示它三个顶点的位置吗？先描点 A(2,3)、B(7,3)不变，C 点数对是（☆,6)。C 点的位置可能在哪儿？

学生活动：描点、用数对表示、画出三角形。

师：小组交流有什么发现？

（汇报交流）

小结：用数对确定位置后，图形的特点能反映到数对里，反过来，数对的特点也就反映到图形上。有了数对，我们就可以通过数对研究图形了，这是数学家送给我们的珍贵礼物。

（二）介绍数学家笛卡儿：平面直角坐标系的产生

四、回归生活，体会价值

师：刚才，我们学习了用数对确定位置，你能举出生活中用数对确定位置的例子吗？

（1）学生举例。

（2）教师举例，学生欣赏。

（播放短片：感受数对在生活中的应用）

"用数对确定位置"是小学义务教育教科书《数学》苏教版四年级下册、人教版五年级上册的教学内容，是"图形与几何"中"图形与位置"部分的重要内容。本单元内容是在学生学会了用上、下、前、后、左、右确定位置(一年级上册),学习了用东、南、西、北等词语描述物体方向(三年级下册)的基础上,进一步学习用数对确定物体的位置。同时,也为后面进一步学习"根据方向和距离两个参数确定物体的位置"打下基础。

此时,学生的学习基础为:几乎所有的学生都会用"第几个"的方式来描述一维线性空间中物体或点的位置;大多数学生会用"第几排第几个"等方式来描述二维平面空间中规则排列的物体或点的位置;对于三维立体空间中规则排列的物体,少数学生会用"第几层第几排第几个"等方式来描述其位置,极少数学生还会通过添加方向进行描述。①

第一,从学生已有的生活经验出发,引入相关的数学思维素养养成训练。"图形与位置"的教学内容与日常生活密切相关,源于生活又应用于生活。教学时,一方面要引导学生借助生活经验理解和掌握相关的数学方法;另一方面,要通过创设合适的问题情境,帮学生认识到,要想更加准确地描述方向、确定位置,就要引入更加清晰的规则。案例7-4中,在全班中确定位置(二维空间)的活动中,教师通过课前调研,从学生的几种常见的确定位置的做法入手,得到了开放式的反馈,一方面便于掌握学生的学习起点,进而找准学生的生活经验所在;另一方面以此产生认知冲突,引发学生对数学方法与规则的需求——确定位置统一标准的需求,学生在活动中切实体会到了统一表达标准的必要性。

第二,突出从学生生活实际、生活情境向平面图形过渡的抽象过程,帮助学生理解抽象的位置、方向、数对等概念,进而培养学生的空间观念。在描述方向、确定位置时,通常都要从学生熟悉的现实情境或情境图入手,先让他们联系生活经验理解概念、了解方法,初步学会用相关知识和方法描述现实情境中物体所在的方向或位置,再进一步启发他们将所学的知识和方法应用于相对抽象的平面图形之中。这样的过程既体现了教学的层次性,也体现了数学方法所应有的抽象性和普适性,有助于学生由具体到抽象逐步加深对相关知识和方法的认识,在更为一般的层面上理解和应用方法,培养空间观念,锻炼抽象思维。教学时,一方面要让学生充分经历由现实情境到平面图形的抽象过程,感受平面图形与现实情境的联系和区别;另一方面要让学生初步体会借助平面图形表示物体所在的方向、描述物体之间的位置关系更具一般意义,因为图形所显示的方向、位置及其相互关系,不仅更加规

① 魏光明,朱小平."用数对确定位置"教学的基础、重点及价值[J].小学数学教育,2017(5):10-12.

小学数学思维素养养成教程

范、简洁,而且更加便于交流。

案例 7-4 中,学生在方格纸上用数对确定物体位置,把用数对表示位置的实物图抽象成用线和点组成的方格图,是本节课的一个重点内容又是教学难点。教师通过引导学生观察数对 (x,y),逐步建立数与形的联系。在四年级确定位置的学习中没有体现坐标原点,这是学生第一次体会坐标原点的重要性,教师的讲解正是帮助学生完成新概念的顺应过程。在练习过程中,引导学生用数对表示方格图上点的位置到平面上点的位置,体会数对与点的位置一一对应。皮亚杰认知发展理论指导下设计的由实物图—方格图—坐标系的逐渐抽象学习过程,有助于实现在学生头脑中建立平面直角坐标系雏形的目的,继而培养学生的空间观念。

第三,注重整合"图形与位置"的相关知识与方法,实现数学思维素养的综合培养。"图形与位置"的教学内容与现实生活有着十分密切的联系,具有明显的实践性特质;同时,应用"图形与位置"的知识和方法解决相应的实际问题时往往也会涉及不同领域的知识和方法,其过程具有较强的综合性。为了帮助学生不断丰富和加深对相关知识和方法的理解,逐步提高应用所学知识分析和解决问题的能力,教学时一方面要重视不同知识和方法的综合应用,引导学生从不同角度建立相关知识之间的联系,更好地把握其数学实质;另一方面,要重视操作性、实践性的活动环节,引导学生主动应用数学的概念、原理和方法解释日常生活现象,解决现实世界里的问题,感受数学与其他学科、数学与日常生活的广泛联系。

案例 7-4 中,在"理解概念,简单应用"环节,教师设计了在方格纸上"用数对表示、画出三角形"的应用活动。在方格纸上画图,是一种特殊的操作活动,它在"确定位置"的教学过程中,具有不可或缺的作用。因为是否学会画图能反映学生是否理解数对的含义,是否掌握根据数对确定位置的检测手段。在该活动中,教师设计了在方格纸上画三角形 C 点的位置,让学生先猜想再画。通过活动,学生先看清楚数对所对应点的位置,再比较、观察、讨论画好的三角形的特点。画图既承载了对有关数对知识深化理解的作用,又深化了对已有平面图形特征的认识,体现了数学思维素养的综合培养。

课堂互动

以人教版《数学》"角的初步认识"(二年级上册)一课为主题,完成一个 10 分钟的活动设计。和小组成员一起讨论:(1) 该活动培养的核心数学思维素养的目标是什么?(2) 为了实现上述目标,可以采用哪些方法?

思考与练习

1. 在"图形的认识"板块,任选一课,完成一个活动设计。要求写出该活动培养的核心数学思维素养的目标、过程。

2. 在"图形与位置"板块,任选一课,完成一个活动设计。要求写出该活动培养的核心数学思维素养的目标、过程。

3. 在"图形的测量"板块,任选一课,完成一个活动设计。要求写出该活动培养的核心数学思维素养的目标、过程。

4. 在"图形的运动"板块,任选一课,完成一个活动设计。要求写出该活动培养的核心数学思维素养的目标、过程。

拓展与探究

林崇德. 构建中国化的学生发展核心素养[J]. 北京师范大学学报(社会科学版),2017(1):66-73.

林崇德. 中国学生发展核心素养:深入回答"立什么德、树什么人"[J]. 人民教育,2016(19):14-16.

阅读以上论文,结合《义务教育数学课程标准(2022年版)》,针对"图形与几何"领域的数学核心素养及其培养,谈谈你的看法。

"统计与概率"领域的核心数学思维素养

📖 本章内容概述

"统计与概率"是小学数学课程四大领域之一,其主要涉及收集、整理、描述、处理和分析数据,根据数据进行简单的判断等。根据《义务教育数学课程标准(2022年版)》的理念与要求,该部分的核心数学思维素养是培养学生的数据意识,具体体现为培养学生的应用意识和创新意识。

📖 本章内容结构图

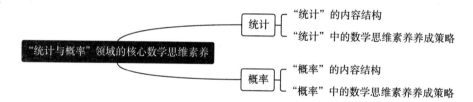

🎓 本章学习目标

◆ 能认识到发展学生的数据意识是"统计与概率"领域数学思维素养养成的核心。

◆ 灵活掌握"统计与概率"领域中数学思维素养的内涵与外延、培养路径,提高解决实际问题的能力。

《义务教育数学课程标准(2022年版)》指出,统计与概率是义务教育阶段数学学习的重要领域之一,在小学阶段包括"数据分类""数据的收集、整理与表达"和"随机现象发生的可能性"三个主题。这些内容分布在三个学段,由浅入深,相互联系。学生在学习过程中,了解统计与概率的基础知识,感悟数据分析的过程,形成数据意识。

"数据分类"的本质是根据信息对事物进行分类。学生经历从事物分类到数据分类的过程,感悟如何根据事物的不同属性确定标准,依据标准区分事物,形成不同的类别。在学习统计图表时,学生将进一步认识数据的分类,从中感悟对事物共性的抽象过程,不仅为统计学习,也为数学学习奠定基础。

"数据的收集、整理与表达"包括数据的收集,用统计图表、平均数、百分数表达数据。在学习过程中,让学生初步感受现实生活中存在大量数据,其中蕴含着有价值的信息,利用统计图表和统计量可以呈现和刻画这些信息,形成初步的数据意识。

"随机现象发生的可能性"是通过实验、游戏等活动,让学生了解简单的随机现象,感受并定性描述随机现象发生可能性的大小,感悟数据的随机性,形成数据意识。

可见,在"统计与概率"中,帮助学生逐渐建立起数据分析的观念是非常重要的。也就是说,"统计与概率"中的核心数学思维素养是数据意识。数据意识包括:了解在现实生活中有许多问题应当先做调查研究、收集数据,通过分析做出判断,体会数据中蕴含的丰富信息;了解数据是随机的和有规律的,一方面对于同样的事情每次收集到的数据可能会不同,另一方面只要有足够多的数据就有可能从中发现规律;了解对于同样的数据可以有多种分析的方法,我们需要根据问题的背景选择合适的方法。在概率的学习中,所涉及的随机现象都基于简单事件:所有可能发生的结果是有限的、每个结果发生的可能性是相同的。

第一节
"统计"中的数学思维素养

一、"统计"的内容结构

《义务教育数学课程标准（2022 年版）》中，"统计"的学段要求共计 17 条，其中，内容具体要求为 12 条，学业具体要求为 5 条。第一学段、第二学段和第三学段均有相应要求（见表 8-1）。

其中，第一学段共有 1 条"数据分类"具体内容要求，对应 1 条"数据分类"具体学业要求，内容涉及对分类与标准的感受，经历简单的数据收集和整理过程，体会运用数据进行表达与交流的作用，形成初步的数据意识。第二学段共有 6 条"数据的收集、整理与表达"具体内容要求，对应具体学业要求 2 条，主要包括经历简单的收集、整理、描述和分析数据的过程，了解条形统计图、平均数等简单的收集数据和呈现数据整理结果的方法，形成初步的数据意识和应用意识。第三学段共有 5 条"数据的收集、整理与表达"具体内容要求，对应具体学业要求 2 条，主要包括认识统计图表，并能根据实际问题的需要选择适当的统计表或统计图，了解并会使用百分数，知道统计在生活中的应用方法与意义等，形成数据意识和应用意识。

表 8-1 "统计"的课标学段要求

学段	内容要求	学业要求
第一学段 （1～2 年级）	1. 数据分类 　会对物体、图形或数据进行分类，初步了解分类与分类标准的关系，形成初步的数据意识。	1. 数据分类 　能依据事物特征，按照一定的标准进行分类；能发现事物的特征并制订分类标准，依据标准对事物分类；能用语言简单描述分类的过程；感知事物的共性和差异，形成初步的数据意识。

学段	内容要求	学业要求
第二学段 （3～4年级）	1. 数据的收集、整理与表达 （1）经历简单的数据收集和整理、描述和分析的过程，了解简单的收集数据的方法，会呈现数据整理的结果。 （2）通过对数据的简单分析，感受数据蕴含的信息，体会运用数据进行表达与交流的作用。 （3）认识条形统计图，会用条形统计图合理表示和分析数据。 （4）能读懂报纸、电视、互联网等媒体中的简单统计图表。 （5）探索平均数的意义，能解决有关的简单实际问题。 （6）能在简单的实际情境中，合理应用统计图表和平均数，形成初步的数据意识和应用意识。	1. 数据的收集、整理与表达 （1）能收集、整理具体实例中的数据，并用合适的方式描述数据，分析与表达数据中蕴含的信息。能用条形统计图合理表示数据，说明数据的现实意义。 （2）知道用平均数可以刻画一组数据的集中趋势，知道平均数的统计意义；知道平均数是介于最大数与最小数之间的数，能描述平均数的含义；能用平均数解决有关的简单实际问题，形成初步的数据意识和应用意识。
第三学段 （5～6年级）	1. 数据的收集、整理与表达 （1）根据实际问题需要，经历数据收集、整理和分析的过程，能合理述说数据分析的结论。 （2）认识折线统计图、扇形统计图；会用条形统计图、折线统计图呈现相关数据，解释所表达的意义。 （3）能从各种媒体中获得所需要的数据，读懂其中的简单统计图表。 （4）结合具体情境，探索百分数的意义，能解决与百分数有关的简单实际问题，感受百分数的统计意义。 （5）在简单的实际情境中，应用统计图表或百分数，形成数据意识和初步的应用意识。	1. 数据的收集、整理与表达 （1）能根据问题的需要，从报纸、杂志、电视、互联网等媒体上获取数据，或者通过其他合适的方式获取数据，能把数据整理成条形统计图、折线统计图，知道条形统计图、折线统计图和扇形统计图的功能，会解释统计图表达的意义，能根据结果做出简单的判断和预测。 （2）能在真实情境中理解百分数的统计意义，解决与百分数有关的简单问题。能在认识及应用统计图表和百分数的过程中，形成数据意识，发展应用意识。

二、"统计"中的数学思维素养养成策略

根据《义务教育数学课程标准（2022年版）》，小学阶段的"统计内容"教学在于根据信息对事物进行分类，从中感悟对事物共性的抽象过程，不仅为统计内容的学习，也为数学学习奠定基础。在学习过程中，让学生初步感受现实生活中存在大量数据，其中蕴含着有价值的信息，利用统计图表和统计量可以呈现和刻画这些信息，形成初步的数据意识。这就要求我们进行"统计"部分的内容教学设计与实施时，不能只重视统计数据的计算和统计图表制作能力的培养，而且还要重视学生数据分析观念与意识的培养，促进学生数学思维能力的发展。

故而,根据课程标准要求,结合学生的身心发展特点,"统计"中的数学思维素养养成策略主要如下:第一,教师应准确把握教材中"统计"板块教学内容的结构,深度分析教材的前后联系与区别,科学把握教学难点与重点,做到逻辑清晰、主次分明。第二,"统计"部分的数学知识来源于生活,且与生活紧密联系,是解决生活中实际问题的重要工具。所以,教师应注重学生生活经验与统计知识的联系,将数学问题、数学思想和数学方法的培养融于生活情境中。第三,教师应根据学生的学习基础、身心发展特点,积极引导学生开展与统计相关的"生活小课题"研究活动,通过自主学习、合作学习和探究性的数学活动,让学生学会发现问题、提出问题、分析问题、解决问题;同时,在研究性学习的过程中,深化对数据统计观念的理解,树立数据分析意识,培养创新能力与创新意识。下面以"平均数"的讲解为例,说明"统计"中的数学思维素养的养成策略应如何实施(见案例8-1)。

案例8-1:平均数①

一、初步理解平均数的意义

1.**"移多补少"求平均数**

师:为了保护环境,我们班同学利用课余时间收集矿泉水瓶,请大家仔细观察下图(见图8-1),你知道了哪些数学信息?

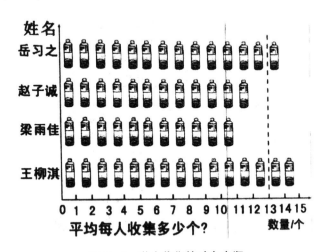

图8-1 学生收集的矿泉水瓶

【学情预设】学生可能会说出每人收集的矿泉水瓶个数,也可能会说出王

----

① 义务教育教科书《数学》(人教版)四年级下册第90-92页,执教人:杨淑萍(山西省特级教师)、张雨红(山西省教学能手)。

柳淇收集的最多,梁雨佳的最少。

师:你能根据统计图提出什么问题呢?

【学情预设】学生可能会提出"4个同学一共收集了多少个矿泉水瓶?""平均每人收集了多少个矿泉水瓶?"等问题。

师:怎样才能使每个人收集的矿泉水瓶一样多呢? 在图上应该怎样表示? 拿出你手中的题纸,先画一画、想一想,然后把你的想法和小组里的成员说一说。

学生在实物投影上展示。

【学情预设】学生可能会边操作,边说"岳习之给赵子诚1个,王柳淇给梁雨佳2个,这时候他们4个人矿泉水瓶的数量就一样多了,都是13个"。

师:把多的给了少的,使得每个人收集的矿泉水瓶同样多。我们把这样的方法叫"移多补少"。

(课件演示。板书:移多补少)

师:最后每个人收集的矿泉水瓶数量同样多,都是13瓶。13是不是每个同学收集的矿泉水瓶的实际数量呢?

【学情预设】学生会说"不是"。

师:那么,13是什么呢?

师:对,这里的13并不是每个同学收集矿泉水瓶的实际数量,而是通过移多补少之后得到的,13反映了这一组数据的一般水平,像这样的数叫作平均数。

2. "先合后分"求平均数

师:4个人收集矿泉水瓶的数量在不断增加,现在要求"平均每个人收集了多少个矿泉水瓶?"你们还能用"移多补少"的方法很快找到他们的平均数吗?(见图8-2)

师:用其他的方法能求出"平均每人收集了多少个矿泉水瓶"吗?

师:下面请同学们试着算一算,平均每人收集了多少个矿泉水瓶。

【学情预设】学生可能会这样算:

(69+52+43+92)÷4

=256÷4

=64(个)

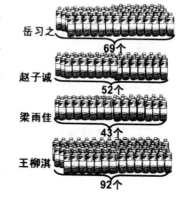

图8-2 4个人收集的矿泉水瓶数量

答:平均每人收集了 64 个矿泉水瓶。

师:你们的算法和这位同学的一样吗? 说一说你是怎么想的?

(结合学生汇报,课件演示)

师:我们把这样的方法叫作"先合后分"。

(板书:先合后分)

师:要求这 4 个数的平均数就相当于用 4 个人收集的矿泉水瓶的总数量除以他们的总人数,得到了平均数。

(板书:平均数)

二、进一步理解平均数的意义

1. 产生思考冲突

下面是第 4 小组男生队和女生队踢毽比赛的成绩。

表 8-2　女生队踢毽个数

女生姓名	踢毽个数
杨羽	18
曾诗涵	20
李玲	19
张倩	19

表 8-3　男生队踢毽个数

男生姓名	踢毽个数
王小飞	19
刘东	15
李雷	16
谢明明	20
孙奇	15

师:哪个队的成绩好?

【学情预设】有的学生会说,"算出哪个队踢毽的总数多,哪个队的成绩就好";有学生会反驳,"这样比较不公平,因为两队的人数不一样";还有的学生会说,"用每队的平均成绩比较就可以"。

师:"平均"是什么意思? 谁来说一说。

【学情预设】学生可能会说到"就是分别算出男生队与女生队平均每人踢毽子的个数"。

师:对,在人数不等的情况下,平均数可以代表这个队的踢毽子的水平。

2. 求女生队的平均成绩

师:下面请同学们算一算女生队平均每人踢了多少个毽子?

【学情预设】学生可能会这样算:

$(18+20+19+19)\div4$

$=76\div4$

$=19$（个）

3. 求男生队的平均成绩

师：男生队的平均成绩是多少呢？我们先来估一估。谁来估？

【学情预设】学生可能会说"16个、20个……"

师：可能是20吗？

【学情预设】学生可能会说，"多的要补给少的，所以不可能是20"。

师：也就是说，多的补给少的以后，最大的数会变小，所以平均数肯定比20怎么样？

师：那老师也来估一个14，可能吗？

【学情预设】学生可能会说，"因为多的补给少的以后，少的就变多了"。

师：所以平均数肯定比15大。那谁知道平均数在谁和谁之间？

【学情预设】学生可能会说，"平均数在15和20之间"。

师：也就是说，平均数肯定比最大的数小，比最小的数大。那究竟男生队的平均成绩是多少呢？在你的题纸上算一算。

【学情预设】学生可能会这样算：

$(19+15+16+20+15)\div5$

$=85\div5$

$=17$（个）

先算出男生队一共踢了85个，然后用$85\div5=17$（个）算出平均每人踢了多少个。

师：男生队和女生队的平均成绩知道了，你们说哪个队的成绩好？

小结：看来用求平均数的方法可以知道哪个队的成绩好一些。

三、深入理解平均数的意义

师：同学们这节课表现得很出色，老师这里带来了礼物，请看大屏幕（见图8-3）。

问题一：你能提出什么问题？

【学情预设】有的学生可能会说哪一罐中的棒棒糖最多，哪一罐最少；也可能会提出"平均每个罐子里有几颗"。

学生进行计算。

图 8-3　棒棒糖

【学情预设】(5＋3＋1)÷3＝3(个)。

师:这位同学回答得非常棒,老师从大屏幕上拿下来 3 颗棒棒糖奖励给她。

问题二:拿走第一个罐子里的 3 颗棒棒糖后,平均数是变大还是变小了?为什么?

【学情预设】学生可能会说"拿走 3 颗棒棒糖后,平均数变小了"。有的学生认为平均数减少了 3,有的学生认为平均数减少了 1。

教师引导并小结:拿走 3 颗,就相当于总数减少了 3 颗,但平均到每个罐子里后只减少了 1 颗。

问题三:现在再往第 3 个罐子里放 6 颗棒棒糖呢? 平均数怎样了?

【学情预设】学生可能会说"现在再往第 3 个罐子里放 6 颗棒棒糖,平均数就变大了,因为总数多了,所以平均数也就变大了"。

小结:一个罐子里的棒棒糖增多了,总数就增多了,平均数就变大了。看来一个数据变大,总数就会变大,平均数也会变大。

问题四:最后一个罐子打碎了,怎么办? 平均数会有什么变化?

【学情预设】学生可能会说,"再买一个罐子";也有的学生会说,"把这些棒棒糖放到没打碎的罐子里";还有的学生会说,"平均数变大了"。

小结:因为少了一个罐子,把最后一个罐子里的棒棒糖放到另外两个罐子里,平均数就增加了。也就是说,棒棒糖总数不变的情况下,份数减少了,平均数就增加了。

四、课堂小结,拓展延伸

师:在唱歌比赛中,每个评委都要为选手打分。计算选手的平均分时,往往要先去掉一个最高分和一个最低分。这是为什么呢? 课后同学交流,不明白的可以查一查资料。

案例 8-1 的教学内容是义务教育教科书《数学》(人教版)四年级下册第

90-92页的教学内容,属于统计单元。① 本单元的教学内容是"平均数"和"复式条形统计图"。本节课主要是让学生理解平均数的意义,并能解决求平均数的简单问题,教材中设计了两个主要例题。

案例8-1的教学是初步理解平均数的意义和求平均数的方法。教材创设了环保小分队的学生收集饮料瓶的情境,提出"你们小队平均每人收集了多少个?"的问题,引导学生利用"移多补少"或"先求和,再平均"的方法体会平均数的意义,理解平均数并不是每个学生收集到瓶子的实际数量,而是"相当于"把4个学生收集到的瓶子总数平均分成4份得到的数,每个同学收集到的可能比这个数量少,也可能比这个数量多。平均数是为了代表这组数据的总体水平而创造出来的一个"虚拟"的数。

案例8-2通过"两队人数不同,不能用总数比较"这一矛盾,促使学生进一步理解平均数的意义,进而发现运用平均数作比较的必要性。通过对平均数的比较,学生可以看出,虽然女生队的踢毽总数比男生队少,但女生队踢毽的平均数大于男生队,所以女生队的成绩更好。由此可以发现,平均数是反映一组数据总体情况的一个很好的统计量。

基于上述对于教材的理解,结合课程标准和学生身心发展特点,案例8-1设置的教学目标如下:① 在具体的问题情境中,感受求平均数是解决一些实际问题的需要,通过操作体会平均数的意义,能计算简单数据的平均数。② 运用平均数的知识解释简单的生活现象,解决简单的实际问题,进一步积累分析和处理数据的方法,发展学生的统计观念和推理能力。③ 增强与同伴交流的意识及运用所学知识解决问题的乐趣,增强学好数学的信心。

案例8-1在教学过程的设计中能做到基于课程标准,重视学生数学思维素养的培养与发展,很好地实现了教学目标。具体来说,案例8-1的教学过程设计具有以下主要特点可供学习借鉴。

第一,充分了解学情,采取有效对策。案例8-1根据教材特点与小学四年级学生的实际,做了充分预设。因为学生是具有不同知识经验的生命个体,所以在备课时充分考虑不同的学生有哪些不同的思考方法,可能会出现哪些解决问题的方案,从而设计出不同的教学策略。让学生在学会知识的同时,经历情感体验,形成学习能力,生成学习经验,使整个课堂充满活力。

---

① 此课安排在义务教育教科书《数学》(苏教版)四年级上册。

第二,选取不同情境,构建思考课堂。案例 8 - 1 中,由"平均每人收集了多少个矿泉水瓶"引入,学生通过"画一画""想一想"的活动初步理解平均数的意义。接着通过比较"第 4 小组男生队和女生队哪个队的成绩好",进一步理解平均数的意义。然后,以"三罐棒棒糖"这一素材为载体,体会了"总数的变大变小"会影响平均数;当平均分的份数减少时,平均数也会变大,较好地理解了影响平均数大小的因素。

第三,练习的设计新颖多样,学生参与积极性高。练习的设计注意结合教材内容,遵循学生的认知规律,由浅入深。通过练习,学生的数学思维素养得到了有效的发展。

第二节
"概率"中的数学思维素养

一、"概率"的内容结构

概率是研究随机现象的科学。在小学数学学习阶段,所涉及的随机现象都基于简单随机事件:所有可能发生的结果是有限的,每个结果发生的可能性是相同的。《义务教育数学课程标准(2022 年版)》中,"概率"的内容要求共计 3 条,其中,内容具体要求 2 条,学业具体要求 1 条,均在第三学段(见表 8-4)。

概率的学习首先要求学生在具体情境中,感受简单随机现象的实例,感受其在相同的条件下重复同样的实验,其实验结果不确定,以至于在实验之前无法预料哪一个结果会出现的特点。在此基础上,能列出简单的随机现象中所有可能发生的结果。这里所涉及的现象都是比较简单的,学生能够直接列出所有可能发生的结果,感受到每个结果发生的可能性是一样大的,并能对一些简单的随机现象发生的可能性大小做出定性描述。

表 8-4 "概率"的课标学段要求

学段	内容要求	学业要求
第三学段	1. 随机现象发生的可能性 (1) 通过实例感受简单的随机现象及其结果发生的可能性。 (2) 在实际情境中,对一些简单随机现象发生可能性的大小做出定性描述。	1. 随机现象发生的可能性 　能列举生活中的随机现象,列出简单随机现象中所有可能发生的结果,判断简单随机现象发生可能性的大小。对于现实生活中的一些简单问题,能根据数据提供的信息,判断随机现象发生的可能性。

二、"概率"中的数学思维素养养成策略

统计与概率从不同的角度研究刻画随机现象的方法。统计侧重于从数据刻画

随机概率、建立理论模型;概率的教学内容在小学阶段只安排了"可能性"教学,只要求学生能对简单随机事件的可能性的大小做出定性描述,让学生了解简单随机现象的特点,感受简单随机事件发生的可能性大小。

根据课程标准中"概率"教学的要求,结合学生的身心发展特点,"概率"中的数学思维素养养成策略主要如下:第一,从学生已有经验出发,通过呈现学生熟悉的活动场景,引导学生在探究"摸球游戏""抛硬币游戏"等活动中从事件发生的可能性这个角度去思考问题,使学生初步了解不确定事件现象的特点,感受不确定事件发生的可能性的大小。第二,研究现实生活中的数据、客观世界中的随机现象及事物发生的概率,通过对数据收集、整理、描述和分析以及对事件发生可能性的刻画,来帮助人们做出合理的推断和预测。第三,在学习"概率"过程中让学生形成相关的核心素养,发展随机意识,增强数据分析观念,拓展学生解决简单实际问题的范围,发展分析问题和解决问题的能力,为第三学段学习不确定事件发生的概率奠定基础。以下以"可能性"为例,说明"概率"中如何实施数学思维素养的养成策略。

案例 8 - 2:可能性 [①]

【教学目标】

(1) 直观感受"可能""不可能""一定"现象,能用"可能""不可能""一定"描述事件发生的可能性。知道在某种情况下,可能性有大有小。

(2) 经历直觉判断、对比分析、深入研究、概括提炼的学习过程,初步把握随机事件和确定事件的特征,促进可能性意义的整体建构。

(3) 增强数学与生活的联系,激发学习兴趣,激活数学思考,发展数学学习力。在学习"概率"的教学过程中,培养和发展学生的数据分析观念。

【教学重点、难点】

感受随机现象与确定现象及其关联,能用"可能""不可能""一定"描述事件发生的可能性。

【教具准备】

教师:① 课件;② 5 个白球,1 个黄球,1 个红球;③ 9 张扑克牌。

学生:① 每人一枚一元硬币;② 每 6 人为一学习小组,每小组准备一个装有球的黑色袋子。

---

① 陈晓梅.探究小学数学教学中如何渗透数学思想和方法[J].教育视界,2016(10):55 - 58.

【教学过程】

一、欣赏故事,引入课题

谈话:孩子们,今天的数学课,老师给大家带来一个发生在北宋大将军狄青身上的故事,故事的题目是《狄青百钱定军心》。

课件播放故事——

公元1053年,狄青奉旨征讨叛军。出征前,为了鼓舞士气,狄青拿出100枚铜币,大声地对士兵们说:"这次出征,我们有神灵保佑,一定能大获全胜。如果你们不相信的话,我将这100枚铜币扔在地上,请看看神灵的威力!"说完,狄青将100枚铜币全部抛在地上,结果100枚铜币鬼使神差地全部正面朝上。士兵们认定有神灵保佑,战斗中个个奋勇争先,平叛取得了巨大胜利。

师:听懂了吗?狄青用的铜币就相当于我们现在的钱币。依据你的经验,拿出100枚硬币抛到地上,结果全部正面朝上,你觉得这样的事情真的会发生吗?

学生交流自己的想法后,揭示课题:这个问题就跟我们今天要学的可能性有关。(板书:可能性)

二、抛硬币,感知"不确定"

谈话:抛硬币是一种非常简单的游戏。大家都拿出1元的硬币看一看,硬币的两面有什么不同?

指出:有1元字样的一面通常称为正面,有花形的一面称为反面。

设想:1枚硬币抛出后落下来,朝上的一面会是什么情况呢?

总结:因为硬币有正面和反面两面,所以落下来可能正面朝上,也可能反面朝上,有两种情况。

操作:学生抛1枚硬币,多抛几次,看看是不是有"正面朝上"与"反面朝上"两种情况。

师:像这种结果不止一种情况(板书:有多种结果),而事先又不能确定是哪一种结果出现的现象,在数学上称为不确定现象。(板书:不确定)不确定现象通常用"可能……可能……"来描述。(板书:可能)

三、摸球游戏,加深理解

谈话:不确定现象在摸球游戏中也经常看到。

(1)在袋子里装入黄球和红球各1个。(见图8-4)

师:如果让你从袋中任意摸一个球,会是什么情况呢?

生:我可能摸到黄球,也可能摸到红球。

图8-4 摸球(一)

227

师：这跟刚才研究的抛硬币的情形是——

生：一样的。

师：是呢，因为袋中有两种颜色的球，也就是结果有两种情况，每种情况都有可能发生，属于不确定现象。

（2）在袋子中加入1个白球。（见图8-5）

图8-5　摸球（二）　　　图8-6　摸球（三）

师：咱们来摇一摇，搅拌一下。现在任意摸一个，会是什么情况呢？

生：三种颜色的球都有可能摸到，这还是不确定现象。

生：我可能摸到红球，可能摸到黄球，也可能摸到白球。

（3）变化袋中的球为5个白球、1个红球、1个黄球。（见图8-6）

师：此时袋子里有什么？

生：5个白球，1个红球，1个黄球。

师：现在让你任意摸一个球，会是什么情况？

生1：可能摸到红球，可能摸到黄球，也可能摸到白球。

生2：因为白球多，所以摸到白球的可能性要大一些。

追问：大家的判断对不对呢？咱们不妨来摸一摸吧。

课件出示"摸球要求"：① 每人摸一次；② 摸之前摇一摇；③ 摸完后还放回去；④ 记住你摸的什么颜色。

分小组摸球，统计小组摸球情况，再汇总全班的摸球数据。

表8-5　摸球颜色统计

红球								共（　　）次
黄球								共（　　）次
白球								共（　　）次

总结：确实三种球都有可能摸到，只不过白球多，所以摸到白球的可能性大一些，摸到黄球和红球的可能性要小一些。

(4) 不断增加白球数量,体会从袋中任意摸一个球,摸到白球的可能性越来越大,摸到红球和黄球的可能性越来越小。

四、巧妙过渡,领悟"确定"

将最后一个口袋中的黄球和红球去掉。

追问:看到什么,你有什么想说的?

生1:黄球没有了,红球也没有了,袋子里全是白球。

生2:任意摸一个,摸到的肯定是白球。

生3:摸到的一定是白球。

师:(板书"一定")这个词用得好。为什么用"一定"?

生:袋子里只有一种白球了。

生:这只有一种结果。

提问:刚才研究的都是具有多种结果的情况,我们叫不确定事件。现在仅有一种结果,这种事件,我们取个什么名字好呢?

生:确定事件。

总结:像这种出现的结果只有一种(板书:仅一种结果),这种结果必然发生,数学上称为确定事件,也叫必然事件。(板书:确定事件)

师:那能摸到红球吗?

生:不可能。

师:对,仅有白球的情况下,就不可能摸到红球了。(板书:不可能)

生:也不可能摸到黄球了。

师:对,描述确定事件时,我们经常用"一定""不可能"来说。

五、回顾故事,解疑释惑

谈话:研究到这会儿,大家还记得上课开始听到的《狄青百钱定军心》的故事吗? 抛硬币属于不确定事件,要抛出100枚,而且全部正面朝上。这里面到底藏着什么秘密呢? 真的有神灵保佑吗?

同桌交流、讨论,揭开谜底——狄青使用了假币,也就是将铜币的反面也做成了正面的图案。

师:铜币的正面和反面只有一种图案,无论怎么抛,都只有一种结果。这属于哪种情况呢?

生:确定事件。

师:是啊,如果狄青抛的100枚全都是真币,难免会有的正面朝上,有的反面朝上,属于不确定事件。狄青的智慧就是把不确定事情变成了确定事情。难怪受骗上当的士兵们以为有神灵保佑呢!

六、猜牌魔术,学以致用

谈话:可能性的知识就是这样既好玩,又隐蔽。老师比较喜欢玩一种"猜牌魔术",其中也隐藏着可能性的知识。

(课件出示"猜牌魔术"规则)

观众:从9张扑克牌中任选一张,记住它;把挑出的牌放回,打乱。

魔术师:将9张牌分成3堆,每堆3张,请观众确认他挑选的牌在哪一堆;然后将9张牌合起来,再分成3堆,每堆3张,请观众确认他挑选的牌在哪一堆;再将9张牌合起来,念五个字咒语"一定就是它",找出观众挑选的牌。

教师做魔术师,学生做观众,表演魔术。成功后,学生感觉很神奇。

(播放视频,揭开谜底)

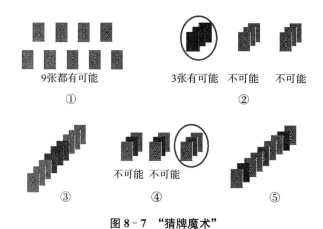

图8-7 "猜牌魔术"

学生从9张牌中任意挑选一张交给老师后,此时每张都有可能是学生挑出的那张牌(图8-7①)。老师分成3堆,学生第一次确认后,被确认那三张有可能是学生挑出的那张牌,其余6张都不可能是(图8-7②)。老师合并9张牌时,有意将被确认的3张牌夹在中间(图8-7③),然后再次分成3堆,最底下3张牌中,肯定没有挑出的牌,中间3张中有一张一定是挑出的牌,最上面3张也肯定不是挑出的牌。再次请学生确认后,就可以确定挑出的牌就在确认的3张牌中间的一张(图8-7④)。为了增加魔术的神秘,有意再将被确认的3张牌夹在9张牌的中间,这样被挑出的牌就到了9张牌的正中间(图8-7⑤),此时,随便念几个字的咒语,都一定能找到挑出的牌。

在学生都明白"猜牌魔术"中隐藏的可能性知识是从最初 9 张牌都有可能的不确定事件,通过一步一步操作,最后变成了"排在正中间"的确定事件后,学生分小组玩"猜牌魔术"。

七、总结收获,整体建构

请学生说一说本节课的收获,并逐步完善板书(见图 8-8),进一步懂得数学上的"可能性"包含着不确定事件和确定事件,在描述这些事件时,需要用上"可能""一定""不可能"等数学词语。

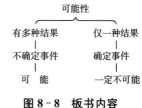

图 8-8   板书内容

第一,创设活动情境,通过实验感受随机现象。数学实践活动不是单纯追求形式上的热闹,而是要设计引领学生思维的数学活动,案例 8-2 中教师教学是从学生已有经验出发,通过呈现学生熟悉的活动场景,设计神秘的"狄青百钱定军心"抛硬币的故事悬念,激发学生对新知的探究兴趣;进而通过丰富的"摸球游戏"实验活动引导学生从事件发生的可能性这个角度去思考问题,提升学生对可能性内涵的体验和理解,引导学生有根据地猜想。学生通过对实验结果的分析,掌握了科学探究的方法,培养了合情推理的能力,初步感知生活中的不确定现象,了解事件发生的可能性有大有小,从而为后续的猜想和验证过程奠定基础。课尾通过魔术活动进行了思维拓展,利用扑克牌分层摆放的手法,将魔术的神秘转化为一定发生的事件,学生使用新学的知识对魔术中的现象给出了自己的解释。

第二,引导规范实验,逐步建构数学模型。案例 8-2 中教师引导学生借助实验的多个素材,让学生亲历观察、操作、比较、分析、交流、修正等思维活动,让学生充分经历可能性知识的形成过程,实现对可能性相关知识的数学模型建构。案例 8-2 在引导学生自主规范地完成实验和操作的过程中,提醒学生注意相关步骤和事项,指导学生摸球的规则,一个学生摸后看小球颜色,记录在统计表中,然后把摸出的小球放回袋子,然后将袋子里的小球用手搅拌均匀后再摸。学生们在摸球之后的猜测、交流中感受到了红球少、白球多的数量情况,体会到了"可能事件",在直观演示中感受到了当某一颜色球的数量比其他颜色球的数量多时,则摸出这种颜色小球的可能性就比摸出其他颜色小球的可能性大;在不断增加白球数量的操作中,帮助学生由浅入深、层层深入地感受每种颜色的球被抽到的可能性的变化;进而将黄球和红球全都拿走,只剩白球,使得一个有多种可能、不确定的随机事件转化成了一个只有一种可能的确定事件。学生在操作、观察、交流中领悟可能性现象中的"一定""可能""不可能"的变化关系。

第三,重视数学表达,用语言表述随机现象的可能性。案例8-2组织学生对实验结果进行交流讨论,用自己的语言来描述实验的感受,学生通过操作记录、观察表述,理解可能性大小与球数量多少之间的关系,通过实例感受简单的随机现象,从活动经验中积累有关可能性的知识;再从活动经验过渡到能用语言表述可能性,列出简单随机现象中所有可能发生的结果;继而真正体会随机事件、可能性这几个抽象概念,通过引导学生定性描述简单随机现象发生的可能性大小,进一步感知与理解随机现象的内涵与外延,从而发展对概率概念的认知。

📖 课堂互动

数据是会说话的,有了数据,我们就可以根据数据提出合理的建议:两会中的投票解决了很多国家大事。请在下列选题中选取你感兴趣的一个,小组完成课堂讨论。

(1) 让分类和整理更有统计的意味——分类和整理(一)

(2) 提升学生自主收集数据的能力——分类和整理(二)

(3) 扎根生本课堂,让数据分析观念在体验中开花结果——数据收集整理过程

(4) 亲近数据感受数据的价值——用"正"字法收集数据

(5) 亲历统计过程,感悟统计思想——统计表

思考与练习

1. 统计领域与概率领域的数据分析观念有差异吗? 你如何理解这种差异?

2. 概率领域的现实意义是什么? 举例说明你将在教学设计中如何应用这一板块。

3. 在"统计"领域,任选一课,完成一个活动设计。要求写出该活动培养的核心数学思维素养的目标、过程。

💡 拓展与探究

[1] 刘罂,杨光伟,唐恒钧. 中日两国小学数学课程统计与概率的比较研究[J]. 数学教育学报,2013,22(3):63-66.

[2] 钟鼎恒. 小学数学教材"统计与概率"比较研究[D]. 武汉:华中师范大

学,2013.

　　[3] 李卓,于波.小学数学教科书螺旋式结构编排比较研究——以北师版和西师版"统计与概率"为例[J].内蒙古师范大学学报(教育科学版),2012,25(2):106-108.

　　[4] 霍雨佳.中美小学数学"统计与概率"内容比较研究[D].重庆:重庆师范大学,2011.

　　研读以上文献,并思考以下问题:我国小学"统计与概率"的内容要求、思维素养要求与西方国家的区别是什么? 联系是什么?

第九章

"综合与实践"领域的核心数学思维素养[①]

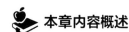 **本章内容概述**

　　"综合与实践"是一个领域,更是一种数学教学价值观,还是一种以问题为载体、以学生自主参与为主的学习活动。在"综合与实践"中找到核心素养落地的力量,是基础教育数学课程改革的热点问题。本章基于《义务教育数学课程标准(2022年版)》的理念与要求,首先分析了"综合与实践"板块的特点,然后从综合应用和实践活动两个方面系统阐述了该领域核心数学思维素养养成的路径与策略。

📖 **本章内容结构图**

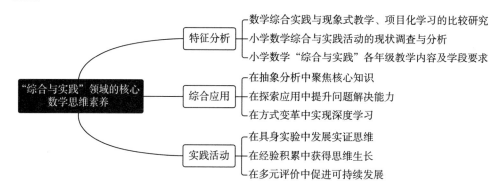

🎓 **本章学习目标**

◆ 理解并掌握"综合应用"与"实践活动"中培养学生数学思维素养的策略,能将系统的方法、策略运用到数学综合实践的课堂教学中,促进学生数学思维素养的发展。

◆ 对国内外重要的教育教学范式进行比较研究,了解引领未来教育改革的趋势,理解学生学习方式转型对提升学生数学素养、适应未来社会挑战的重要意义。

---

① 本章案例中引用的综合应用与实践活动教学设计与执教均为泰州市海光中心小学窦平老师。

《义务教育数学课程标准(2022年版)》指出,"综合与实践"是小学数学学习的重要领域。学生将在实际情境和真实问题中,运用数学和其他学科的知识与方法,经历发现问题、提出问题、分析问题、解决问题的过程,感悟数学知识之间、数学与其他学科知识之间、数学与科学技术和社会生活之间的联系,积累活动经验,感悟思想方法,形成和发展模型意识、创新意识,提高解决实际问题的能力,形成和发展核心素养。

"综合与实践"主要包括主题活动和项目学习等。第一、第二、第三学段主要采用主题活动式学习,第三学段可适当采用项目式学习。主题活动分为两类:第一类,融入数学知识学习的主题活动。在这类活动中,学生将学习和理解数学知识,感悟知识的意义,主要涉及数量、方向与位置、负数等知识的学习。第二类,运用数学知识及其他学科知识的主题活动。在这类活动中,学生将综合运用数学知识解决问题,体会数学知识的价值,以及数学与其他学科的关联。在主题活动中,学生将面对现实的背景,从数学的角度发现并提出问题,综合运用数学和其他学科的知识与方法,分析并解决问题。项目式学习的设计以解决现实问题为重点,综合应用数学和其他学科知识解决问题,体会数学知识的价值,以及数学与其他学科的关联。

第一学段的主题活动主要涉及"认识货币单位,认识时间单位时、分、秒,认识东、南、西、北四个方向"等数学知识的学习,关注幼小衔接,帮助学生积累数学活动经验。第二学段的主题活动主要涉及"认识年、月、日,认识常用的质量单位,认识方向"等数学知识的学习,在活动中综合运用数学和其他学科知识解决问题。第三学段包括主题活动和项目学习,涉及"了解负数"等数学知识的学习,在活动中综合运用数学及其他学科知识解决问题,提高应用能力。

可见,数学课程中的"综合与实践"有别于学习具体知识的探索活动,更有别于课堂上教师的直接讲授。它是教师进行引领、学生全程参与、实践过程相对完整的学习活动。积累数学活动经验、培养学生应用意识和创新意识是数学课程的重要目标,应贯穿整个数学课程之中。

第一节
"综合与实践"领域内容的特征分析

"综合与实践"的教学，重在实践，重在综合。重在实践是指在活动中，注重学生自主参与、全过程参与，重视学生积极动脑、动手、动口。重在综合是指在活动中，注重数学与生活实际、数学与其他学科、数学内部知识的联系和综合应用。综合实践活动符合当下教学范式转型趋势，引领着数学教学改革的方向。

一、数学综合实践与现象式教学、项目化学习的比较研究

芬兰的"现象式教学"，被誉为课程的"颠覆性的改革"。所谓的"颠覆"是指由传统的分科教学，向核心课程体系——跨学科学习转变。项目化学习（Project - Based Learning，简称 PBL），培养学生从跨学科的视角提出问题、分析问题和解决问题，创造成果。

比较芬兰的"现象式教学"和"项目化学习"以及"数学综合与实践活动"，它们都符合深度学习的基本要义。

第一，学习内容强调综合性与实践性。学习内容不再是分割各领域与学科，而是从事物的整体出发，以跨学科或学科内容领域的大概念为统领，提出问题。把"问题解决、任务驱动"作为第一要务，收集有效的信息并整合，运用多途径解决问题。内容的实施需要从"活动设计"的前后来谋划，切实增强学习的实践性。常常以"项目活动""主题拓展""长作业""混合式学习"等形式来落实学习任务。

第二，学习方式体现研究性与合作性。三种教学范式都试图构建以"学生为中心"的教学。无论现象、项目或问题的选择，还是课堂实践、项目探索和问题解决，再到最后的成果展示、效果评价、反思总结等，学生都是学习的主体。做中学、研中学、创中学是最基本的学习样态。因为问题的挑战性，内容的综合性与实践性，学习需要线上线下、校内校外更为广泛地合作，这就要建立与之相匹配的学习组织，以便有效地解决问题。在学生与学生、教师与学生以及学生与社会的充分合作互动中，学

生的创新力、合作力、沟通力和批判性思维等"4C"核心能力才能逐渐得到发展。

第三,学习资源力求丰富性和延展性。三种教学范式,都对学习资源的选择和应用提出了相应的要求。学校要为其实施提供空间支持和设施硬件的保障,需要建立与之相配套的资源教室、专用主题教室等。有一些学习内容需要社会场馆的支持,也有一些学习内容还需要网络资源提供支持。只有更丰富翔实的场馆和网络资源,才能为学生带来更丰富的学习体验。同时,学生通过网络资源开展线上线下的混合式学习,在更大范围内拓展学习的时空,让学习更具延展性。

二、 小学数学综合与实践活动的现状调查与分析

为了解小学数学综合实践活动的开展情况,我们曾利用网络进行了问卷调查,共调查了 472 名教师。下面是问卷中具有代表性的部分问题的统计与分析。

1. 对于数学综合与实践课,您真实的态度是(　　　)。

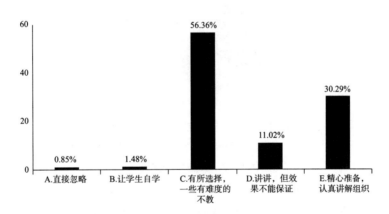

图 9 - 1　教师的态度

2. 您自己创造性地设计过数学综合与实践课吗?(　　　)

表 9 - 1　教师的创造性设计

选项	人数/人	比例/%
A. 经常创造性地设计	47	9.96
B. 偶尔创造性地设计	283	59.96
C. 几乎没有创造性地设计	86	18.22
D. 没有创造性地设计	24	5.08
E. 弃权	32	6.78

3. 您对学生数学综合与实践活动中表现出的学习情况满意吗？（　　）（多选）如果需要提高，您认为哪个方面有待加强？（　　）

表 9 - 2　教师的满意度

选项	人数/人	比例/%	选项	人数/人	比例/%
A. 非常满意	11	2.33	A. 问题提出和方案设计	170	36.02
B. 满意	23	4.87	B. 研究过程中自我的管理	382	80.93
C. 比较满意	75	15.89	C. 与他人的合作与支持	339	71.82
D. 一般	276	58.47	D. 线上线下混合式学习方式	359	76.06
E. 不太满意	52	11.02	E. 自我反思、评价与调整	326	69.07
F. 不满意	35	7.42	F. 知识的综合与应用	226	47.88

4. 您认为实施数学综合与实践活动最大的困难是（　　）。

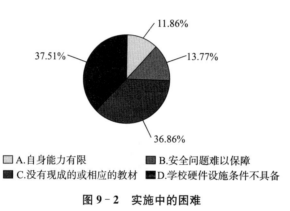

图 9 - 2　实施中的困难

5. （多选）您认为数学综合与实践需要改进的方面主要有（　　）。

表 9 - 3　需要改进的方面

选项	人数/人	比例/%
A. 教学内容的设计	275	58.26
B. 课时的安排	162	34.32
C. 教学评价的改进	127	26.91
D. 教学方法的优化	256	54.24
E. 学习成果的展示	134	28.39
F. 没有思考过	18	3.81

（一）课程方向不明体现价值认知的模糊

调查显示（见图 9 - 1），小学数学综合与实践课的教学没有得到应有的重视，有一半以上的教师对于不易组织的内容选择性忽略,让学生课后自学。有教师坦言,综合与实践活动课的效果不敢保证。究其原因,课程方向不明的背后是价值认知的模糊。其一,小学数学综合与实践课的内容往往不作为学业评价的主要内容,很多教师认为没有必要花时间去认真研究和实践。其二,许多教师对小学数学综合与实践课促进学生学习力提升、培养创新意识和实践能力的作用认识不足。

(二)实施路径的困惑体现应对策略的不足

调查显示(见表9-1),近1/4的教师没有或几乎没有创造性地设计过综合与实践活动,超过一半的教师偶尔创造性地设计。其中,教师在实施时遇到的最主要的困难有:硬件条件不具备和没有现成或相应的教材(见图9-2)。从教师的建议来看(见表9-3),大家认为数学综合与实践活动需要改进的方面主要集中在教学内容的设计、教学方法的优化和课时的合理安排。通过访谈,可以了解到不少教师对课程资源的利用和开发不够,他们依然把教材当作唯一的课程资源,或是偶尔参照互联网上的案例来进行设计课程,忽略数学学科内部以及与其他学科领域的联系,更忽略了与日常生活、学校、社区、家庭资源环境以及学生实际情况的联系。甚至还有相当一部分教师没有有效地实施整体性策略,而是简单地从一节课的角度去设计活动,急于课内完成,从而出现活动单调、内容单一、说教空洞,学生不能全员、全程参与,课堂中少实践、假实践的现象。

(三)学生关键能力的欠缺体现深度学习的需要

小学数学综合与实践课基于真实生活情境,需要学生从中抽象出数学问题与任务,在此过程中往往会牵涉不同领域的技能,需要学生通过合作、探究加以解决。深入开展数学综合与实践活动,既对学生显性学习力提出了较高的要求,也需要学生具有较好的隐性学习力。那么,学生的现有学习力水平能适应小学数学综合与实践活动的学习需要吗?我们的调查显示(见表9-2),近80%的教师认为学生的学习力不足,以探究性学习、研究性学习、合作性学习和批判性思维等为特征的深度学习能力亟待提高。

三、小学数学"综合与实践"各年级教学内容及学段要求

以下以苏教版小学《数学》教材为例,说明小学数学"综合与实践"各年级教学内容及学段要求,以供读者参考。

(一)内容框架

苏教版小学《数学》教材的"综合与实践"安排具有以下特征(见表9-4)。第一,

教材中每个年级都安排了四节综合与实践课,每一册安排两个课题,做到了一到六年级的全面覆盖。第二,从问题出发,调动学生视觉、触觉、听觉等多种感官,强调学生自主实践、合作探究,符合课程标准对于综合与实践的实施要求。第三,涉及的内容涵盖"数与代数""图形与几何""统计与概率",符合综合性、应用性特征。

表 9-4　苏教版小学《数学》教材"综合与实践"的内容框架

年级	册数	课题	呈现方式
一年级	上册	有趣的拼搭	滚一滚、堆一堆、摸一摸、搭一搭、数一数
		丰收的果园	主题图,提出问题。运水果分别有几辆车,是哪几辆? 一共多少棵? 多少筐? 有多少只鸟? 又飞来几只? 一共有多少只
	下册	我们认识的数	说一说、猜一猜、数一数
		小小商店	看图:我有 30 元钱,买一个(　　)和(　　),够不够? 买一本(　　)和(　　),一共要多少元? 自己办一个"小小商店",说说买卖商品的经过
二年级	上册	有趣的七巧板	比比想想、想想拼拼、拼拼说说
		我们身体上的"尺"	认识"身体尺":一拃、一步、一庹、一脚;用"身体尺"量:课桌、黑板、教室的长,准备测量哪个长度
	下册	测定方向	主题图:图中小朋友是怎样测定方向的? 各个方向分别有哪些景物? 分小组在校园里确定一个观测点,然后利用指南针(或方向板)找出八个方向的景物,并把表格填写完整
		了解你的好朋友	了解什么:哪些同学是你的好朋友? 你知道他们的哪些情况? 还想知道些什么? 实际调查:照样子选几项感兴趣的内容,向你的好朋友了解,并把结果记录下来。 分类整理:选择不同的标准,把你记录的结果分类整理,并用自己的方法表示出来。 回顾反思:你一共调查了多少人? 通过调查,你对自己的好朋友有了哪些了解
三年级	上册	周长是多少	拼一拼、比一比、画一画、量一量
		多彩的分数条	活动准备、"抢 1"游戏、"清 0"游戏
	下册	算 24 点	学一学、试一试、比一比
		上学时间	提出问题:你每天上学途中大约要用多长时间? 和同学相比,你用的时间是比较长,还是比较短? 收集数据:连续记录 5 天,每天上学途中大约要用多长时间? 汇总讨论:填表讨论

年级	册数	课题	呈现方式
四年级	上册	怎样滚得远	提出问题:斜坡与地面成什么角度时,物体滚得远一些呢? 实验讨论:记录30°、45°、60°斜坡的滚动数据,比较每次的平均数,你发现了什么? 回顾反思
		运动与身体变化	提出问题:你知道运动后身体会发生哪些变化吗? 运动对脉搏会有怎样的影响呢? 实验讨论:原地高抬腿跑30秒,感受运动前、后(立即、休息2分钟)的脉搏变化。 引申反思:四年级学生体育课上每分钟脉搏跳动次数达到多少比较合适? 老师是怎样安排的? 测量运动前、后呼吸的次数
	下册	1亿有多大	说一说:你能说说1亿有多大吗? 数一数:估计数1亿本练习本,大约要用多长时间? 可以怎样设计活动? 数出100本练习本,记录所用时间,填写表格(10 000、1 000 000、100 000 000本所用时间)。 量一量:30层楼的高度大约是100米,1亿枚1元硬币摞在一起,会比30层楼还高吗? 称一称:数出100粒大米,称一称有多重,再填写表格
		数字与信息	提出问题:你知道下面这些号码分别表示什么吗? 比较分析:了解自己家庭成员的出生日期和身份证号码,与同学交流。 设计方案:如果要为全校同学编号,你想表达哪些方面的信息? 准备怎样设计? 拓展延伸:你还见过哪些用数字编码表达信息的例子? 它们分别是由几部分组成的? 各表达了怎样的信息
五年级	上册	校园绿地面积	提出问题:你们学校的绿地面积是多少? 人均绿地面积呢? 实地测量:分小组测量和计算。 汇总分析:绿地总面积、全校师生人数、人均绿地面积
		班级联欢会	提出问题:如果要组织一次班级联欢会,你知道要做哪些准备吗? 组织调查:同学们喜欢的水果、饮料有哪些? 喜欢的礼品呢? 先展开调查,再确定购买什么、各买多少。 确定购买的种类和数量,再估一估、算一算,大约一共需要多少元? 分组购物:最后是结余还是超支,结余或超支多少元? 回顾反思

年级	册数	课题	呈现方式
五年级	下册	蒜叶的生长	提出问题:你注意过蒜叶的生长过程吗? 观察记录:将蒜叶分别种在三个盆里,一盆放水,两盆放土(一盆放在阳光下,一盆放在房间里)。 回顾反思
		球的反弹高度	提出问题:球的反弹高度大约是下落高度的几分之几?不同的球反弹的情况相同吗? 实验探究:做三次实验,并记录测量的数据;选择其他球再做三次实验。 回顾反思
六年级	上册	树叶中的比	提出问题:还可以怎样比较这些树叶的形状? 探索实践:每人采集一种树叶(10 片),量出长和宽,算出比值,填写表格。 回顾反思
		互联网的普及	阅读与讨论:利用互联网可以做哪些事? 统计与分析:互联网在你们班同学中的普及情况怎么样?全校同学呢? 可以从哪些方面了解这个问题? 回顾反思
	下册	大树有多高	提出问题:要想知道一棵大树的高度,可以怎样做? 实验操作:把几根同样长的竹竿直立在平坦的地面上,同时量出每根竹竿的影长。填写表格,记录比值,有什么发现? 解决问题:同时量出一根直立竹竿和一棵大树的影长,再量出竹竿的长度,把结果填入表格。怎样推算大树的高度? 延伸思考:同一棵大树,在不同时间测量它的影长,结果相同吗
		制订旅游计划	提出问题:帮助小芳制订旅游计划,并做旅游费用预算。 费用预算、实践尝试、回顾反思
		绘制平面图	了解任务、活动准备、分组测绘

(二) 学段要求

在《义务教育数学课程标准(2022 年版)》中,共有主题活动 13 个,项目化学习活动 2 个,学段要求 18 条,第一学段、第二学段和第三学段均有相应要求(见表 9-5)。其中,第一学段共设计了 6 个主题活动,设置相应学业要求 7 条(总要求 1 条,主题活动要求 6 条);第二学段共设计了 4 个主题活动,设置相应学业要求 5 条(总要求 1 条,主题活动要求 4 条);第三学段共设计了 3 个主题活动和 2 个项目化学习活动,设置相应学业要求 6 条(总要求 1 条,主题活动要求 5 条)。

表 9 - 5　"综合与实践"板块的课标学段要求

学段	内容要求	学业要求
第一学段	主题活动 1:数学游戏分享 　　在具体情境中,回顾自己在学前阶段经历的与数学学习相关的活动,唤起数学学习的感性认识和学习经验,激发进一步学习数学的兴趣,尝试运用与数学学习相关的词语,逐步养成学习数学的良好习惯。 主题活动 2:欢乐购物街 　　在实际情境中认识人民币,能进行简单的单位换算,了解货币的意义,具有勤俭节约的意识,形成初步的金融素养。 主题活动 3:时间在哪里 　　在生活情境中认识时、分、秒,结合生活经验体会并述说时间的长短,了解时间的意义,懂得遵守时间。 主题活动 4:我的教室 　　在日常生活情境中,会用上、下、左、右、前、后描述物体的相对位置;认识东、南、西、北四个方向。形成初步的空间观念。 主题活动 5:身体上的尺子 　　运用学过的测量长度的知识,发现自己身体上的一些"长度";利用这些"长度"作为单位,测量空间或其他物体的长度,积累测量经验,发展量感。 主题活动 6:数学连环画 　　结合自己的生活,运用学过的数学知识记录自己的经历,或述说一个含有数学知识的小故事,表达对数量关系的理解,感受数学知识与现实生活的联系。	能够积极参与活动,在活动中能主动表达,并与他人交流,加深对数学知识的理解,感悟数学知识与现实生活的联系,发展对数学的好奇心,提升学习数学的兴趣,初步获得一些数学活动经验。 (1)数学游戏分享。能比较清晰地描述幼儿园和学前生活中的数学活动内容,比较准确地表达自己对数、数量、图形、方位等数学知识的理解;能说明或演示自己玩过的数学游戏内容和规则,在教师的协助下能带领同伴一起玩这些数学游戏。 (2)欢乐购物街。积极投入模拟购物活动,能清晰表达和交流信息,认识元、角、分,知道元、角、分之间的关系;会在真实或模拟的情境中合理使用人民币;在教师的指导下能够反思并述说购物的过程,积累使用货币的经验,形成对货币多少的量感和初步的金融素养。 (3)时间在哪里。认识时、分、秒,能说出钟表上的时间;了解时、分、秒之间的关系,能结合生活经验体会时间的长短;能将生活中的事件与时间建立联系,感悟时间与过程之间的关系;形成对时间长短的量感,懂得遵守时间的重要性。 (4)我的教室。会用上、下、左、右、前、后描述现实生活中物体的相对位置;会用东、南、西、北描述物体所在的方向;给定东、南、西、北四个方向中的一个方向,能辨别其余三个方向;了解物体间位置、方向的相对性,形成初步的空间观念。 (5)身体上的尺子。能运用测量长度的知识,了解身体上的一些"长度";能用身体上这些"长度"测量教室以及身边某些物体的长度;能记录测量的结果,能与他人交流、分享测量的经验,发展量感。 (6)数学连环画。能简单整理学过的数学知识,思考如何运用数学知识记录自己的经历;能结合生活经验或者通过查阅资料,编写含有数学知识的小故事;能用自己的语言表达数学连环画中数学知识的意义及蕴含的数量关系,能理解他人数学连环画中的数学信息及关系,学会数学化的表达与交流。

学段	内容要求	学业要求
第二学段	**主题活动1:年、月、日的秘密** 　知道24时计时法;认识年、月、日,知道它们之间的关系;能运用年、月、日的知识解释生活中的问题,提高初步的应用意识;了解中国古代如何认识一年四季,了解中华优秀传统文化。 **主题活动2:曹冲称象的故事** 　以"曹冲称象"故事为依托,结合现实素材,感受并认识克、千克、吨,以及它们之间的关系,感受等量的等量相等,发展量感和推理意识,积累数学活动经验。 **主题活动3:寻找"宝藏"** 　在生活情境中,认识东北、西北、东南、西南四个方向,了解"几点钟方向",会描绘物体所在的方向,发展空间观念。 **主题活动4:度量衡的故事** 　知道中国在秦朝统一了度量衡,指导学生查阅资料,理解度量衡的意义,知道最初的度量方法都是借助日常用品,加深对量和计量单位的理解,丰富并发展量感。	能够积极参与活动,在活动中能独立思考问题,主动与他人交流,加深对数学知识以及数学与其他学科关联的理解;经历解决简单实际问题的过程,提高应用意识,积累数学活动经验,感悟数学的价值。 (1)年、月、日的秘密。知道24时计时法与钟表上刻度的关系,能用24时计时法表示时间;知道年、月、日之间的关系,以及相关的简单历法知识;知道一年四季的重要性,了解中国古代是如何通过土之法确定一年四季的,培养家国情怀。 (2)曹冲称象的故事。知道"曹冲称象"的故事,形成问题意识;能结合现实素材,感受并认识克、千克、吨,能进行简单的单位换算;理解"曹冲称象"的基本原理是等量的等量相等,能针对具体问题与他人合作制订称重的实践方案,并能在执行方案的过程中不断反思,丰富量的活动经验。 (3)寻找"宝藏"。在认识东、南、西、北的基础上,能在平面图上认识东北、西北、东南、西南四个方向;能描绘图上物体所在的方向,判断不同物体所在的方向,以及这些方向之间的关联;能把这样的认识拓展到现实场景中,在简单的实际情境中正确判断方位;进一步理解物体的空间方位及物体之间的位置关系,发展空间观念;了解用"几点钟方向"描述方向的方法及其主要用途,能在现实场景中尝试以站立点为正中心(圆心),以钟表盘12个小时的点位来说明方向;能尝试设计符合要求的藏宝图,能从他人的藏宝图中发现、提取信息并解决问题,提高推理意识。 (4)度量衡的故事。会查找资料,理解度量衡的意义,提升学习的意识与能力;了解最初的度量方法都是借助日常用品,理解度量的本质就是表达量的多少,知道计量单位是人为规定的;了解计量单位的发展历史,知道科学发展与度量精确的关系;在教师指导下,能对不同的量进行分类、整理、比较,丰富并发展量感。

学段	内容要求	学业要求
第三学段	**主题活动 1：如何表达具有相反意义的量** 　　在熟悉的情境中了解具有相反意义的数量，知道负数在情境中表达的具体意义，感悟这些负数可以表达与正数意义相反的量，进一步发展数感。 **主题活动 2：校园平面图** 　　在实际情境中，综合应用比例尺、方向、位置、测量等知识，绘制校园平面简图，标明重要场所；交流绘制成果，反思绘制过程，形成初步的应用意识和创新意识。 **主题活动 3：体育中的数学** 　　收集重大体育赛事的信息、某项体育比赛的规则、某运动员的技术数据等素材，提出数学问题，设计问题解决方案；在问题解决的过程中，形成发现、提出、分析、解决问题的能力。 **项目学习 1：营养午餐** 　　调查了解人体每日营养需求，几类主要食物的营养成分，感受合理膳食的重要性；调查学校餐厅或自己家庭一周午餐食谱的营养构成情况，提出建议；开展独立活动或小组活动，设计一周合理的营养午餐食谱；形成重视调查研究、合理设计规划的科学态度。 **项目学习 2：水是生命之源** 　　调查了解生活中人们使用淡水的习惯及用量，结合淡水资源分布、中国人均淡水占有量、城市生活用水的处理等信息，发现、提出并解决问题；制订校园或家庭节水方案，尝试设计节水工具或方法，提高环保意识，形成初步的应用意识和创新意识。	能够积极参与活动，在活动中能独立思考问题，主动与他人交流，经历实地测量、收集素材、调查研究、解决问题的过程，提升思考问题的能力，积累根据解决问题的需要合理选择策略和方法的经验，形成模型意识与初步的应用意识和创新意识。 (1) 如何表达具有相反意义的量。在真实情境中，通过具体事例体会相反意义的量，如温度、海拔等，能表达具体情境中负数的实际意义，能通过对多个事例的归纳、比较，感悟负数可以表达与正数相反意义的量。 (2) 校园平面图。结合本校校园的实际情况，能制订比较合理的测量方案和绘图比例；能理解所需要的数学和其他学科的知识，在教师指导下，积极有序展开测量；能按校园的方位和场所的位置，依据绘图比例绘制简单的校园平面图；能解释绘图的原则，在交流中评价与反思；提升规划能力，积累实践经验。 (3) 体育中的数学。能结合自己的兴趣，确定所要研究的关于体育的内容与范围；会查找相关资料，提出有价值的数学问题；在教师指导下，能与他人交流合作，运用数学或其他学科的知识解决问题；能积极参与小组间的交流，说明自己小组的问题解决过程，理解其他小组所解决的问题和问题解决的思路；感悟数学在体育中的作用，提高学习数学的兴趣。 (4) 营养午餐。在对人体营养需求和食物营养物质的调查研究中，进一步理解百分数的意义；会用扇形统计图整理调查结果，分析如何实现营养均衡；经历一周营养午餐食谱的设计过程，感悟在实际情境中方案的形成过程；形成重视调查研究、合理设计规划的科学态度。 (5) 水是生命之源。能合作设计生活中用水情况的调查方案，并展开调查，在调查中进一步优化方案；会查找与淡水资源相关的资料，从资料和实地走访中筛选需要的信息，提出问题，确定解决问题的思路，提高应用意识；根据问题解决中的发现和收获，制订节水方案，尝试设计节水工具或方法，培养创新意识；在问题解决中加深对水资源保护等社会问题的关注与理解。

第二节
综合应用活动中数学思维素养的养成路径

《义务教育数学课程标准(2022年版)》指出,第一学段的"综合应用"核心学业要求是"感悟数学知识与现实生活的联系,发展对数学的好奇心,提升学习数学的兴趣,初步获得一些数学活动经验",第二学段的核心学业要求是"经历解决简单实际问题的过程,提高应用意识,积累数学活动经验,感悟数学的价值",第三学段的核心学业要求是"经历实地测量、收集素材、调查研究、解决问题的过程,提升思考问题的能力,积累根据解决问题的需要合理选择策略和方法的经验,形成模型意识与初步的应用意识和创新意识"。所以,在"综合应用"的数学思维素养养成活动设计中,教师应通过问题设计、求解过程的引导,鼓励学生多动手、多思考,发现问题、提出问题,克服困难、积极进取,主动与同伴合作、积极与他人交流。

一、 在抽象分析中聚焦核心知识

数学抽象是学生数学学习的核心素养。史宁中教授提出,"数学发展所依赖的思想在本质上有三个:抽象、推理、模型,其中抽象是最核心的"。抽象是数学学习中一种必不可少的思想方法,也是数学发展过程中的一种核心思想。对数学学习而言,抽象不仅位于核心素养之首,并且逻辑推理、数学建模以及直观想象素养都与数学抽象有关。

综合应用学习要求我们把社会生活融入学习中,需要将真实问题抽象创建成数学问题。一般数学课堂中的数学问题是结构化的、清晰的,而综合应用学习中的数学问题结构是比较复杂和开放的,有多元的解决方式和最终的答案。在综合应用的学习中起关键作用的是驱动性问题的设计。这就需要学生能从纷繁复杂的数学信息中,融通数学学科甚至跨学科的素养,将思维"桥接"到具有更大深度和可迁移的概念上,读懂综合应用所指向的数学核心知识,进而从中提炼抽象出结构清晰、层次分明的数学问题,在对问题解决的过程中实现核心知识的再建构,实现学生抽象水平的转换,发展高阶思维(见表9-6)。

表9-6 从综合应用中抽象出指向核心知识的驱动性问题示例

序号	驱动性问题	本质问题与核心知识
1	爬楼梯的启示	斐波那契数列
2	兰州拉面的制作	数的乘方
3	干支纪年的奥秘	公倍数与最小公倍数
4	电视塔有多高	比例
5	车轮为什么做成圆的	圆的特征
6	蒙古包的秘密	立体几何图形的表面积与体积
7	导航中的大数据	复杂的行程问题
8	报数游戏	余数问题
9	50年后你的生日是星期几	周期问题
10	怎样设计红绿灯的时长	统计问题

以下以"大树有多高?"一课为例,说明"在抽象分析中聚焦核心知识"策略的实施过程。

案例9-1:"大树有多高?"①的活动设计

一、创设情境,提出问题

1. 谈话导入

(出示校园照片,突出一棵大树)同学们,这是我们美丽的校园,这里有一棵大树。三年级小朋友想给这棵大树做一张"身份证",可在填写高度时犯难了——怎样知道这棵树有多高呢?

2. 揭示课题

今天我们就一起到室外进行综合实践活动,来解决这个实际问题——大树有多高?

二、小组交流、提出猜想

1. 讨论方法

引导:仔细观察这棵大树及周边的环境,想一想,要知道这棵大树的高度,你可以用哪些方法?请在小组里讨论。

学生交流,教师启发,引导学生有不同的想法。

(1)了解附近建筑物的高度,再比较估计大树有多高。

---

① 苏教版小学《数学》六年级下册学习内容。

(2) 可以爬到树上,用卷尺、竹竿等工具测量出大树有多高。

(3) 发现在阳光下,大树的影子长,小树的影子短;树越高,影越长;树越矮,影越短。找一找树高和影长的关系,可以试一试利用关系求出树高。

....

比较:你认为哪种方法能方便且准确地求出大树的高度?

2. 提出猜想

引导:刚才同学们发现物体高,影子就长;物体矮,影子就短。认为物体高度与影长之间存在一定的关系。猜一猜:物体高度与影长之间会有什么样的关系?

发现:物体高度与对应影长的比值一定;物体高度与影长成正比例。

三、实验操作,比较发现

1. 测量比较

将学生分成6组,每组学生分别测量出本组竹竿的高度和影子的长度。完成并汇报测量表格。

表 9 - 7　竹竿高度和影子长度记录

	①	②	③	④	⑤	⑥
竹竿/cm						
影长/cm						

2. 发现规律

仔细观察测出的竹竿的长度以及它们的影长,可以比一比、算一算,你有什么发现? 把你的发现在小组里说一说。(学生观察、比较、计算、交流)

汇报总结,提炼板书:在同一地点,测量不同的竹竿,高度与影长的比值很接近,几乎相等。

3. 质疑验证

这个规律正确吗? 如果是正确的,那么⑤⑥号竹竿长与影长的比值大约是多少? 第⑤⑥组分别汇报测量的物体高度及影长并计算。

小结:测量不同高度的竹竿和影长,可以发现竹竿的高度与影长的比值是相等的,也就是竹竿的高度和影长成正比例。

四、应用规律,解决问题

1. 引导方法

同学们已经发现了物体影长与物体高度之间的关系,那么,怎样利用这个关系帮助三年级的小朋友解决"大树有多高"这个问题呢？说说你的想法。

2. 测量计算

要求学生测量出一根竹竿的长度和这根竹竿的影长，以及大树的影长。然后交流数据。

根据竹竿高度和影长的比等于大树高度和影长的比，列出比例，解比例，求出结果。

3. 回顾总结

解决"大树有多高"这个问题，应用了哪些知识？

"两种相关联的量一个量变化另一个量也随之变化，并且比值一定，这两个量是成正比例的量。"这是六年级《数学》下册学习的正比例的知识。苏教版《数学》"大树有多高？"是在学生认识了正比例意义的基础上安排的一次综合与实践活动。教材围绕"大树有多高"这一问题，引导学生在测量、比较、计算等活动中，初步发现并抽象出在同一时间、同一地点，物体的高度与影长成正比例的关系，并运用这一规律解决提出的问题。

案例9-1中，对于影子的长短问题，学生已经有了"物体长影子长，物体短影子短，物体的长度相等影子的长度也相等"的生活体验，本节课就是基于学生的生活体验，将其发展为数学经验，逐步从复杂的生活现象中抽象概括出"在同一地点，同时测得的不同物体的长度和影长的比值相等"的规律，说明影长与物体长度之间的正比例关系。在抽象概括这一核心知识的过程中，教师引导学生经历了猜想、质疑、验证、表述、概括的过程。

二、 在探索应用中提升问题解决能力

小学阶段对于问题解决的要求，是初步学会从数学的角度发现问题和提出问题，综合运用数学知识解决简单的实际问题，增强应用意识，提高实践能力。应用意识有两个方面的含义，一方面，有意识地利用数学的概念、原理和方法解释现实世界中的现象，解决现实世界中的问题；另一方面，认识到现实生活中蕴含着大量与数量和图形有关的问题，这些问题可以抽象成数学问题，用数学的方法予以解决。

综合实践活动是一类以问题为载体、以学生自主参与为主的学习活动，是培养应用意识的良好载体。在学习活动中，学生将综合运用数学学科、跨学科以及生活经验等方面的知识和方法解决问题。也就是说，综合实践活动的设计目的在于培养学生综合运用数学与生活的相关知识和方法解决实际问题，从而学会运用数学

思维方法,提升发现问题、提出问题、分析和解决问题的能力。因此,问题的选择、展开过程,学生参与的方式、合作交流、活动过程和结果的展示与评价等均是综合实践特别需要关注的环节。

以下以"树叶中的比"①为例,说明"在探索应用中提升问题解决能力"策略如何使用。"树叶中的比"一课的教学,引导学生通过观察、测量、计算、比较、分析等活动,发现虽然树叶的大小各不相同,但同一种树的树叶长和宽的比值都比较接近某个确定的数值。教师紧紧围绕问题解决的主线,引导学生经历发现问题、实验探究、分析数据、得出结论、解决问题等过程。这样的设计和安排不但较好地完成了本节课的教学内容,而且有助于培养学生获得解决问题的一般方法步骤,引导学生从数学的视角去认识世界,启发学生用数学思维方法去思考和解决问题。

案例 9 - 2:"树叶中的比"的活动设计

一、问题发现,从活动中产生

1. 情境引入

课前大家收集了很多种树的树叶,请你仔细观察采集的树叶,看看每种树叶有什么特点,并在小组里说一说。

2. 观察比较

出示一些常见的树叶,你们认识这些树叶吗? 观察这些树叶,看看它们的大小、形状是怎样的,不同树叶的大小、形状区别在哪里,相同树叶的大小、形状又有怎样的关系?

如果老师再出示这里面的一种树叶,你能判断是哪一种树叶吗? 说说你是怎么判断的。

3. 提出问题

不同树的树叶大小、长短一般是不同的,也就是形状一般不同。相同树的树叶大小虽有差异,但形状差不多。

从数学的角度来看,反映了什么特点呢?(同种树叶长和宽的比值接近,不同种树叶长与宽的比值不一样)怎样才能比较这些不同树叶长与宽的比,或者同一种树叶长与宽的比呢? 这就是我们今天要学习的"树叶中的比"(板书课题)。

二、问题探究,在实验中进行

1. 举例介绍树叶的长、宽

---

① "树叶中的比"在苏教版和人教版《数学》中均有此课,均是六年级上册的学习内容。

提问:动手实践之前我们先要弄清树叶的长指的是什么,宽指的是什么,你能举例介绍一下吗?

2. 动手实践

(出示活动要求)先量一量每片树叶的长与宽,算一算它们的比值,再观察研究结果,看看你有什么发现。

活动要求:

(1) 两人合作测量一种树叶的长和宽(10片),并将数据填在学习单上。

(2) 写出每片树叶的长与宽,并算出比值,再求出比值的平均数(得数保留一位小数)。

(3) 将算出的比值与树叶的形状进行比较,你有什么发现?

3. 操作实践,收集记录数据并进行相应的计算

表9-8 "树叶中的比"学习单

树叶名称	（　　）树叶									
序号	1	2	3	4	5	6	7	8	9	10
比值										
比值平均数										

三、结论发现,在比较中归纳

(1) 比较同种树叶的测量数据,发现:同一种树叶,长与宽的比值比较接近。

(2) 比较不同种树叶的测量数据,发现:比值接近的树叶,形状也相似;比值相差很大的,形状也有很大差距。

(3) 将测量的几种树叶,根据长与宽的比值,按照一定的顺序排一排。观察树叶的形状,对照它们的比值,你又有什么发现?

树叶长与宽的比值越大,树叶就越狭长;长与宽的比值越小,树叶越宽大。(结合具体的树叶说一说)

(4) 如果把这些树叶想象成同长同宽的长方形,随着比值越来越大,这个长方形的形状会怎样变化? 比值越来越小呢? 比值刚好为1呢?

(比值越来越大,这个长方形会越来越细长;比值越来越小,长方形会越来越宽大;比值为1时,长和宽相等)

四、实际应用,在练习中拓展

(1) 刚才同学们通过测量、计算、比较的方法发现了树叶中的奥秘,知道

了树叶长与宽的比值大小，反映了树叶的形状。你能利用刚才发现的奥秘来猜猜老师收集的几种树叶吗？

（1号树叶：长与宽的比2∶1；2号树叶：长与宽的比7∶1；3号树叶：长与宽的比10∶9；4号树叶：长与宽的比7∶3）

（2）在生活中，测量不同规格国旗的长和宽，算一算长与宽的比值。你发现了什么？上网查一查《国旗法》对国旗的制作尺寸有哪些明确规定。

"树叶的比"这节综合实践活动课要求学生在对信息加工的基础上，发现并提出问题，倡导用类似科学研究的方式探索并创造性地解决问题。因此，本节课构建了以"问题探究"为主线的课堂教学模式，这也应是小学数学综合与实践活动应有的基本要义。从学生的维度看，学习的流程为：发现问题→合作交流→探究实践→回顾反思→拓展应用；从教师的维度看，教学的流程为：创设情境→组织引导→提供支持→总结提升→评价激励。在实施的过程中，引导学生全面而灵活地思考问题，培养深度思考的习惯，形成问题意识和应用意识，促进学生高阶思维品质的形成。

三、在方式变革中实现深度学习

深度学习是在教师的引领下，学生围绕挑战性的学习主题，深度参与、体验成功、获得发展的学习过程；也是学生掌握核心知识，理解学习过程，把握学科的本质及思想方法，形成积极的学习动机、高级的社会情感、正确的价值观的过程。综合应用能引领课堂变革的方向，体现深度学习的基本要义，找到让深度学习落地的力量。

（一）探索建立新型的学习型组织

综合应用模糊了学科边界，既有数学学科内部的学习，也有跨学科的学习。过量信息使选择变得困难，探究的层次性与发展性需要形成新型的学习型组织。综合应用强调建立团队，明确成员之间的分工，注重师生、生生以及所有项目参与人员之间的相互合作，形成研究团队。在团队中，成员之间密切合作，每位成员共享自己的智慧和思维成果，充分交流互动，彼此间相互合作，共同完成任务。综合应用建立的新型的学习型组织，还包括了对独学、对学、群学、展示等传统学习型组织特点的传承与发展。学生需要具有独立学习思考的品质，还需要与同伴结对配合，小组合作交流，以及具备全班研讨展示的能力。按照学习金字塔理论，积极推进"小先生"制，有利于实现向"学习者为中心"和"能力为中心"教学的转型。

（二）推进混合式学习的变革

"混合式学习"是指将面对面的线下学习和在线学习相结合。所谓的混合，不是物理意义上的机械叠加，而是线上与线下的优势互补、相融。有效推进线下资源与网络数字资源的整合，实现同步学习与异步学习的相融，得到包括教师、家长等人的参与和支持。小学数学综合应用学习推进了混合式学习的变革，突破了数学学习内容的局限性，打破了学习组织形式的封闭性。核心问题的引领、项目化任务的驱动，对数学学习内容进行的改造，对学习活动进行的重构，使学习任务更具有挑战性和参与性，促进了学生对问题的深层次理解。数学综合应用学习的引入，推动数学学习从课前到课中，再到课后的整体结构性变革，重塑着"教与学"文化。

（三）指向高阶学习力的培养

第一，持续学习研究能力的培养。综合应用学习为学生编排了一段"学习旅程"。载体是"项目"，这是明线；另一条线是"学习线""研究线"，这是暗线。日常课堂教学中的那种按部就班、依序而教的惯性被打破，循序渐进的学习变为结构不良的学习，可以预知的学习变为结果难料的学习，这些都对学习者构成了挑战。因此，综合应用学习的真正发生乃至深度实现，就需要超越"项目"，从"学习旅程""研究经历"的角度去审视综合应用学习的要义，培养学生持续学习和研究的能力。

第二，深度卷入和参与能力的调动。参与综合应用学习的学习者不仅需要智力的激活与思维的投入，也需要身体和情感的投入。人是完全的生命系统，大脑、思维和身体构成了一个动态的统一体。比如，"爬楼梯的启示"活动中，学生要置身于楼梯的物理空间中，尝试每步不同台阶级数的爬法（身体卷入）；记录统计并研究，从简单情况开始考虑不同台阶级数的爬法（智力卷入）；在研究的过程中还要不怕失败，勇于坚持，投入情感（意志卷入）等。因此，好的综合应用学习资源的开发所调动的不是学习者的生命系统的一个方面，而是一种"全息的生命投入样态"的深度卷入与参与。

第三，研究成果表达能力的提升。综合应用学习的成果是学生对驱动性问题的积极回应，其价值和意义不亚于驱动性问题。成果中蕴含着学生对核心知识的深度理解，主要表现在创意作品（模型）或研究报告上；成果是小组合作学习的结果，包含了个人与集体的智慧，包括了个人成果和团队成果。需要指出的是，综合应用学习成果应有选择性，围绕一个驱动性问题，有很多可能的成果，也有很多成果的表现形式。培养学生的成果表达能力，要考虑可能的成果方向和评价要点，包容不同类型学生的差异。

第三节
实践活动中数学思维素养的养成路径

  《义务教育数学课程标准(2022年版)》指出,第一学段的"实践活动"核心学业要求是"能够积极参与活动,在活动中能主动表达,并与他人交流,加深对数学知识的理解,感悟数学知识与现实生活的联系,发展对数学的好奇心,提升学习数学的兴趣,初步获得一些数学活动经验";第二学段的核心学业要求是"能够积极参与活动,在活动中能独立思考问题,主动与他人交流,加深对数学知识以及数学与其他学科关联的理解";第三学段的核心学业要求是"能够积极参与活动,在活动中能独立思考问题,主动与他人交流,经历实地测量、收集素材、调查研究、解决问题的过程,提升思考问题的能力,积累根据解决问题的需要合理选择策略和方法的经验,形成模型意识与初步的应用意识和创新意识"。所以,在"实践活动"的数学思维素养养成活动设计中,教师应在具身实验中发展学生的实证思维,让学生在经验积累中获得思维生长,在多元评价中促进学生的可持续发展。

一、 在具身实验中发展实证思维

  数学实验是指为获得某种理论、探求或验证某个数学猜想、解决某类数学问题,运用一定的物质技术手段,经由数学思维活动的参与,在典型的环境中或特定的条件下进行的一种数学实践活动。小学数学实验是指在数学思想和数学教学理论的指导下,学生借助实物和工具,通过对实验素材进行"数学化"的操作来建构数学概念、验证数学结论、探索数学规律、解决数学问题的一种数学学习方式。数学实验基于具身认知的视角,是环境、身体、大脑三位一体的参与模式。小学数学综合实践活动,为数学实验的开展提供了有效的平台,也有利于培养学生严谨的科学态度。

  以下以"球的反弹高度"为例,说明"在具身实验中发展实证思维"策略的实施。"球的反弹高度"是苏教版《数学》五年级下册的综合实践活动。教材首先联系现实背景提出问题,引发学生实验研究的愿望。为了帮助学生有效开展实验,在提出问题之后,教师结合示意图示范了具体的实验方法、步骤和要求,然后引导学生先用同一个球选择不同的高度做实验。在此基础上,引导学生用不同的球照示意图的样子再次进行实验。从而帮助学生比较全面地认识到:表示同一个球反弹高度与下落高度关系的分数大体是不变的,表示不同的球反弹高度与下落高度的分数通常是不一样的。学生获得初步结论后,教师及时引导他们回顾活动过程,说说自己在活动过程中的收获和体会,帮助他们总结经验、提升认识。随后的"你知道吗"对引起球的反弹高度变化的主要原因作了简单说明,并介绍体育比赛时对篮球高度的规定,有利于深化对实验的认识,拓展知识视野。

案例 9‐3 :"球的反弹高度"的活动设计

一、情境导入,提出问题

1. 情境演示

师:老师今天带来了三种球。(出示:篮球、足球、排球)不管哪种球,把它从一定高度抛出落地后,它们都会反弹。这就是球的反弹。(演示说明,板书:球的反弹)

2. 提出问题

(1)选两名学生用空气含量不同的篮球进行拍球比赛,时间 30 秒,其余学生做评委数拍球次数,确定胜负。第二次交换篮球再比一次,同样 30 秒,确定胜负。

提问:你对这两个球反弹上来的力量、高度有什么体会? 为什么那个球反弹高度不够?

(2)引导:现在大家发现球内充气量对球的反弹高度是有影响的。那你想过没有,一个球的反弹高度还与什么因素有关?(学生通过操作、观察、感悟出球的反弹高度与球内空气质量、球的材质、下落高度、拍球力度、球的大小、地面硬度等有关)

如果篮球、排球、足球三种球从同一高度落向同样的地面,它们的反弹高度会一样吗? 请你猜想一下,球的反弹高度与哪些因素有关呢?

猜想:不同的球,弹性一般是不一样的;同一个球,弹性一般是一样的。

这些都是我们的猜想。猜想是否正确,我们需要通过实验来研究验证。

3. 讨论方法

引导:要了解这样的问题,你想到什么办法? 可以怎样做实验?

说明:要了解球的弹性可以通过测量下落高度、反弹高度,算一算、比一比，看看每次结果是怎样的；要了解不同的球反弹的情况，可以用不同的球做一做、比一比。今天这节课，就用这样的实验来研究球的反弹高度。

二、实验探究，发现结论

1. 观摩实验操作方法

引导：怎样测量球的下落高度、反弹高度呢？我们来看一看应该怎样做。

教师演示，明确操作过程：确定下落高度，让球自由下落；表示反弹最高点，测量反弹高度。

讨论：观看了实验过程，你觉得操作时要注意些什么？

明确：球要对准下落高度的记号，自然松手，让球自由下落；注意观察反弹高度，及时做上记号，以便测量；测量时软尺要与地面垂直；观察不清楚时，可以重做一遍；等等。

2. 提出小组实验要求和注意点

（1）每组用一个篮球做三次实验，下落高度分别为 100 cm、150 cm、180 cm。

（2）组长负责小组分工：一人抛球，两人测量做记号，要观察反弹高度做好记号并测量。

（3）先确定三次下落高度，做好记号，再分三次做实验。

（4）球要自由下落，准确测量反弹高度；各人把每次测量的数据记录在表格里。

（5）换一种球，按同样的方法再测量三次，把数据记录在另一张表里。

3. 学生实验

各组到事先选择的实验场地，由组长负责开展实验，教师巡视、指导。

测量完三种球的数据后，回到教室。让学生计算每个分数的近似值（保留两位小数），写在每个分数下面对应的位置。

表 9-9　球的高度统计表

单位：cm

篮球	第 1 次	第 2 次	第 3 次	平均值
下落高度	100	150	180	/
反弹高度	56	86	103	/
反弹高度/下落高度	0.56	0.58	0.57	0.57
排球	第 1 次	第 2 次	第 3 次	平均值

续 表

下落高度	100	150	180	/
反弹高度	47	64	80	/
反弹高度/下落高度	0.47	0.43	0.44	0.45
足球	第1次	第2次	第3次	平均值
下落高度	100	150	180	/
反弹高度	38	54	61	/
反弹高度/下落高度	0.38	0.36	0.34	0.36

4. 分析数据,获得结论

(1) 同一个球实验结果的比较。

交流:选择同一个球做实验,你发现了什么?

指出:用同一个球做实验,自由下落的高度不同,球的反弹高度也不一样,但反弹高度与下落高度的比值大体是相同的,这说明同一个球的弹性是不变的。(板书:同一个球的弹性不变)

(2) 不同的球实验结果比较。

比较三种不同的球,先看从相同高度下落后反弹高度相同吗?再看三种球的反弹高度与下落高度的比值接近吗?说说三种球,哪种球的弹性最好,哪种球的弹性最弱?

指出:不同的球从同一高度下落,其反弹高度不一样,反弹高度与下落高度的比值就不一样。这说明不同的球的弹性是不一样的。(板书:不同的球弹性不同)

三、回顾反思,拓展认识

1. 回顾反思

引导:我们开始提出的问题解决了吗?获得的结论是什么?

交流:通过这次活动,你有哪些收获或体会?

指出:在日常生活里,有许多像球的反弹高度这样的数学问题可以研究,只要我们用数学的眼光观察生活,就能发现许多数学内容和数学问题;有一些数学问题的研究,需要通过实验、应用统计、分析比较等活动得到结论;在用实验方法收集数据时,要注意准确地操作、实事求是地收集和分析数据,才能有准确的结论;同时收集的数据越多,就越容易发现规律、获得结论。

2. 阅读"你知道吗"

说明:同一种球的弹性大小,主要和球内充进的空气多少有关。除了比赛用的篮球对反弹高度有规定,其他的球类也有规定。比如,比赛用的网球的标准是当它从 2 米的高度落至一个混凝土面时,其反弹的高度应在 1.06 米至 1.16 米之间。另外,球内的空气压力会随温度而变化,在温布尔登网球赛中,所有新的网球都先收入温度控制室内保存,就是这个道理。

本节课从学生体验拍球活动开始,活跃气氛,又引出数学问题,激发了学生学习的"需要"。为了更好地找准研究球的反弹高度的方向,教师激活了学生两个方面的需要:一是活动操作的需要,二是观察、思考的需要。有了这两种需要,学生实验的主动性就会得到彰显。课堂教学中,师生共同讨论交流并设计出实验方案,确立了明确的数学实验目标,为数学实验的有效开展明确了方向。实验后适时进行数据分析,引导学生从"同一种球"和"不同种球"实验数据的观察分析中获得实验结论。为了更加科学,教师又引入"平均数",让数据阐释更有理有据。这样的安排有利于学生从不同角度分析问题、理解问题,而且有利于学生感受数学的严谨性和数学结论的确定性,培养实事求是的科学态度,逐步形成数学实证性思维。

二、 在经验积累中获得思维生长

如果把人的知识结构看成"冰山模型"(见图 9 - 3),"明确知识"只是露出水面的"冰山一角",隐藏在水面以下的则是"默会知识"(经验)。默会知识是学生明确知识的"向导"和"主人"。没有这个"向导",儿童的思想就会迷失在显性知识的"丛林"之中;缺乏这个"主人",儿童就无法在自己的精神领域内进行显性知识的管理,他们所获得的明确知识将杂乱无章地存在于思想之中,不会形成一种"理智的力量"。因此,创新能力依赖于知识的掌握、思维的训练、经验的积累,而经验的积累则处于最基层的根部位置,能把营养不断提供给学习者,使学习者学习数学的过程充满活力。

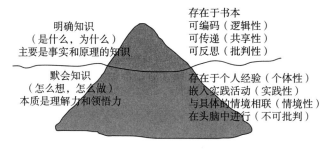

图 9 - 3 知识的"冰山模型"

《义务教育数学课程标准(2011年版)》最引人注目的变化就是把"双基"变为"四基",即在"基础知识""基本技能"的基础上,增加"基本思想"和"基本活动经验";《义务教育数学课程标准(2022年版)》在此基础上再次进行了完善,加入"四能"——运用数学知识与方法发现、提出、分析和解决问题的能力。数学活动经验是学习者参与数学活动的经历,以及在数学活动过程中所形成的感性认识、情绪体验和观念意识。在进一步的数学活动中,能生长为较高层次的活动经验或能生长为知识或技能的活动经验是基本活动经验。可见,基本活动经验是知识生长的土壤,是学生心理发展的基础,是联系课程目标的纽带,是发展学习能力的动机。它能促进问题理解,扩展认知结构,优化教学设计,生成课程资源。

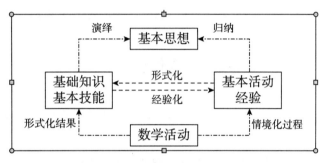

图 9-4 数学活动的生长过程

活动是"为达到某种目的而采取的行动",数学活动是具有一定结构的思维活动,是学生经历数学化过程的活动,也是学生自己建构数学知识的活动(见图9-4)。实施综合实践活动时,教师不仅要关注结果,更要关注过程。要鼓励引导学生充分利用"综合与实践"的过程,积累活动经验、展现思考过程、交流收获体会、激发创造潜能。在实施过程中,发展观察、测量、统计、计算、制图、类比、猜想、验证、归纳等基本活动经验,通过积累、分析、反思,促进学生数学思维的生长。

以下以"1亿有多大"①为例,说明"在经验积累中获得思维生长"策略的实施。"1亿有多大"主要引导学生在操作和实践中,借助比较熟悉的事物的数量来推算并感受1亿有多大,增强对大数的把握力,发展数感。教材安排了"说一说""数一数""量一量""称一称"这四个环节的活动。"说一说"主要是激活学生对数字的已有认识和经验,诱发学生想进一步了解1亿的实际大小的愿望。"数一数"主要根据数100本练习本所用的时间,引导学生推算数1亿本练习本所用的时间。教材

_____

① 苏教版和人教版《数学》教材中均有"1亿有多大",但授课安排学期不同,苏教版为四年级下册,人教版为四年级上册。

先让学生估计数1亿本练习本大约要用多长时间,由于缺乏感性经验,大多数学生没有太多方法和经验支持。所以教师要引导学生寻求解决问题的方法,让学生自己设计活动方案,并进行活动推算。"量一量"和"称一称"主要是通过高度和质量的问题解决来感知和推算1亿的实际大小。多样化的活动,积累了经验,使学生在具体事物的数量中体验到1亿有多大,获得相应的数感。

案例 9-4:"1 亿有多大"的活动设计

一、前置任务,为课堂实践埋下伏笔

课前活动:教师板书"1",同学们,认识这个数吗?你觉得1可以表示什么?(1本书、1支铅笔……)

课前,请同学们围绕"1"来玩一玩。(1滴水有多重?1步有多长?1枚硬币有多厚?)

二、方法引导,让经验获得走向有效

1. 说一说

10个1万是多少?10个十万呢?能十万十万数数到一百万、百万百万地数到千万、千万千万地数数到1亿吗?

今天我们就联系具体事物,通过知识的综合与实践活动,来认识1亿有多大。

2. 活动设计

如果要数出1亿本练习本,你能猜猜大约要用多长时间吗?没有人数过1亿本,都是凭想象猜测的时间,到底有没有比较接近的呢?是不是要用1亿本练习本数一遍?有什么办法解决?请你设计一个活动,可以估计数1亿本练习本要用的时间。(引导学生得出可以用推算的方法估计时间)

3. 操作推算

引导:同学们想到可以用一些练习本数一数,看要用多少时间,然后按这样的速度推算,估计出数1亿本大约要多长时间。

现在请每组由组长负责,小组合作数出50或100本练习本,用秒表测出用了多少秒,把所用时间记录在表格里,再进行推算。

交流:数100本用了多少秒?接着怎样推算的?

4. 计算时间

数1亿本练习本需要多长时间呢?(计算并出示表格)

【学习单】研究内容:数1亿本练习本,大约需要多长时间?

实验:我们选择数(50)本练习本,大约(45)秒。

列表推算：

表 9 - 10 数练习本时间统计

本数/本	100	10 000	1 000 000	100 000 000
时间/秒	90	9 000	900 000	90 000 000

得出结论：数 1 亿本练习本用时大约 90000000 秒＝1500000 分＝25000 时≈1042 天≈3 年。

5. 体会 1 亿

通过推算，数出 1 亿本练习本需要 3 年左右，这个时间太长了！这 3 年左右的时间是每天 24 小时不停息地数；如果按照每天工作 8 小时来计算，就需要大约 10 年的时间才能数完。你能感受它是一个多大的数吗？

三、分组实验，让经验体验走向丰富

1. 分组实验

选择你感兴趣的问题进行研究：①1 亿滴水大约滴多少年？②1 亿滴水大约有多重？③1 亿步大约有多长？④1 亿张纸叠起来，大约有多高？

用先测量再推算的方法进行研究，体会 1 亿有多大。

2. 汇报

【学习单】研究内容：滴 1 亿滴水，大约用多长时间？

实验：我们选择测量(20)滴水，大约滴(21)秒。

列表推算：

表 9 - 11 滴数时间统计

滴数/滴	20	100	10 000	1 000 000	100 000 000
时间/秒	21	105	10 500	1 050 000	105 000 000

得出结论：1 亿滴水大约要滴的时间 105 000 000 秒＝1 750 000 分≈29167 时≈1215 天≈3 年。

【学习单】研究内容：1 亿滴水，大约有多重？

实验：我们选择测量(20)滴水的重量大约是(3)克。

列表推算：

表 9 - 12 滴水重量统计

滴数/滴	20	100	10 000	1 000 000	100 000 000
重量/克	3	15	1 500	150 000	15 000 000

得出结论：1亿滴水大约重15 000 000克＝15 000千克＝15吨。

【学习单】研究内容：1亿步大约有多长？

实验：我们选择测量（1）步，长度大约是（50）厘米。

列表推算：

表9-13　步数长度统计

步数/步	1	100	10 000	10 00 000	100 000 000
长度/cm	50	5 000	500 000	50 000 000	5 000 000 000

得出结论：1亿步长度大约5 000 000 000厘米＝50 000 000米＝50 000千米。

【学习单】研究内容：1亿张纸叠起来，大约有多高？

实验：我们选择测量（100）张纸的高度大约是（1）厘米。

列表推算：

表9-14　叠纸高度统计

叠纸/张	100	10 000	1 000 000	100 000 000
高度/cm	1	100	10 000	1 000 000

得出结论：1亿张纸叠起来大约高1 000 000厘米＝10 000米。

四、反思拓展，让高阶思维得以生长

1. 回顾反思

通过上面综合与实践的几项活动，你对1亿这个数又有了哪些认识？在活动中，你有哪些收获和体会？请和同桌说说你的想法。

2. 课后延伸

（1）学习研究1亿有多大，你还打算研究哪些大数？准备怎样进行研究？

（2）我国有14亿人，每人每天节省1粒大米，全国14亿人一天就能节约多少千克大米呢？请你研究推算。

该课的设计意图主要是教师引导学生在观察、操作、测量等活动中，借助具体事物并联系现实生活中1亿的数量，进一步感受大数量的实际大小，发展数感，积累数学活动经验，培养发现和提出问题、分析和解决问题的能力。教师课前让学生观察1滴水、1步路、1枚硬币等，体会"1"之小、短、轻，为研究1亿埋下伏笔。课堂上留下足够的时间和空间，扶放结合，让学生从多个角度自主选择合适的方法，通过"数""量""叠""称"等活动，将抽象的1亿具体化为学生熟悉的事物，从而使他们充分体验1亿有多大，强化从合适的小数量推算出大数量的策略意识，发展数感，积累数学活动经验。课程最后,还引发"比1亿更大的数怎样研究"的问题,把数学学习活动由课内延伸到课外,教给学生"带得走""会生长"的数学,促进高阶思维的形成。

三、 在多元评价中促进可持续发展

数学综合与实践为学生创造了一个社会群体学习的关系模式。一个有着内在学习需求的个体乐于参与到社会互动中,与他人分享自己的观点,并在互动过程中对自己的观点进行修正。在这个过程中,学生所处的群体环境是宽松的,他们的心理是放松的,遇到困难时能主动向同伴求助,获得成功时敢于展示和表述,并能及时共享通过综合应用与实践活动获得的知识与智慧。多元评价可以促进深度学习的发生、多元评价学习方式的转型和学生学习素养的提升。

(一)构建综合实践活动能力的评价体系

构建数学实践活动深度学习的样本,要落实多元评价,促进可持续发展(见图9-5)。综合实践活动要强化解决问题的过程,评价时不以是否获得最终答案为唯一标准和主要标准,而应以过程评估为主。评价要体现多元化,要关注学生在数学实践活动过程中所表现出来的数学精神和品质,还要关注学生在活动中所表现出来的理解与思考水平,以及分析、解决问题的策略举措。

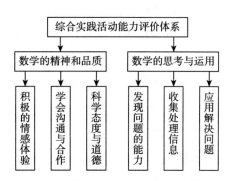

图9-5 综合实践活动能力评价体系

对数学精神与品质的评价,首先,体现在积极情感体验的获得上。教师要观察学生是否获得了应用数学的体验,产生了积极情感,激发了探究的欲望,并逐步形成敢于质疑、乐于探索、努力求知的心理倾向,建立学好数学的信心。其次,要评价学生是否学会沟通与合作。实践活动的成果还要观察学生是否具有乐于合作的团队精神和交往能力。最后,要逐步形成科学态度和科学道德。评价实践活动的研究,要观察学生是否认真踏实、实事求是地获取结论;是否尊重他人的思想和成果,不弄虚作假;是否在养成严谨求实的科学态度和追求进取的精神的过程中,磨炼出不怕吃苦、勇于克服困难的意志品质。

对数学的思考与运用的评价,首先关注学生发现问题的能力。因此,应通过实践活动的研究,观察学生能否在纷繁复杂的社会生活环境中发现并提出与数学有关的问题,并能根据问题设计解决问题的方案。其次关注提高学生收集、分析和应用信息的能力。学生实践活动研究是围绕一个需要解决的问题展开的,以解决问题结束,在整个过程中,学生如何多渠道地收集资料、整理资料,尤其是在一个开放的环境中如何自主收集和处理加工信息成为关键问题。最后,评价要关注应用数学知识解决问题的能力。即评价学生数学实践活动,需要关注学生是否会应用分析、综合等手段,从多种角度进行发散性、批判性思考,初步具备一定的创造性和综合运用知识的能力。

(二) 落实学生自我管理领导力的培养

数学实践活动的学习会打破教室的限制,有时把学习与研究搬到互联网上,通过 QQ 群、微信群,结合互联网、App 或相关平台进行探究;有时把学习与研究搬到问题发生的生活现场,在复杂的情境中去经历思维的生长和解决问题的曲折过程。在探究时间上,数学实践活动还打破了课堂的限制,需要把课内与课外连接起来,课内在教师与同伴的支援下进行分析、评价、创造等,课外利用社区、场馆、互联网等收集相关资料,识读理解相关知识,动手制作相关作品……这样,课内学习与课外学习、集中学习与分散学习、个体学习与群体学习形成了互补,拓展了探究的长度与宽度。这一系列学习的发生都需要学生具有较强的自我管理的领导力,要自主地选择驱动性问题,要制定详细的数学实践活动学习方案,并自觉执行,在执行中进行自我监督、自我反思、自我调节。

(三) 特别关注学生问题解决合作力的提升

合作性问题解决是一种同时包含社会技能(合作技能)和认知技能(问题解决)的高阶能力。现实生活中不论是科学家进行探索,还是技术人员进行一项工程,都要依靠团队的力量,数学实践活动亦是如此。数学实践活动需要培养学生合作解决问题的能力,在问题解决的过程中,充分表达自己的想法,发现他人的想法或能力,协商寻找对于问题理解的共性之处,寻求解决问题的共同方法,并能观察问题解决的过程和结果,建立和维护对于结论的共识。建立共识、采取行动、建立与维持团队合作是合作性问题解决的重要特质。此外,数学实践活动研究的问题往往

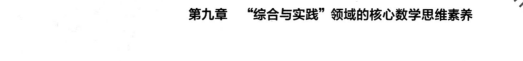

具有挑战性,必要时还需要寻求家长和社会力量作为支持,为实践活动学习的顺利实施提供智力支撑。

 课堂互动

根据综合应用与实践活动中数学思维素养养成的策略,选择小学数学教材中的一则内容,进行 10 分钟模拟上课,展示课堂教学的主要过程。

📝 **思考与练习**

根据你对小学《数学》教材的理解,结合教育教学实际或见习、实习的见闻,请创造性地开发几则数学综合与实践活动的教学案例,进一步丰富综合与实践活动的课程资源。

💡 **拓展与探究**

阅读以下文献,然后探究以下问题:为什么说数学综合与实践是一种核心素养落地的力量? 结合数学综合与实践领域的具体教学案例,谈谈你的看法。

[1] 曾令鹏. 小学数学综合与实践活动课程实施研究[M]. 广州:广东高等教育出版社,2020.

[2] 陈霞芬. 发展与实践小学数学"综合与实践"领域教学的探索与研究[M]. 宁波:宁波出版社,2013.

第十章

小学数学思维素养养成素材的选取策略

 本章内容概述

数学思维素养养成的素材选取以《义务教育数学课程标准（2022 年版）》为根本出发点,结合小学数学学科能力评价标准和小学数学学业评价标准,采取以过程评价为核心、以结果评价为依据的策略,重视学生的自主学习与评价,构建小学数学思维素养的评价指标体系。

本章内容结构图

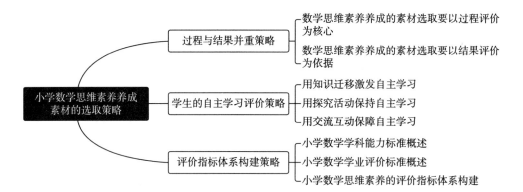

本章学习目标

◆ 理解并掌握过程与结果并重策略,并能根据过程与结果并重策略选取数学思维素养的养成素材。

◆ 理解并掌握学生的自主学习评价策略,并能根据自主学习评价策略选取数学思维素养的养成素材。

◆ 了解数学思维素养养成素材选取的评价指标体系构建策略及其依据。

第一节
过程与结果并重策略

　　数学思维素养养成素材的选取离不开合理、科学的评价目标、评价内容和评价方法。在新课程实施之前,数学的评价方式更重视在课堂教学之后对学生进行结果评价,关注的是教师的课堂规划完成情况和学生外在的可量化的学习表现,对于学生的学习过程往往较为忽视。随着新课程改革的持续推进与不断深入,在"面向全体、全面发展"的要求下,小学数学的评价方式正日益体现出"以人为本"的教育教学理念,对学习的评价目标、内容和方式均有了新的要求与突破。

　　例如,在《义务教育数学课程标准(2022 年版)》中指出,课程目标以学生发展为本,以核心素养为导向,进一步强调使学生获得数学基础知识、基本技能、基本思想和基本活动经验,发展运用数学知识与方法发现、提出、分析和解决问题的能力,形成正确的情感、态度和价值观。2022 版课标对课程目标的具体表述做了再次修改,将"四基""两能"(2011 版课标表述)修改为"四基""四能"。分别是"基础知识、基本技能、基本思想和基本活动经验"和"运用数学知识与方法发现、提出、分析和解决问题的能力"。评价的主要目的是全面了解学生数学学习的过程和结果,激励学生的学习和改进教师的教学。所以,小学数学思维素养养成训练应建立评价目标多元、评价方法多样的评价体系:评价要关注学生学习的结果,也要关注学生学习的过程;要关注学生数学学习的水平,也要关注学生在数学活动中所表现出来的情感与态度,帮助学生认识自我,建立学习信心。换言之,若要数学思维素养养成训练取得好的效果,从素材选取时就应注重成果导向教育(Outcomes - Based Education,简称 OBE)①的"评价目标导向"。也就是说,数学思维素养养成素材的选取,必须从"以人为本"的教育教学理念出发,从《义务教育数学课程标准(2022 年

---

① OBE(成果导向教育)是指,教学设计和教学实施的目标是学生通过教育过程最后所取得的学习成果。OBE 强调如下四个问题:其一,我们想让学生取得的学习成果是什么? 其二,我们为什么要让学生取得这样的学习成果? 其三,我们如何有效地帮助学生取得这些学习成果? 其四,我们如何知道学生已经取得了这些学习成果?

版)》出发,以过程评价为核心,以结果评价为依据,选取适合学生身心发展特点,尊重学生个体差异与学习主体性,能调动学生学习兴趣、发展数学思维素养的训练素材。

一、 数学思维素养养成的素材选取要以过程评价为核心

随着"终身学习"理念的提出和实践,结合对"评价"的理解,我们认为,过程性评价是一种"三位一体"式的价值判断,包括了对学习过程、学习动机和学习效果的评价,是基于教育的生命意义、促进个体终身可持续发展的评价。新课程改革也要求小学数学评价"以人为本",要求教师充分尊重个体差异,帮助学生真正认识自我、接纳自我、改善自我,激发学生的学习主体意识,最终促使学生实现个性化发展。

"数学广角"是教材中典型的数学思维素养养成板块之一,它是义务教育课程标准实验教科书新增设的一个单元,一般始于二年级上册。"数学广角"是新教材在向学生渗透数学思想方法方面做出的新的尝试,即把重要的数学思想方法通过学生日常生活中最简单的事例呈现出来。可见,"数学广角"最主要的设计目的在于,让学生亲身体会和探究数学思维的美妙之处,而不是追求数学问题的解答过程及其结果。

以人教版教材为例,"数学广角"的教学内容既包括与生活联系密切的现实问题,也有涵盖多种数学思维的数学文化问题。比如,第一学段主要有简单的排列组合、简单的逻辑推理、重叠问题等教学内容,涵盖了符号化思想、逻辑推理思想、集合思想等数学思维素养;第二学段主要有合理安排时间、烙饼问题、田忌赛马、鸡兔同笼、植树问题、找次品、数与形等内容,渗透了化归思想、数形结合思想等数学思维素养。

正因为"数学广角"中蕴含着丰富的数学思维素养,所以与传统数学教学相比,"数学广角"的教学设计对教师的数学素养提出了更高的要求。教师应当深入探究"数学广角"的教学素材选择,以培养学生的数学思维素养为重要目标,在"猜想—观察—分析—验证"的系列活动中建立数学模型,渗透数学文化与数学思想,切实提高"数学广角"教学的效果和效率。

案例 10 - 1:数学广角[①]**(苏教版,二年级上册)**

师:把 7 个火龙果分给 3 个小朋友,每个小朋友至少获得 1 个火龙果。请

---

① 徐海明.对小学数学学习过程评价的研究[J].数学学习与研究,2021(13):73 - 74.

问,一共有多少种分法?

　　生1:只有一种分法,可以给前两个小朋友每人分2个火龙果,第三个小朋友分3个火龙果。

　　生2:可以给第一个小朋友分1个火龙果,剩下的两个小朋友各分3个火龙果。

　　师:每一名同学的思考都很认真,这些分法都是正确的。但是,同学们还可以深入思考一下,还有没有更多的分法呢?

　　(这时,学生受到了教师的鼓励与表扬,变得更加自信。在教师的引导之下,积极发散思维,有一些学生探究出了另外的分法)

　　生3:前两个小朋友各分1个,第三个小朋友分5个。第一个小朋友分1个,第二个小朋友分2个,第三个小朋友分4个。

　　师:这位同学回答的答案十分正确,他肯定对问题进行了全面的思考。虽然其他同学所想的分法也很正确,但是并不全面。同学们要多向这名同学学习,做到全面地思考问题。

案例10-1中,教师在教材内容的基础上,根据学生的计算能力,从过程性评价的角度出发,设计了具有发散性特点的问题"一共有多少种分法";同时,运用过程性的即时评价,在学生思考过程中不断引导学生从多个角度、多个方向运用逻辑思维,除了能帮助学生快速找出正确的解题方法之外,更促进了学生组合思想方法的形成,也促进了学生发现问题、思考问题及解决问题能力的发展。

二、 数学思维素养养成的素材选取要以结果评价为依据

　　小学数学学习的结果评价一般是针对学生完成某一学习过程之后收集的总结性资料进行量化评价(quantitative evaluation)与质性评价(qualitative evaluation)。其中,量化评价的认识论基础是科学实证主义,它力图把复杂的教育现象简化为数量,进而从数量的分析与比较中推断某一评价对象的成效;质性评价方法,也被称为自然主义评价(naturalistic evaluation)方法,在认识论上它反对科学实证主义的基本观点,反对把复杂的教育现象简化为数字,力图通过自然的调查,全面充分地揭示和描述评价对象的各种特质,以彰显其中的意义,促进理解。量化评价方法具有简单、明了的特点,能够直接反映评价对象的特质,适用于某些简单、单纯的教育现象;质性评价方法具有全面、深刻的特点,在某种程度上,它是评价者对教育现象的某种解读,更适用于评价复杂的教育现象。

随着新课程理念的逐渐贯彻,不少一线教师产生了这样的疑惑:新课程重视过程评价,重视学生的学习主体性和动手操作能力,那么传统的"双基"(基础知识和基本技能)还重要吗? 结果评价还有没有存在的必要? 显然,结果评价与过程评价如同一枚硬币的两面,虽然两者存在差异,但却是不可分割的一个整体。在当前的教育实践中,不少教师将结果评价等同于量化的学业测验,关注的是学生某一段时期的学习表现,目的是反馈、甄别与筛选;或者将过程评价等同于对学生情感、态度、价值观的质性评价,目的在于调整与优化教学计划。但实际上,结果评价与过程评价是一个有机的整体,两者密不可分。同时,结果评价不等同于量化评价,过程评价也不等同于质性评价;结果评价与过程评价均包含量化评价和质性评价。

根据上述对结果评价的理解,数学思维素养养成应基于小学数学教与学的结果评价标准,选择那些可操作性强、易于进行量化评价与质性评价的素材,重视数学思考的激发,关注学生数学思维发展的深度与广度,将数学思维素养养成作为小学数学课堂教学的重要特点和目标。目前,相对完善的小学数学教与学的结果评价标准主要有课程标准、学科能力标准(《学科能力标准与教学指南:小学数学》)和学业评价标准(《小学数学学业评价标准(实验稿)》)。学科能力标准和学业评价标准将在本章第三节详细阐述,这里不再赘述。

案例 10-2:可能性[①]

(1) 情境引入。

教师演示"摸球":拿一个空盒子,顺次放入 9 个白球,随便摸出一个,让学生猜颜色。重复做 3 次。

学生猜测并谈自己的想法,体会"摸到白球"这个事件是确定的。

(2) 学生用盒子做摸球游戏,体会事件发生的可能性的大小。

猜测:9 个白球、1 个黄球,任意摸一个,让学生猜测可能摸到什么颜色的球。

实践:小组合作,轮流摸球总计 20 次,并记录摸球情况。特别提示学生放回球时要"摇一摇"盒子,打乱球的顺序。然后,小组代表分别汇报各组统计结果,留有一组不公布统计结果。全班猜测最后一组可能出现的结果。

验证:小组同学交流各自的想法,选代表发言。

教师小结。

---

① 赵冬臣,马云鹏.小学数学课堂教学评价的质性研究[J].数学教育学报,2007(5):71—76.

（3）深化、拓展。

拓展一：变化各种颜色的球的个数，让学生进一步体会可能性的大小及其与数量的关系。变化顺序如下：①8白2黄；②7白3黄；③6白4黄；④5白5黄；⑤8白4黄2红。最后，教师问："摸到黑球的可能性怎样？"让学生体验不确定性的另一种情况——不可能。

拓展二：幸运大转盘游戏。引导学生根据课件所展示的内容分析中奖情况。针对游戏结果，师生谈感受：为什么很少中奖或没中奖？再次感受事件发生的可能性是不确定的，是有大有小的。

（4）总结。

"可能性"属于"统计与概率"领域，有一定教学难度。这一课的知识与技能教学目标应为：初步体验现实世界中存在的不确定现象，能用"一定""不可能"和"可能"等词语来描述生活中的一些事件发生的可能性。本节课的难度在于，在"可能性"之前，学生学习的数学都是"确定"的，比如，1加1必然等于2,3乘4必然等于12。所以，学生初次接触"可能性"的时候，由于需要一定的逻辑思维基础，可能会存在一定程度的理解困难。

在案例10-2中，教师不急于讲授"可能性"知识，而是由"暗箱摸球"引入数学问题，让学生亲自摸球、做记录，真正地让学生经历、感受到可能性，激发了学生的兴趣点和积极性。同时，尊重儿童的认知规律，让学生通过小组合作进行摸球游戏，在活动中猜测、验证、反思，进而促进逻辑判断与推理思维的发展，培养学生的科学精神。

第二节
学生的自主学习评价策略

我国自主学习思想萌芽可以追溯到商周,见于《尚书·兑命》和《易经》。我国古代的学者对学生的自主学习非常重视,《论语·述而》有云,"不愤不启,不悱不发,举一隅不以三隅反,则不复也",这是启发式教学的由来。《学记》中讲:"故君子之教,喻也。道而弗牵,强而弗抑,开而弗达。道而弗牵则和,强而弗抑则易,开而弗达则思。和易以思,可谓善喻矣。"正因为我国古代有着极为丰富的自主学习思想,所以有学者指出,中国古代教育思想说到底就是一种学习思想[1],是一部学习史,教师的作用是引导和监督,学生绝大部分时间是在自我学习和独自钻研[2]。

西方的自主学习思想可追溯到古希腊时期。苏格拉底、卢梭、杜威等都是自主学习思想的倡导者。例如,苏格拉底强调,教师要做知识的"产婆",帮助将本存在于学生心中的知识"分娩";卢梭强调要设置情境,带启发性地指导学生自觉学习;杜威提出了"以儿童为中心",重视儿童的自主学习,并开展了一系列教学实验,促进"教向学转变"的教育教学理念的发展。

受应试教育思想的影响,学生的主观能动性并未受到重视。自主学习刚好反其道行之,尤为看重学生的学习主动性、积极性。那么,不同的自主学习方式是否会对小学数学的学习成绩形成不同影响呢? 不少研究者进行了实证研究。例如,夏青峰(2016)的实验结果说明,学生在"教师指导型"方式影响下的数学成绩显著高于其他方式影响下的成绩,学生在"独立自学型"方式影响下的数学成绩巩固性最好,学生在"自学讨论型"方式影响下的成绩巩固性最差。在不同自主学习方式影响下,学生理解水平和创造水平的测试题成绩没有显著差异,应用水平和分析水平的测试题成绩具有显著差异。在自主学习方式对小学生数学成绩的影响中,性别变量调节作用不显著,年级变量调节作用显著,日常学习方式偏好调节作用不显

---

① 杜成宪.早期儒家学习范畴研究[M].台北:文津出版社,1994.
② 申国昌.中国学习思想史[M].北京:科学出版社,2006.

著,日常学习方式应用调节作用显著。①

可见,小学数学教学实践中要改善教师的教育供给,加强教师指导的针对性,注重学习方式多样化,促进小学生日常学习方式的偏好与应用相统一,进而更好地提升小学生数学自主学习水平。

一、用知识迁移激发自主学习

知识迁移是一种学习活动对另一种学习活动的影响。按照原有知识结构对新学习的知识的影响,知识迁移可分为正迁移和负迁移。如果原有知识对新学习知识有促进作用(比如,乘法运算对学习混合四则运算有促进作用),则称为正迁移。若原有知识对学习新知识有阻碍作用(比如,正数的比较大小对学习负数的大小比较有干扰),则称为负迁移。显然,数学思维素养养成的素材选取应注意发挥正迁移的积极作用,减少并消除负迁移的消极作用。

案例 10 - 3:儿童乐园

教师首先出示《儿童乐园》插图,让学生观察图中的小朋友们,并提问:"他们在玩什么呢,竟然玩得那样高兴?"目的是让学生观察画面,从而提出相应的数学问题,并列竖式计算。随后,列出算式:2+2+2+2=8(人)。接下来,让学生观察这些算式的特点——加数相同。然后,让学生寻找相同的加数的个数——4个2。教师说:"像这样的加法算式我们还可以用乘法计算,今天我们一起研究与加法有联系的乘法的知识。"

"儿童乐园"是苏教版《数学》二年级下册"乘法的意义"一课中的内容,主要是让学生结合生活情境,了解可用乘法解决的问题。通过本课的学习,学生应能解决简单乘法问题,理解乘法的意义。案例 10 - 3 中,教师采用的是"以旧知导入新知"的方法,较好地利用了知识的正迁移作用。教师首先从旧的知识"加法及其意义"出发,由学生已经掌握的数学语言——加法,表示出算式:2+2+2+2=8;再通过观察、比较算式,讨论和归纳"乘法意义"。在此基础上,再去介绍乘法算式、读法与写法及各部分的名称,就显得顺理成章了。可见,用旧知识来迁移新知识,用旧的数学概念引入和构建新的数学概念,能帮助学生在自主学习中切实提高观察与分析能力,同时培养学生的抽象与概括能力。

---

① 夏青峰.自主学习方式对小学生数学成绩影响的实证研究[D].上海:华东师范大学,2016.

273

二、 用探究活动保持自主学习

建构主义学习理论认为,知识既不是客观的东西(经验论),也不是主观的东西(活力论),而是个体在与环境交互作用的过程中逐渐建构的结果。① 知识不是通过教师传授得到的,而是学习者在一定情境,即社会文化背景下,借助其他人(包括教师和伙伴)的帮助,利用必要的学习资料,通过意义建构的方式而获得。② 也就是说,儿童的数学学习过程是一种主动、积极的连续探究活动,在这种连续的探究过程中持续建构,逐步形成基本数学概念和思维素养。

建构主义学习理论认为,学习者具有认知主体作用,不是外部刺激的被动接受者和被灌输的对象;教师是意义建构的帮助者、促进者,而不是知识的传授者与灌输者。所以,教师必须创设能够给予学生良好心理支持的学习环境,激发并提升学生的数学思维素养。同时,教师要尽量提供多样化的信息来源,使学习者可以通过实验、独立探究、合作等方式自主学习。③ 可见,建构主义学习理论非常重视自主学习,强调学习者对探究学习任务选取、解决的自主权。

建构主义学习理论对小学数学思维素养养成的素材选取提出了新的要求。教师在选取数学思维素养养成素材时,应该选取那些能让学生感到是"本人提出"的探究问题或学习任务。也就是说,教师应保证学习者自主选择所要学习和解决的探究问题,甚至还应让学生自主选择问题解决的方式、方法。例如,韩四清(2000)提出的小学数学教学的自主学习模式:以学会求知、全面发展为目标,将"自主学习"小学数学教学模式分为"激发动机—确定目标—引导探索—整合内化—反馈评价"等五个环节。④

同时,建构主义学习理论对学生提出了挑战。在建构主义学习理论下,小学数学教学重要的目标之一是发展学生的"自控能力",使学生成为自觉的自主学习者。具体来说,教师在选取数学思维养成的训练材料时,应注意引导学生改变传统的"被动听讲"角色,帮助学生主动积极地与教师、同伴合作,从而逐渐提高自我控制学习过程的能力,承担自我学习的管理任务,逐步建构个性化的知识体系,从而更

① 施良方.学习论[M].北京:人民教育出版社,1994.
② 何克抗.建构主义——革新传统教学的理论基础(一)[J].学科教育(教育学报),1998(3):29-31.
③ 毛新勇,孙长根.国外教学理论的新进展——建构主义教学原则及其对教师与学生的影响[J].上海教育,1999(1):63-64.
④ 韩四清.建构主义——革新传统教学的理论基础[J].河北师范大学学报(教育科学版),2000(2):94-98.

自如地解决现实世界中的实际问题。

案例 10 - 4：鸡兔同笼①

师：草场上有鸡和兔共 10 只,共有腿 32 条,鸡和兔各多少只?

针对上述问题,学生的常见解题思路有两种。

方法一 鸡:(10×4-32)÷2=4(只),兔:10-4=6(只)

方法二 兔:(32-10×2)÷2=6(只),鸡:10-6=4(只)

在教师鼓励学生自主探索后,除了常规方法外,有一位同学通过画图来解答了这道题,如图 10 - 1 所示。

图 10 - 1 "鸡兔同笼"示意图

他先画出 10 个头,再分别画上两条腿,表示 10 只鸡;然后,从第一只鸡上多加两条腿,就变成一只兔;当第六只加完两条腿,共计 32 条腿。这样,四条腿的兔共 6 只,两条腿的鸡共 4 只。

教师选择了鸡兔同笼问题作为数学思维素养养成训练的素材。教师并没有简单粗暴地将鸡兔同笼题目视为"数学应用题",而是将之设计为探究活动,鼓励学生自主探究。在自主探究学习的过程中,果然产生了新课程要求的"算法多样化"。除了传统的列算式的方法之外,还产生了画图法,这是一种来自生活的、朴素的"数形结合"的思想。

所以,教师不要轻易否定学生的不同答案,要善于用慧眼发现学生自主学习中的求异思维,并逐步引导学生形成创新思维。同时应选取适合学生身心发展,符合学生生活实际、审美与兴趣的素材,将这些素材合理、科学地整合为自主探究活动,这样才能促进学生参与探索的积极性和主动性,最终促进学生愉快、自觉地自主学习。

三、用交流互动保障自主学习

"学起于思,思源于疑",学生发现问题是数学学习的开端,也是自主学习的前提。但自主学习并非学生的个体行为,自主学习离不开生生、师生配合的互动过

---

① 吴广和.小学数学自主学习课堂的构建[J].教学与管理,2013(13):47 - 48.

程。易言之,自主学习的重要途径之一就是课堂上出现的生生、师生互动。有效的数学学习活动不能单纯地依赖模仿与记忆,动手实践、自主探索与合作交流是学生学习数学的重要方式。教育要培养社会所需要的人和促进个人的全面发展,培养学生的合作意识和能力是非常重要的。显然,小组合作学习在培养学生交流互动能力方面具有显著优势。在近几年的小学数学教学中,小组合作学习已成为一种重要的教学组织形式,也是小学数学课堂教学研究中探讨的焦点问题之一。

所以,教师在选取数学思维素养养成素材时,除了要培养学生的问题意识,引导学生发现问题之外,还应注重强化生生、师生互动,重视小组的分工协作,让学生在学习过程中分享解题思路和方法,讨论、分析和评价自己与他人的观点。

案例 10 - 5:角的初步认识 [①]

教学角的初步认识时,多数学生都认为:边越长,角就越大。针对这种情况,教师在学生充分讨论的基础上,让学生利用"角度演示器"演示以下几种情况:① 边长的角大,边短的角小;② 边的长短不同,而角的大小相等;③ 边长的角反而小,边短的角反而大。随后让学生根据"角度演示器"的演示结果进行讨论。在互动中,学生很快发现角的大小与边的长短并没有关系。

案例 10 - 5 中,教师选取了"角度演示器"这一素材,对学生的空间思维和逻辑思维进行训练。在活动设计中,教师抓住重点知识,通过直观教学,学生动手又动脑,不仅增加了对角的感性认识,还提高了学习兴趣。同时,用结果讨论的方式把课堂时间"还给"学生,学生的自主学习能力得以激活并有效提高。

正如《义务教育数学课程标准(2022 年版)》强调的那样,数学思维素养养成的素材选取既要让每个学生获得数学的基础知识和基本方法,又要承认和尊重学生的个性差异;既要转向学生自主学习,又要体现教师的合作者、引导者作用;既要注重自主探究活动的设计,又要重视探究活动中的合作与交流。

---

① 吴广和. 小学数学自主学习课堂的构建[J]. 教学与管理,2013(13):47 - 48.

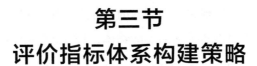

数学思维素养养成素材的选取，离不开评价指标体系的构建。评价指标是数学思维素养教育教学效果的保障，也是数学思维素养教学效率提升的前提。目前，我国不少研究者从小学数学学科能力和学业评价两个方面出发，对学生的学习状况进行了评价指标体系构建。为了更好地构建数学思维素养养成的评价指标体系，我们首先需要了解小学数学学科能力标准和小学数学学业评价标准，以此为参照，探寻更加科学的数学思维素养评价指标体系的构建策略。

一、 小学数学学科能力标准概述

《学科能力标准与教学指南：小学数学》（以下简称为"学科能力标准"）由北京教育科学研究院基础教育教学研究中心编写，并于 2015 年出版的《学科能力标准与教学指南丛书》中的一册。用好学科能力标准，不仅能促进教师深入理解课程标准，还能为教学评价提供重要依据，进而提高课堂教学评价的效果与效率。

学科能力标准围绕"数学思考能力"和"问题解决能力"两个维度，对小学生的运算能力、空间想象能力、数据分析能力、推理能力、抽象能力、发现和提出问题的能力、分析和解决问题的能力、评价和反思的能力、创新能力等九种能力的内涵及其水平进行了界定。其中，运算能力、空间想象能力、数据分析能力、推理能力、抽象能力属于数学思考能力维度，发现和提出问题的能力、分析和解决问题的能力、评价和反思的能力、创新能力属于问题解决能力维度。

（一）数学学习能力的内涵[①]

运算能力： 主要是指能够根据法则和运算律正确进行运算。培养运算能力有助于学生理解运算的算理，寻求合理简捷的运算途径以解决问题。

---

① 北京教育科学研究院基础教育教学研究中心.学科能力标准与教学指南：小学数学[M].北京：北京师范大学出版社,2015.

空间想象能力：主要体现在空间观念的培养上。如，根据物体特征抽象出几何图形，根据几何图形想象出所描述的实际物体；想象出物体的方位和相互之间的位置关系；描述图形的运动和变化，依据语言的描述画出图形等。

数据分析能力：主要体现在数据分析观念的培养上。如，了解在现实生活中有许多问题应当先做调查研究，收集数据，通过分析作出判断，体会数据中蕴含的信息；了解对于同样的数据可以有多种分析方法，需要根据问题的背景选择合适的方法；通过数据分析体验随机性和规律性，一方面对于同样的事情每次收集到的数据可能不同，另一方面只要有足够的数据就可能从中发现规律，数据分析是统计的核心。

推理能力：一般包括合情推理能力和演绎推理能力。合情推理是从已有的事实出发，凭借经验和直觉，通过归纳和类比等推断某些结果；演绎推理是从已有的事实和确定的规则出发，按照逻辑推理的法则证明和计算。在参与观察、实验、猜想、证明、综合实践等数学活动中，引导学生发展合情推理和演绎推理能力，清晰地表达自己的想法。

抽象能力：是指从大量事物或现象中，抽取其共同本质特点的能力。通过抽象，把握数学的本质，把繁杂问题简单化、条理化；利用概念、图形、符号、关系表述一类事物；通过假设和推理建立法则或模型，并能够在一般的意义上解释具体事物等。

发现和提出问题的能力：是指从数学的角度发现问题和提出问题，认识到现实生活中蕴含着大量与数量和图形有关的问题，这些问题可以抽象成数学问题，用数学的方法予以解决。

分析和解决问题的能力：是指有意识地利用数学概念、原理和方法解释现实世界中的现象和问题，从而综合运用数学知识解决简单的实际问题，增强应用意识，提高实践能力；获得分析问题和解决问题的一些基本方法，体验解决问题方法的多样性，发展创新意识。

评价和反思的能力：主要体现在评价和反思意识的培养上。即学会与他人合作交流，初步形成评价与反思意识；能够回顾解决问题的过程，能对结果的实际意义做出解释，并在交流中表达自己的想法，学会欣赏他人、调整自我。

创新能力：在小学阶段主要是创新意识的培养。学生自己发现和提出问题是创新的基础；独立思考、学会思考是创新的核心；归纳概括得到猜想和规律，并加以验证，是创新的重要方法。

（二）数学能力水平的界定

学科能力标准将小学生的运算能力、空间想象能力、数据分析能力、推理能力、抽象能力、发现和提出问题的能力、分析和解决问题的能力、评价和反思的能力、创新能力等九种能力均分为三个能力水平(见表10-1),水平一到水平三能力逐步提升。以数与代数内容领域为例,第一学段中,除个别指标需要达到水平三,绝大多数内容均为水平一和水平二。

表 10-1　数学能力水平一览表

能力	水平一	水平二	水平三
运算能力	能够根据运算法则正确进行运算	能在理解算理的基础上,根据运算律正确进行运算	能寻求合理简捷的运算途径解决问题
空间想象能力	能依托实物和模型辨认简单的几何形体,并能简单描述一些物体的几何特征,能在头脑中再现生活中物体的表象	能根据物体特征抽象出几何图形,根据几何图形抽象出所描述的实际物体,能想象出物体的方位和相互之间的位置关系	能想象并描述出图形运动和变化的过程,能依据语言的描述画出图形
数据分析能力	了解在现实生活中有许多问题应当先做调查研究,收集数据,通过分析做出判断,体会数据中蕴含的信息	了解对于同样的数据可以有多种分析的方法,需要根据问题的背景选择合适的方法	通过数据分析体验随机性,能做出合理的判断与预测
推理能力	在观察与操作中,从已有的事实出发,能凭借经验和直觉进行简单猜想	在参与观察、实验、猜想等数学活动中,从已有的事实出发,能进行合情推理	在猜测、验证的活动中,从已有的事实和确定的规则出发,能通过归纳和类比等推断某些结果,发现、表达其规律
抽象能力	从大量事物或现象中,抽取共同的本质和特点,把繁杂问题简单化、条理化	利用概念、图形、符号、关系表述一类事物	通过假设和推理建立法则或模型,并能够在一般的意义上解释具体事物
发现和提出问题的能力	认识到现实生活中蕴含着大量与数量和图形有关的问题	能发现和提出问题,并能将问题抽象成数学问题	能在学习过程中自主发现和提出新问题,并进行质疑
分析和解决问题的能力	利用数学的概念和方法解释现实世界中的现象,解决现实世界中的简单问题	综合运用数学知识解决简单的实际问题,获得分析问题和解决问题的一些基本方法	能将多种信息联系起来,体验解决问题方法的多样性,能做出恰当的选择,并能将模型进行拓展
评价和反思的能力	能回顾解决问题的过程,能主动和他人交流自己的想法	能对结果的实际意义做出解释,有条理地表达自己的想法	能自觉地进行反思,并能分享、欣赏他人的观点,进行调整和修正

续 表

能力	水平一	水平二	水平三
创新能力	能进行独立思考,关注身边的事物,发现和提出新的问题	能从新的角度进行思考,主动探索解决问题的方法	在实践过程中,善于通过归纳和概括,提出自己的猜想,并进行验证

二、小学数学学业评价标准概述

2015 年,人民教育出版社、课程教材研究所、小学数学课程教材研究开发中心共同研制并出版了《小学数学学业评价标准(实验稿)》(以下简称为"学业评价标准")。学业评价标准是对学生在不同学段所应达到的学业成就(学习结果)的描述,阐明学生在经过一定时间的学习后应该知道什么、能够做什么(表现标准),以及通过什么方法(评价方法建议)获得哪些证据(学生活动或作业),来判断学生是否达到了课程标准的要求。学业评价标准是针对所有学生提出的合格标准,是学生经过努力可以达到的标准。

显然,学业评价标准的建立有助于教师有效遵循课程标准,进行高效的教学与评价。学业评价的基本理念主要有:第一,学业评价的主要功能是为教师和学生提供有效的反馈信息,从而改善教与学的过程和方法,淡化甄别、选拔功能。第二,学业评价是以标准为参照的评价,是将学生的表现与课程标准相比较,衡量学生是否达到了课程标准,而不是在学生间横向比较。第三,学业评价应尊重学生差异,促进每个学生在达到共同要求的基础上有个性地发展,引导学生自评与互评,促进学生元认知能力的提高及学习策略的优化。第四,全面评价学生的多方面素质,既要准确评价学生的基本知识和基本技能,也要重视评价学生的数学认知能力(如探究能力以及在真实情境中应用知识解决问题的能力)和情感态度;既要关注学习结果也要关注学习过程,如学习风格、学习策略、学习动机、学习兴趣等。第五,评价与教学整合,使评价为教学提供支持,促进学生的自主学习,同时,体现真实评价、情境化评价的取向,采用多种表现性评价方法,而非局限于纸笔测验。

参照课程标准,学业评价标准分别包括数与代数、图形与几何、概率和统计、综合与实践四个领域;将能力分为三个等级:知道、理解、应用。以下以第一学段为例,简要说明学业评价标准的指标体系(见表 10-2)。

表 10-2 学业评价标准(第一学段)

学科内容			能力		
			知道	理解	应用
数与代数	数的认识	自然数（万以内）			√
		分数	√		
		小数	√		
		十进制	√		
	数的运算	自然数	四则运算的意义		√	
			20 以内的加减法			√
			百以内的加减法			√
			万以内的加减法			√
			表内乘除法			√
			一位数乘三位数的乘法			√
			两位数乘两位数的乘法			√
			三位数除以一位数的除法			√
			四则混合运算			√
			估算			√
		分数	同分母分数加减法（分母小于 10）	√		
		小数	一位小数的加减法	√		
	常见的量	元、角、分			√
		时、分、秒			√
		24 小时计时法	√		
		年、月、日		√	
		克、千克、吨			√
	探索规律	探索简单的规律		√	
图形与几何	图形的认识	立体图形（长方体、正方体、圆柱和球等）	√		
		平面图形（长方形、正方形、三角形、平行四边形和圆）	√		
		角（直角、锐角和钝角）		√	
		观察物体	√		

续　表

学科内容			能力		
			知道	理解	应用
图形与几何	测量	长度单位(千米、米、分米、厘米、毫米)		√	
		测量长度(估测)			√
		周长(一般图形、长方形、正方形)			√
		面积、面积单位		√	
		长方形、正方形的面积计算			√
	图形的运动	平移、轴对称、旋转现象	√		
		平移		√	
		轴对称		√	
	图形与位置	上、下、左、右、前、后			√
		东、南、西、北、东南、东北、西南、西北			√
统计与概率	简单数据统计过程	分类		√	
		简单地收集和整理数据			√
		简单地分析数据		√	
综合与实践		综合应用知识			√
		解决问题的方法			√
		讨论与表达			√

在学业评价标准(第一学段)中,设置四个领域,分别为数与代数领域(记为M1A)、图形与几何领域(记为M1G)、统计与概率领域(记为M1S)、综合与实践领域(记为M1Ap)。其中,"数与代数"领域中含有4个主要考查指标,分别为数的认识(M1A_N)、数的运算(M1A_C)、常见的量(M1A_M)和探索规律(M1A_P);"图形与几何"领域也含有4个主要考查指标,分别是图形的认识(M1G_R)、测量(M1G_M)、图形的运动(M1G_T)、图形与位置(M1G_L);"综合与实践"领域、"统计与概率"领域均含有3个主要考查指标。

在学业评价标准的实施中,主要采取的方法有纸笔测试、内容分析法、观察法、档案袋评价法和问卷调查法。其中,纸笔测试、观察法、档案袋评价法可用于知识与技能评价;需要对综合与实践活动进行评价时,可灵活采用内容分析法、观察法、档案袋评价法等方法;针对情感与态度目标维度的评价,建议主要采用日常观察法(观其行)和问卷调查法(听其言)相结合的方法。

三、小学数学思维素养的评价指标体系构建

通过以上对学科能力标准和学业评价标准的简要分析,不难看出,学科能力标准和学业评价标准都是以课程标准为前提,是对课程标准培养结果的细化。学科能力标准和学业评价标准都以"合格"为最终目标,也就是说评价指标体系是所有学生通过学习都应当能够达到的目标。所以,小学数学思维素养的评价指标体系构建要以课程标准为依据,要面向全体学生,从学生的身心发展水平出发,不可过于拔高对数学思维素养的培养要求。具体而言,小学数学思维素养的评价指标体系构建应当有如下策略:第一,质性评价与量化评价科学结合;第二,多元评价与重点评价互为补充;第三,深度学习与深度教学互为促进。以下分别加以简述。

(一)质性评价与量化评价科学结合

数学思维素养的质性评价是通过观察、调查等方法收集学生数学思维素养发展的相关信息,舍弃表象和离散现象而对本质进行决策性断定的方法。目前比较常用的小学数学思维素养的质性评价方法有成长记录袋(档案袋评价)、数学日记、调查与实验和课堂观察等。

比如,成长记录袋能反映学生学习数学的进步历程,保证评价的全面性和科学性,使更多的学生获得成功体验,增加他们学好数学的信心。成长记录的内容可以包含学期开始、学期中和学期结束三个阶段的学习材料;应让学生根据要求自主选择,随后与教师共同确定记录材料。又如,引导学生用数学日记表达数学思想、方法和情感,不仅能帮助学生总结所学内容,也能促进学生对自己数学思维能力进行评价,或反思自己的问题解决策略。

数学思维素养的量化评价是指通过教育测量、统计等方法与手段,收集、处理、分析学生数学思维培养过程与结果的数据,从而找到具有集中趋势的量化指标,最终根据指标给出综合性性定量描述与判断的过程。

量化评价方法主要是测验,包括日常测验、期中测验、期末测验等。这里的测验是根据数学思维素养的培养目标编制相关试题,通过信效度检验,形成标准化测试卷;随后,采用标准测试卷对学生的数学思维素养进行测验;最后再对测试结果加以量化分析,给出综合评价。量化评价的目的在于:让学生通过测验了解自己的数学思维素养水平,特别是数学思维的灵活性、敏捷性、合理性水平;让教师了解学生的数学思维素养水平,在引导学生准确认知测验结果的同时,对自己的教学进行诊断。

一般情况下,描述性的质性评价是量化评价的基础。也就是说,如果只用量化评价,将导致数学思维素养的评价耽于数据,无法从整体性、全局性的角度去全面、准确、科学地说明学生的数学思维素养养成情况。所以,数学思维素养的质性评价必须与量化评价同时使用。

（二）多元评价与重点评价互为补充

《义务教育数学课程标准(2022年版)》指出,通过义务教育阶段的数学学习,学生逐步会用数学的眼光观察现实世界,会用数学的思维思考现实世界,会用数学的语言表达现实世界。具体来说,就是要体会数学知识、数学与其他学科、数学与生活的联系,对数学具有好奇心和求知欲,了解数学的价值,欣赏数学美,提高学习数学的兴趣,建立学好数学的信心,养成良好的学习习惯,形成质疑问难、自我反思和勇于探索的科学精神。因此,数学思维素养的多元化评价可以善用开放性作业。

开放性作业意味着开放性的问题情境,往往比封闭式作业更为复杂。学生必须根据问题情境,发现问题、提出问题,进而提出解决问题或解释情境的相关假设,理清解决问题的方向,拟定解决问题的计划,进而验证计划的可行性与正确性。当计划缺乏可行性或计划错误时,学生就不得不退回到第一步,重新发现问题、提出问题,再次进行上述流程。在该任务的解决过程中,不仅可以收集到学生多方面的信息,更能对学生数学思维素养的培养起到促进作用。开放性作业要求学生在完成任务中学会探索、综合使用数学思维方法,并能根据具体的情境灵活调整思维策略。

当然,在小学数学教育的日常评价中,测验依然是数学思维素养的重点评价方式。强调评价方式多元化,采取开放式评价,并不等同于否认测验的重要性。我们应当充分认识到多元评价与重点评价之间互为补充的关系,两者缺一不可。应在深刻反思传统测验存在弊端的前提下,对学生的数学思维素养采取开放性、多元化的评价方式,理清"考什么""怎样考"和"怎么判"的问题,切实掌握学生数学思维素养的发展现状,设置个性化的数学思维素养养成训练,充分发掘学生数学思维发展的潜力。

（三）深度学习与深度教学互为促进

深度学习(也称为深层学习)是相对于浅层学习而言的,是脱离了机械学习和"知识碎片化"的学习状态,是对数学知识与技能的理解性学习。所以,深度学习能力不仅仅针对知识与技能,更核心的是形成个体的个性化知识体系,并在具备这种个性化知识体系的过程中形成自我学习建构能力。

依据深度学习的理念,郑毓信教授(2019)对数学深度教学的含义与实施进行了探析。① 郑毓信认为,数学深度教育包括四个重要环节,分别是联系的观点、问题引领、充分的交流与互动、努力帮助学生学会学习。第一,用联系的观点进行分析思考,才能达到更大的认识深度;达到了更大的认识深度,才能更好发现不同对象之间的联系。所以,联系的观点有三个层次,分别是比较的应用、全局观念的指导、努力帮助学生建立结构性认识。第二,问题引领要做好"知识的问题化"和"问题的知识化"。由知识与技能深入到思维层面,要各有侧重地体现在课堂教学的所有环节中,针对具体的教学内容、对象与环境加以创造性地使用。第三,充分的交流与互动有利于学生学会反思、优化和合作。在实施中应尽可能多地给学生表述机会,兼有师生互动和生生交流。第四,帮助学生从"教师指导下的学习"向"深度学习"转变,清楚认识数学学习活动的目标,并根据目标指导自我的学习活动,从而进一步学会学习。

对于小学数学思维素养养成而言,要综合用好"深度学习"与"深度教学",让两者"教学相长",互为促进。首先,应注意对学生好奇心的保护,这是学生发现问题、提出问题、探索问题的前提,也是激发其数学思维的前提。其次,应注意培养学生的良好意志力,这是数学学习中保持积极思维,经得起挫折与失败的必要条件。最后,应注重提高学生提出问题的能力,即应鼓励学生积极思考,提出个性化的"真实问题",帮助学生对问题进行筛选,选出具有探究价值且符合探究能力最近发展区的数学问题,鼓励学生探索并提供必要的指导,最终实现数学思维素养养成的目标。

📖 课堂互动

根据"深度学习"与"深度教学"理念,小组寻找个性化的"真实问题",做一个10分钟的数学思维素养养成活动设计。

✍ 思考与练习

1. 数学思维养成素材选取为什么要过程评价与结果评价并重? 谈谈你的看法。

2. 结合你的教育教学实际或见习、实习见闻,谈谈你对"多元评价与重点评价互为补充"的理解。

---

① 郑毓信."数学深度教学"的理论与实践[J].数学教育学报,2019,28(10):24-32.

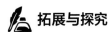 **拓展与探究**

　　研读《小学数学学业评价标准（实验稿）》和《学科能力标准与教学指南：小学数学》，从课程标准的四大内容领域中选择你最感兴趣的某一个领域，试着建立一个数学思维养成素材选取的评价细则。

第十一章

11

小学数学思维素养养成的评价策略 [①]

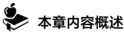 **本章内容概述**

　　小学数学思维核心素养养成的效果如何,自然需要科学、准确、操作性强的评价策略。本章从小学数学思维素养养成的评价改革和学业水平测试的双重视角出发,对小学数学思维核心素养养成的评价改革及其策略进行阐述。

📖 **本章内容结构图**

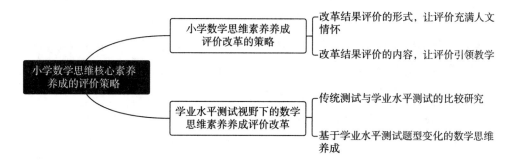

🎓 **本章学习目标**

　◆　了解小学数学思维核心素养养成评价改革及其策略,并能根据思维训练的侧重点,选择适合的策略。

　◆　掌握传统测试与学业水平测试的差异,并能有意识地根据课程标准、学生特点、学习内容特点等选择适合的评价策略。

──────────

① 本章中的评价为结果评价。

第一节
小学数学思维素养养成评价改革的策略

提及思维素养的结果评价,人们常常想到考试,往往将其与"应试教育"画上等号,斥责考试的种种弊端。现行的考试制度过分强调甄别与选拔的功能,由此而引发的一系列教育问题颇让人担忧。那么,基础教育课程改革是不是就应该抵制考试呢? 事实上,如果没有结果评价改革与课程改革"结伴而行",基础教育课程改革的春雨又能滋润多久? 因此,对只重功利、缺乏人文关怀的"考试"进行脱胎换骨的改造,不仅势在必行,而且迫在眉睫。

革新必先革心。我们认为,作为结果评价的考试本身并没有"罪",罪过在于人们对它的扭曲与误用。只重视考试的甄别功能,或一味地排斥考试,是"将婴儿与洗澡水一起倒掉"的做法。综观世界各国,都不同程度地存在"考试指导教学"的现象。从某种意义上说,考试如何改革,能否准确地体现基础教育课程改革的基本教育理念,对基础教育课程改革的成败有着重大的影响。

因此,我们要在深刻反思考试制度的问题的基础上,加大对"考什么""怎样考"和"怎样处理考试结果"的研究,以促进学生的数学思维素养发展为核心,建立科学的小学数学结果评价机制,让考试成为学生展示数学思维能力的舞台,让考试充满生命成长的气息。

一、 改革结果评价的形式,让评价充满人文情怀

第一,主动参与考试内容设计。安排试卷的内容历来是教师的权利,教师根据教学目标要求、自己的经验和爱好来设计试卷,学生只有做试卷的义务。如果教师发动学生共同参与试卷内容的设计,则可以充分调动学生学习的积极性和主动性。

例如,每次单元教学结束,除了帮助学生归纳整理知识外,教师可以提出一个新的要求:每个学生根据自己学习的体会,设计一两道题目。教师再把这些题目进行适当整合,作为单元试卷。因为自己设计试卷,大多数学生偏爱找自己薄弱环节的题目,他们希望在试卷练习中再一次得到操练的机会,认真的学习态度也是前所

未有的。到底出哪一道题,怎样出题,怎样与教学目标一致,他们花费了很大工夫。练习的时候,学生一改往日考试时的严肃与紧张,轻松、坦然地接受了考试。有些题目未被选中的学生说:"今后我要出得更好些。"有些题目被选中的学生说:"我要出得更妙些。"这就调动了学生深层次的学习动力,而这种动力又促使他们进一步去理解知识,掌握知识。

第二,主动融入自我评价的行列。所谓自我评价,是指被评价者参照评价指标体系对自己的活动状况或发展状况进行自我鉴定。教师评价学生时融入学生的自我评价,有助于学生及时发现问题并及时改进,所以在倡导评价主体之间双向互动、相互理解的当代课程评价中,自我评价越来越为人们所重视。特别是在以发现学生的问题、寻找解决问题的方法、促进学生的发展为根本目的的形成性评价中,自我评价显得更为重要。

例如,每一次测试,学生在做完试卷后,都信心十足,即便教师再三敦促检查,他们依然自信满满。一旦成绩公布,学生又十分沮丧。原有的自信与现实的分数相差很大,这表明学生不能正确评价自我。对此,尝试让学生在考卷上先给自己"打分数",然后,对照教师评出的分数,检查差距。经过多次的尝试,差距会越来越小,最后趋向于零,学生的自我评价能力也就得到了很大提高。在自我评价与教师评价相结合的过程中,可以逐步建立"自我评价—教师评价—找出差距—自我评价—教师评价—有所提高"的评价模式。

第三,愉快接受"评分+评语"的展示结果。现行笔试的结果,往往是以分数或等第的形式展现的。分数或等第是描述学生学会的知识和目前所具有的能力水平,是对学生学习成效的一种估计,不是确切的标志。单独的一次分数或等第不能作为学生学习能力评判的可靠依据。分数或等第所反映出的信息是有限的,这时候评语可以弥补单纯性评分的不足。对于难以用分数或等第反映的问题,可以在评语中加以反映。

评语是用简明的评定性语言叙述评定的结果。评语无固定的模式,但针对性要强。语言力求简明扼要、具体,要避免一般化。要尽量使用鼓励性的语言,客观、全面地描述学生的学习状况,充分肯定学生的进步和发展,同时指出学生在哪些方面具有潜能,哪些方面存在不足。使用评语有利于学生树立学习数学的自信心,提高学习数学的兴趣,明确自己努力的方向,促进学生的进一步发展。

第四,愉快走进延时评价的"缓冲带"。如果学生对自己某次测验答卷觉得不满意,教师可鼓励学生提出申请,并允许他们重新解答。教师可以就学生的第二次答卷,给以评价,给出鼓励性的评语。这种延迟判断淡化了试卷评价的甄别功能,突出反映了学生的纵向发展。特别是对学习有困难的学生而言,这种推迟判断能让他们看到自己的进步,感受到成功的喜悦,激发新的学习动力。

二、 改革结果评价的内容,让评价引领教学

第一,"探究性"与"应用性"相辅相成。数学学习不能仅是掌握一些概念、原理,更应是经历观察、猜想、探索、验证、推理,逐步培养学生发现问题和解决问题能力的过程。同样的,结果评价不仅要考查学生知识的掌握情况,更应关注学生学习方式的转变,学生自主探究能力的形成。作为与基础教育课程改革"结伴而行"的考试评价,应当设计出相应的评价试题,以此推动课程改革的进程。

基于以上考虑,可设计以下探究应用题(参见案例11-1)。学生填表后,通过对数据的分析会发现:长方形和正方形的周长相同,而面积不同。周长相等的正方形和长方形,正方形的面积最大。他们将所发现的知识应用到第③题中,迅速地解决了问题。学生在探究中应用,"探究性"与"应用性"相辅相成,不仅让学生从试卷上获取了数学知识,更重要的是检查了学生获取知识的方法。

案例11-1 选自小学数学三年级(上册)期末试卷

① 填表

表11-1 填写完整

长方形或正方形	周 长	面 积
长6厘米,宽4厘米		
边长( )厘米	20厘米	
长7厘米,宽( )厘米		21平方厘米
长( )厘米,宽2厘米	20厘米	

② 观察、分析上表中的数据,你认为上表中的图形有什么相同点和不同点? 从中你发现了什么?

③ 请帮助小明解决问题:小明家打算用40米长的篱笆围一块长方形或正方形地用来养鸡,问鸡的活动范围最大是多少?

第二,"生活化"与"数学化"相得益彰。生活中蕴含着大量的数学,而数学则是对生活现象、关系和规律的提炼、升华。陶行知先生说过:"没有生活做中心的教育是死教育;没有生活做中心的学校是死学校;没有生活做中心的书本是死书本。"因此,在数学试卷的内容设计上,应努力让学生体会到数学与生活的密切联系。

　　案例 11-2 中所提的牙膏问题,其实就是圆柱体体积的计算问题。如此题型的设计,不仅检查了学生对圆柱体公式的掌握情况,更让学生感悟到原来牙膏变大的出口直径,隐藏了商家赚钱的秘密! 这些数学问题,贴近生活实际,学生天天见到,但如果不是有心人就容易视而不见。选择此类"现实的、有意义的、富有挑战性的"生活素材,精心设计试题,可以让学生在对现实问题的探索和运用中,体验到数学应用的价值,对培养学生用数学的眼睛观察生活无疑有着很大的帮助。

　　案例 11-2　选自小学数学六年级(下册)期末试卷

　　　　牙膏出口处直径为 5 毫米,小红每次刷牙都挤出 1 厘米长的牙膏。这支牙膏可用 36 次。该品牌牙膏推出的新包装将出口处直径改为 6 毫米,小红还是按习惯每次挤出 1 厘米长的牙膏。这样,每次会多用(　　)立方厘米,一支牙膏只能用(　　)次。

　　第三,"操作题"与"表述题"相辅而行。基础教育课程改革力求引导学生积极开展实践活动,培养学生乐于动手、勤于实践的意识和习惯,切实提高学生的动手实践能力。新课程专门开设了让学生动手实践的课程领域——综合实践活动,积极创造条件,尽量给予学生更多的操作实践机会,让学生亲自动手,亲身体验。作为与课程改革"结伴而行"的考试评价改革,也应该做些大胆的尝试,把操作题作为发展学生数学动手能力的有效途径之一。案例 11-3 中的操作题综合了垂线的做法、指定角的画法、比例尺的实际应用等多种知识,有效地考查了学生的动手能力。

　　语言是思维的工具,人的思维过程和结果,要借助语言来进行。通过语言的磨炼同样能促进学生逻辑思维能力的初步发展。因此,表述题的设计,亦可以有效把握学生的思维方式和思维能力。案例 11-3 中所描述的互质现象的传递性,只是特例,不具有普遍性。作为反方的学生只要举出一反例,加以驳斥即可。如此题型的设计,训练了学生的数学"口才",克服了以往考试中"重结果,轻过程"的弊端。学生可通过"说"练出"口才",更练出智慧、练出本领。

　　案例 11-3

　　1. 操作题:选自小学数学六年级(下册)期末试卷

　　(1) 如图 11-1 所示,画出小明从 A 点安全过马路的最短路线。

　　(2) 在对面马路边有一棵柏树,已知柏树与 A 点的连线正好与马路边成 60° 夹角。请用一

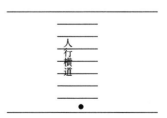

比例尺 1:1000　　A

图 11-1

个"×"号标出柏树的大概位置。（留下作图痕迹）

（3）求出马路的实际宽度。

2. 辩论题：选自小学数学五年级（下册）期中试卷

观察下面的数学现象：3 与 5 互质，5 与 8 互质，3 与 8 也互质；4 与 7 互质，7 与 9 互质，4 与 9 也互质……

正方：根据上述现象，可得出这样一个结论，若 A 与 B 互质，B 与 C 互质，则 A 与 C 一定互质。

你（作为反方）是否认同正方观点？如果不同意，请举例予以辩论。

评价改革是一项复杂的系统工程，只有充分发挥激励功能，在考试中对学生进行人文关怀，探索符合小学生特点的试卷内容设计，就能让考试成为孩子们张扬个性、展示自我的舞台，成为学习旅程中的加油站。学生在"绿色考试"中不仅享受了学习的乐趣，而且提高了终身学习的能力，实现了可持续发展的目标，最终让考试充满生命成长的气息。

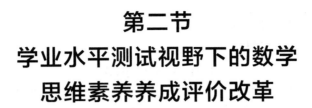

第二节
学业水平测试视野下的数学
思维素养养成评价改革

　　学业评价是学生评价的重要组成部分,它是指根据课程目标和课程标准,通过测验等方法,对学生的学习成绩进行综合评判的过程。国际大规模测试项目 PI-SA、TIMSS 以及 NAEP 数学学业评价均采用了国际领先的研究方法来刻画不同水平学生的数学学业表现。目前我国虽然还没有建立比较完备的小学数学学业评价系统,但两年一次的江苏省小学数学学业水平测试为义务教育质量监测提供了翔实、有效的数据,比较准确地把握了小学数学教育的定性和定位。下面对江苏省学业水平测试的命题进行研究与分析,以便发挥对广大教师按照一定标准编制考试试题的指导与引领作用。

一、传统测试与学业水平测试的比较研究

(一) 考试形式的比较

　　从表 11-2 不难看出,学业水平测试的考试形式与传统测试的差异是比较大的。差异首先体现在题型上,学业水平测试中单纯的计算题是比较少的;其次,学业水平测试的题量和比分是固定的,共计 25 个问题,每个问题 4 分。

表 11-2　传统测试与学业水平测试的区别

不同点	传统测试	学业水平测试
题型	填空、选择、判断、计算、图形、解决问题等。有一定量的计算题,包括口算、竖式计算、脱式计算、简便计算等	选择、填空、解答题(包括计算题、图形题、应用题等),单纯的计算题偏少,一般只有 2 题
题量和比分	题量、比分不固定,通常填空每空 1 分,选择、判断每题 2 分,计算和应用题根据难易程度设计相应的比分	题量和比分均固定,25 个问题,每个问题 4 分

(二) 测试内容的比较

1. "数与代数"的命题比较

表 11 - 3　算理的考查

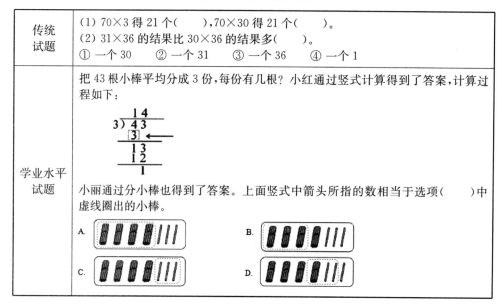

传统试题	(1) 70×3 得 21 个(　　)，70×30 得 21 个(　　)。 (2) 31×36 的结果比 30×36 的结果多(　　)。 ① 一个 30　　② 一个 31　　③ 一个 36　　④ 一个 1
学业水平试题	把 43 根小棒平均分成 3 份，每份有几根？小红通过竖式计算得到了答案，计算过程如下： 小丽通过分小棒也得到了答案。上面竖式中箭头所指的数相当于选项(　　)中虚线圈出的小棒。

　　算理是算法的基础，对算理的透彻理解有助于对算法的掌握和运算技能的提高。考查算理，传统测试往往针对算理考算理，带有很强的抽象性。学业水平测试则注重从直观层面考查学生对算理的理解，把算理和算法相结合，结合具体的情境和操作进行考查，既考查算理，也考查应用。

表 11 - 4　估算能力的考查

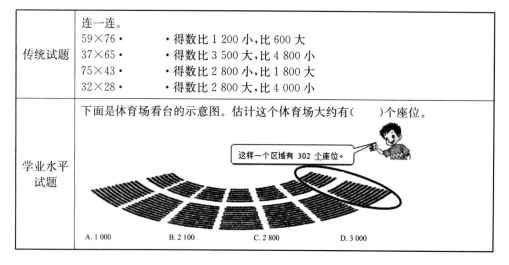

传统试题	连一连。 59×76　　得数比 1 200 小，比 600 大 37×65　　得数比 3 500 大，比 4 800 小 75×43　　得数比 2 800 小，比 1 800 大 32×28　　得数比 2 800 大，比 4 000 小
学业水平试题	下面是体育场看台的示意图。估计这个体育场大约有(　　)个座位。 这样一个区域有 302 个座位。 A. 1 000　　B. 2 100　　C. 2 800　　D. 3 000

提高学生的估算能力,对发展学生的数感意义重大。对估算的考查,传统考试往往考查估算的技巧;而学业水平测试在丰富的生活情境中考查估算,既考查技巧,也考查应用。

表 11-5　小数大小比较考查

传统试题	在○里填上">""<"或"="。 5. 9○3. 9　　　0. 9○1　　　4. 01○4. 1
学业水平试题	比较 0.3 和 0.5 的大小,并说明理由。 0.3 ○ 0.5　　说明理由时,可以画一画,也可以联系生活中的例子写一写。

对于小数大小比较的考查,传统考试是考查方法的直接运用,学生运用学过的小数大小比较方法求出结果。学业水平测试则不仅考查学生是否会比较小数的大小,还要学生说明其中的理由;不仅要求学生知其然,还要知其所以然。

表 11-6　审题能力的考查

传统试题	一艘渡轮载客量为 60 人,第一小学有 385 位同学要坐船过江,需要坐几条这样的渡轮?
学业水平试题	小朋友用积木搭同样的小房子,一共有 45 块积木,可以搭几个小房子? 要解决这个问题,还需要知道什么信息?

传统考试没有针对学生的审题能力进行专门考查,往往在考查解决实际问题的能力时,才关注学生的审题能力;而学业水平测试有专门的考查学生审题能力的试题,指向更明确。

2. "图形与几何"的命题比较

表 11-7　图形特征的考查

传统试题	长方形有(　　)条边,对边(　　　),有(　　)个角,都是(　　　)角;正方形有(　　)条边,且每条边都(　　　),有(　　)个角,且都是(　　　)角。
学业水平试题	1. 按照记号折后能围成一个长方形的铁丝是(　　)。 A. ⊢————————————⊣ B. ⊢————————————⊣ C. ⊢————————————⊣ D. ⊢————————————⊣

续　表

学业水平试题	2.下面四个信封中分别装有一个硬纸板,并且硬纸板都已露出了一部分。从(　　)号信封中抽出的硬纸板的形状可能是正方形。 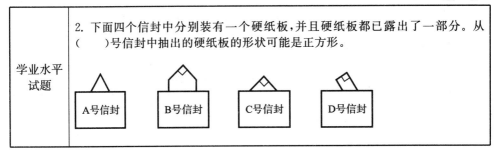

对图形特征的考查,传统考试往往注重对陈述性知识的考查。学业水平测试更多地从图形特征出发,引导学生进行判断推理,是对陈述性知识应用的考查。

表 11－8　长度测量的考查

传统试题	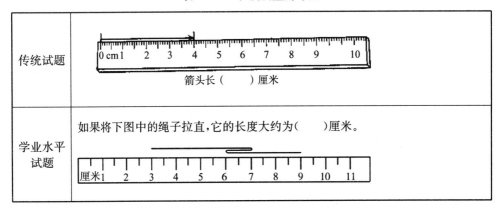 箭头长(　　)厘米
学业水平试题	如果将下图中的绳子拉直,它的长度大约为(　　)厘米。

对长度测量的考查,传统命题更多是标准式,从“0”刻度起进行测量。学业水平测试对测量的要求明显要高,没有从“0”刻度开始测量,是长度测量的变式,而且还把精确测量和估测相结合。

表 11－9　图形周长和面积的考查

传统试题	1.计算下面每个图形的周长和面积。 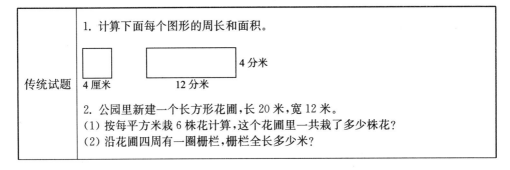 2.公园里新建一个长方形花圃,长 20 米,宽 12 米。 (1) 按每平方米栽 6 株花计算,这个花圃里一共栽了多少株花? (2) 沿花圃四周有一圈栅栏,栅栏全长多少米?

296

续　表

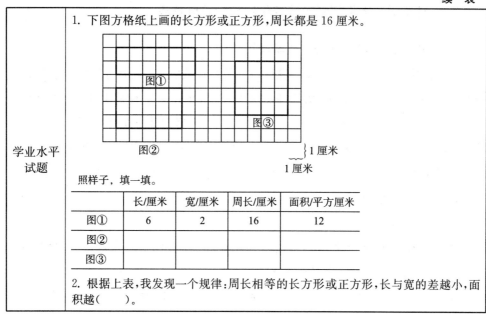

学业水平试题	1. 下图方格纸上画的长方形或正方形,周长都是 16 厘米。 照样子,填一填。

照样子，填一填。

	长/厘米	宽/厘米	周长/厘米	面积/平方厘米
图①	6	2	16	12
图②				
图③				

2. 根据上表,我发现一个规律:周长相等的长方形或正方形,长与宽的差越小,面积越(　　)。

传统测试考查一般要求学生直接求出周长或面积,或者是周长和面积简单的综合应用。学业水平测试有针对求周长和面积的考查,也有针对根据周长画图形的考查,更有探究规律,并对规律进行验证的考查,对周长与面积的考查更具综合性。

3."统计与概率"的命题比较

在统计与概率领域,2011 版课标对核心概念的表述由以前的"统计观念"变成了"数据分析观念",2022 版课标再次进行了细化,将数据分析观念分解成数据意识和数据观念,分别对应小学阶段和初中阶段的要求。这样的改变,指向更加明确。学业水平测试与传统考试在该领域的题型基本相当,但学业水平测试对数据分析能力及其意识的要求更加明确。例如,例题 11-1 中要求学生站在组织者的角度,通过数据分析,说明要去游玩的地点,并阐述理由。

例题 11-1:

学校正准备组织三年级的学生去游玩,学校要满足大部分人的需求,所以进行了调查。下面是调查的结果(每人只选择一个景点)。

表 11-10　景点人数统计

景点	人数/人
动物园	16
博物馆	28
天文馆	32
游乐园	70

(1) 一共调查了(　　　)名学生。

(2) 根据调查结果,如果你是组织者,你决定去(　　　)。

你的理由是:_____。

二、 基于学业水平测试题型变化的数学思维养成

（一）考查学生读图、读表的阅读理解能力

数学的学习与研究通常有两重视角：一是纯粹数学，二是生活数学。小学数学中所学习的知识来源于生活，从某种意义上来说，正是由于有了生活，才使得数学变得绚丽多彩。因此，在数学试卷的内容设计上，应努力让学生体会到数学与生活的密切联系。现实感强的问题出现在考试评价中，提升了学生从图、表及文字反映的生活情境中读出数学信息，理解数学问题的能力。因此，读图、读表的阅读理解能力是学生解决问题的首要能力。

例题 11-2：

甲、乙、丙、丁四名同学都从校门走到教学楼门口，他们每人的一步长度如图11-3所示。显然，（　　）走的步数最多。

A. 甲　　　　　　B. 乙　　　　　　C. 丙　　　　　　D. 丁

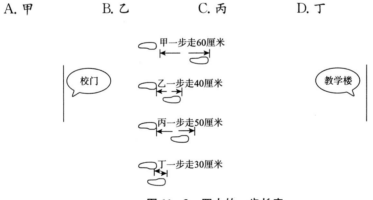

图 11-3　四人的一步长度

例题 11-3：

如图11-4所示，这张报纸大约有（　　）个字。

A. 1 600　　　　B. 4 800　　　　C. 8 000　　　　D. 2 400

图 11-4　估计报纸字数

显然,例题 11-2 读懂图中甲、乙、丙、丁的步长,理解步长与两地距离之间的关系是解题的关键。例题 11-3 读懂图中整个版面的面积与围起来的面积之间的倍数关系,是估算整张报纸字数的关键。

(二) 考查学生在基础层面上对数学概念的本质理解

学习数学概念,不仅要记住它的定义,认识代表它的符号,更重要的是真正把握它的本质属性。受应试教育的影响,不少教师在教学中重解题、轻概念,造成数学概念与解题脱节。有些教师仅仅把数学概念看作一个名词,认为概念教学就是对概念作解释,要求学生记忆。学业水平测试命题改革在注意去除"繁、难、偏、旧"的同时,注重在基础层面上引导学生认识数学概念的本质。

例题 11-4:

报纸上登了这样的广告:"我公司现正在招聘员工,月平均工资是 3 000 元。"关于这个广告,下面叙述中一定正确的是(　　　)。

A. 所有员工的月工资都是 3 000 元

B. 所有员工的月工资都低于 3 000 元

C. 至少有一名员工的月工资是 3 000 元

D. 可能有的员工的工资会高于 3 000 元,有的员工的工资会低于 3 000 元

例题 11-4 考查的是平均数的内涵。平均数是表示一组数据集中趋势的数量,它是反映数据集中趋势的一项指标。本题结合具体的情境,考查学生对平均数本质的理解。

(三) 考查学生的数学表达能力

思维的发展同语言的发展紧密相关。语言的准确性体现思维的周密性,语言的层次连贯性体现思维的逻辑性,语言的多样性体现思维的丰富性。学业水平测试的考查不仅重视结果,还重视对解题过程的阐述,要求学生对解题过程中方法、策略的选择进行表述,并说明其道理。

例题 11-5:

(1) 包装一个小礼盒需要 31 厘米的彩带,现有 32 个这样的小礼盒,估计一下,准备 900 厘米长的彩带够吗?请你写出估算过程。

(2) 小熊吃了一个西瓜的三分之一,小猴子也吃了一个西瓜的三分之一,结果小熊吃的西瓜比小猴子吃得少,请解释为什么。

例题 11-5 中的两道题都与学生在日常教材、教辅中接触的题目有一定的差异。日常教材和教辅中所接触的题目习惯于求出结果,而例题 5 中的两道题要求

阐述解题过程,需要学生根据自己的理解,做出合适的解答。问题带有一定的开放性,需要学生根据个性化的理解,做出多元化的数学表达。

(四)考查学生发现问题、提出问题和解决问题的能力

"学"源于"疑",问题是创新的基础和前提。爱因斯坦曾经说过:"提出一个问题比解决一个问题更重要。"学生主动发现问题、提出问题,可以促进其创新思维的发展、问题意识的增强。在学业水平测试中,考查学生发现问题、提出问题和解决问题的能力,无疑可以引导教师和学生对此更加关注。

例题 11-6:

合唱队中年级学生的人数是低年级学生人数的 3 倍。

(1)下图中表示出了低年级的人数,请根据倍数关系画出表示中年级学生人数的图。

低年级学生的人数:

中年级学生的人数:

(2)合唱队除了低年级和中年级的学生外,还有高年级的学生。低年级共有 15 人。

根据上面的信息,请你提出一个用两步或两步以上计算解决的问题,并解答。

问题:_____

解答过程:_____

_____

例题 11-6 中,第(2)题具有一定的开放性。学生根据第(1)题中提供的条件和问题,发现可以提出两步计算的问题,例如,高年级有多少人?低年级和中年级一共有多少人?中年级比低年级多多少人?也可以提出两步以上的问题,例如,高年级比中年级多多少人?高年级比低年级多多少人等。

(五)考查学生自主探究的能力

数学教学的核心是"再创造",教师不但要教学生运用演绎思维证明问题,还要教学生学会猜测问题;不但要教"常规性"的演绎推理,还要教"非常规性"的合情推理。这就需要培养学生的自主探究能力。在学业水平测试中融入规律探索以及发现规律解决问题等,就是在考查学生观察、猜想、探索、验证、推理等自主探究的能力。

例题 11 - 7:

小红用 5 个珠子摆了一个三位数(见图 11 - 5),可以表示为 230。小明也用 5 个珠子摆了一个三位数

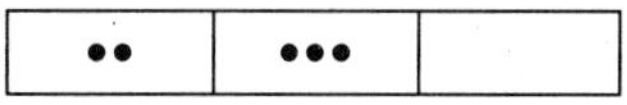

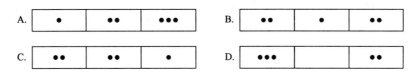

图 11 - 5 5 个珠子摆出数字

212,下列选项中正确的是( )

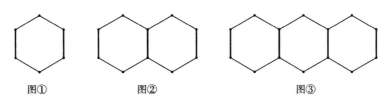

例题 11 - 8:

根据下面三幅图的规律,回答:摆 5 个六边形需要( )根小棒。

图① 图② 图③

图 11 - 6 需要多少根小棒

例题 11 - 9:

在一个游戏中,小刚、小丽、刘芳和张浩在做减法题目。他们每个人都有 4 张这样的卡片,分别是 1、2、5、6,规定获得最大结果的人将赢得比赛。下面是这 4 位学生摆出的减法算式。

小刚	小丽	刘芳	张浩
5 6	5 6	6 2	6 1
- 1 2	- 2 1	- 5 1	- 5 2

图 11 - 7 4 位学生摆出的减法算式

(1) 哪位同学赢得了比赛?请写出他(她)的名字。

(2) 如果他们的数字卡片都是 2673,那怎样摆放卡片才能获胜?

例题 11 - 7 引导学生探究发现数位与对应的格数,理清数位与点数之间的关系,从而进行解题。对于例题 11 - 9 而言,第(1)题通过比较,引导学生感受其中蕴含的规律,第(2)题让学生运用探究的规律进行解题。

(六) 考查学生数学思想方法策略的运用能力

数学思想是对数学知识和方法的本质及规律的理性认识,它是解决数学问题

的灵魂和根本策略。日本著名数学教育家米山国藏对数学思想方法曾经有过一段经典的论述:"作为知识的数学出校门不到两年可能就忘了,唯有深深铭记在头脑中的数学的精神、数学的思想、研究方法和着眼点等,这些随时随地地发生作用,使人终身受益。"数学思想方法可以促进学生由知识性学习向智慧性学习转变,提高学生的创新精神和实践能力。考查学生应用数学的思想和方法进行解题是学业水平测试的又一转变。

例题 11-10:

学校组织叶画比赛,做一朵桃花需要 5 片叶子,做一朵水仙花需要 6 片叶子。

(1)红红做了 3 朵桃花和 4 朵水仙花,一共用了多少片叶子?

(2)如果有 38 片叶子,你怎样设计桃花和水仙花的朵数,正好把这些叶子用完?可以写一写,画一画。

从题型上,例题 11-10 的第(2)题属于"鸡兔同笼"问题,鸡兔同笼的解题模式,学生可能并未学过,这对参加学业水平测试的四年级学生而言有一定的难度。该命题的目的就是引导学生运用已经掌握的思想方法,例如运用画图、一一列举等方法解决问题。

课堂互动

根据"考查学生数学思想方法策略的运用能力"的要求,选择一个适合的题目,设计数学思维素养的养成训练路径并进行评价。

思考与练习

1. 数学思维素养养成训练素材的评价为什么要进行改革?谈谈你的看法。

2. 结合你的教育教学实际或见习、实习见闻,谈谈你对"学业水平测试"的理解。

拓展与探究

研读《小学数学学业评价标准(实验稿)》和相关文献,从课程标准的四大内容领域中选择你最感兴趣的某一个领域,尝试建立数学思维素养养成的训练策略的评价体系。